JN440919

아동 및 청소년을 위한

인지행동치료 상담사례

- REBT를 중심으로 -

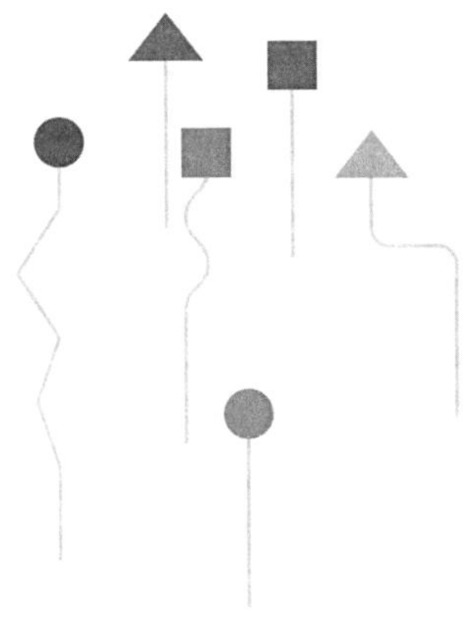

COGNITIVE BEHAVIOR THERAPY

학지사

머리말

인지정서행동치료(Rational Emotive Behavior Therapy: REBT)는 교육적이며 단기 지향적인 특성이 있기 때문에 아동 및 청소년에게 활용하면 그 효과를 비교적 단기에 볼 수 있는 상담 접근법이다. 이 책에 실린 여러 사례들은 전문가로부터 REBT 교육을 받은 담임교사, 교과교사, 전문상담교사 등이 실제 교육 현장에서 수행한 결과들을 기록하고 설명한 것이다. 어떤 사례는 성공적이고 또 어떤 사례는 보완할 부분이 있지만 전자의 사례는 REBT를 아동 및 청소년에게 적용할 때 참조의 틀을 제공해 줄 것이며, 후자의 사례는 REBT 상담의 독특성과 REBT 상담자의 어려움을 이해하는 데 도움이 될 것이라 생각한다.

이 책은 총 2부로 구성되어 있다. 제1부는 초등학생 상담 사례를 담은 것으로, 내담자는 2학년에서 6학년까지의 학생들이며 다루고 있는 주제는 거짓말을 하는 아이, 친구 간의 스트레스, 집단 따돌림을 시키거나 당하는 아이, 형제관계 문제다. 상담자들은 이 단계 아이들의 인지발달 단계가 구체적 조작기에서 형식적 조작기 사이에 있는 점을 고려하여 내담자의 수준에 맞는 다양한 예화를 활용하여 비합리적 신념을 찾고 논박을 하는 과정을 보여주고 있다. 제2부는 중등학생 상담 사례로, 내담자는 중학교 3학년에서 고등학교 2학년까지의 학생이며 다루고 있는 주제는 가족 관계의 어려움, 지나친 인정 욕구, 강박 증상, 집단 폭력의 피해, 인터넷 중독 등으로 이 시기 아이들이 많이 겪고 있는 문제들이다. 여기에서도 역시 여러 가지 비유를 활용하는 논박의 인지적 기법, 역할 연기와 자기 진술법 등을 활용한 논박의 행동적 기법, 정서적 기법 등을 다양하게 시도하고 있는 점을 볼 수 있다.

REBT 상담기법을 활용하여 내담자에게 도움을 주기를 원하는 상담자에게 이 책에서 제시한 사례들이 작은 기여가 되기를 바란다. 이 책은 자매서인 『아동 및 청소년을 위한 인지행동치료』(학지사, 2013)를 통해 REBT 이론을 확실히 공부한 후 읽으면 더욱 도움이 될 것이다.

끝으로, 자신의 사례가 세상에 노출되는 것을 허락해 준 상담자와 학부모 그리고 이 책의 저술에 2010년 연구비를 지원해 준 광운대학교에 감사드린다.

2013년 2월

광운대 연구실에서

박경애

차 례

1부 초등학생 사례

2부 중등학생 사례

1부

초등학생 사례

들키지 않는 거짓말은 해도 된다?

| 거짓말을 자주 하는 사례 |

1. 내담자의 기본 자료

1) 인적 사항

- 이름: 홍지석(가명)
- 학년: 초등학교 2학년
- 성별: 남

2) 상담 경위

평소에 지석이는 학급에서 여러 가지 일로 나의 눈에 많이 띄는 아이이다. 키 번호 1번일 정도로 발육 상태가 별로 좋지 않고 몸집에 비해 친구들과 자주 다투며 학습 태도뿐만 아니라 준비물을 제대로 갖추지 않을 때가 태반이다. 초등학생 대부분이 근거리에서 통학하는 것과는 달리 지석이는 버스를 이용해서 통학을 해야 한다. 보통 8시 40분까지 학교에 와야 하는데 9시까지 올 때가 부지기수고, 방과 후에 학교 앞 오락실이나 문방구 앞에서 가방을 내팽개치고 오락을 하거나 군것질을 하는 모습을 친구들이 자주 발견하고 나한테 일러 준다. 특별히 이번에는 현장 학습 가는 날 지석이가 너무 늦게 오는 바람에 단체로 출발 시간이 지연되는 사건이 있어서 화가 잔뜩 났지만, 화풀이식 꾸중보다는 대학원에서 배운 대로 상담을 시작해 보고 싶어 선생님과 터놓고 이야기를 하면서 문제를 풀어가 보는 게 어떻겠냐고 했더니 "괜찮다."고 하여서 상담이 시작되었다.

3) 내담자의 인상 특성 및 행동 특성

- **인상 특성**: 내담자는 키가 작고 몸집도 작고 말랐으며 눈은 조그맣고 짱돌 같은 인상을 주는 남자아이이다.
- **행동 특성**: 수업 시간에 앞, 옆 친구들을 건드리며 산만한 모습을 보일 때가 대부분이며 친구들과도 평소에 말다툼, 몸싸움을 자주 한다. 학업의 전반적인 부분이 부족하고 학습 준비물을 챙겨 오지 않을 때가 많으며, 버스비로 군것질과 오락을 해 버리고 학교에는 걸어 다니면서 지각을 할 때가 많다. 운동 능력은 상당히 뛰어나지만 무슨 일이든 마무리를 제대로 하지 않고 덜렁대며, 자신의 물건을 잘 챙기지 않아 분실할 때가 많다.

4) 학부모와의 상담 내용

1살 때 지석이 아빠가 돌아가시고 어머니 혼자 시어머니, 시아버지를 모시면서 경제적 어려움을 극복해 가야 했기 때문에 많은 관심을 쏟지 못했다고 한다. 아이가 외동인 관계로 형제 간의 정도 많이 못 나눠서 그런지 친척 동생이나 주변의 형들과 어울려 놀기를 좋아하고 학습 면에서도 부족한 것을 알지만 따로 신경을 써 주지 못하기 때문에 계속 실력이 떨어지고 있다. 방과 후에 너무 노는 시간이 많아서 나쁜 사람들을 만나 어울리지나 않을까 걱정이라고 하셨다.

5) 내담자의 강점과 약점

- **강점**: 감정을 숨기지 않고 솔직하게 표현하며 승부욕이 강한 편이다. 운동 신경이 있어 친구들과 비교적 잘 어울려 지낸다.
- **약점**: 지각과 오락을 많이 하고 학습 준비 태도가 너무 안 좋아서 1학년 때부터 그런 아이였다고 친구들이 평할 정도로 주변에서 인식이 별로 좋지 않다. 또한 자신을 돌아보는 반성적 사고가 부족하고 다분히 자기 중심적이어서 친구들과 놀다가도 쉽게 분쟁이 일어난다.

2. 상담 문제

1) 호소 문제

내담자는 자신의 생활에서 가장 문제가 되는 것이 바로 오락과 군것질을 많이 하는 것과 숙제를 잘 해 오지 않는 것이라고 하였다. 그것을 고칠 수 있으면 좋겠다고 한다. 자기도 모르게 오락을 하다 보면 집에 늦게 들어가게 되고 숙제도 못하게 되고 다음날 학교에 와서는 선생님한테 혼나고 친구들한테 놀림받고 또 남아서 못해 온 숙제를 반복하는 게 본인도 싫다고 하였다.

2) 호소 문제의 배경

내담자는 집에 가도 특별히 학원 갈 일도 없고 그렇다고 엄마가 기다리는 것도 아니어서(엄마는 오전에 일을 나가서 새벽에 들어온다.) 학교 수업이 끝나도 바로 귀가하지 않고 학교에서 이웃에 사는 3학년 형이 끝나기를 기다리면서 운동장과 복도를 배회할 때가 많다. 그 형을 기다리다 보니 자연스럽게 3학년 다른 형(시우)을 알게 되었는데, 이 형이 어느 순간부터 자신의 차비를 빼앗기도 하고, 또 자기도 오락할 돈이 없으면 그 형한테 빌리면서 자꾸 오락을 하는 횟수가 거듭되고 혼날까 봐 거짓말도 하게 되었다. 내담자 이외의 문제로, 자꾸 문제 행동을 일으키는 원인이 되는 것은 먼 통학 거리와 3학년 형들과의 어울림도 한몫을 차지한다고 할 수 있다.

3. 상담 과정

1) 심리적 문제의 탐색

정서적 문제: 속상하다. 창피하다. 짜증난다.
행동적 문제: 친구들에게 놀림 받고 선생님께 자주 야단맞는다.

상담자: 요즘 학교생활에서 어려운 문제가 무엇이지?
내담자: 지각하고 군것질이랑 오락 많이 해서 선생님한테 혼나는 거요.
상담자: 그것 말고 또 다른 문제가 있니?
내담자: 잘 모르겠어요.
상담자: (어제 쓴 반성문을 보며) 선생님한테 하고 싶거나 꼭 해야 할 말이 있는데 혹시 빠트려서 못 적은 거 있니?
내담자: (아무 말 없이 멀뚱거린다.)
상담자: 선생님한테 혼나면 기분이 어때?
내담자: 안 좋아요.

상담자: 그리고 또?

내담자: 짜증나고요, 친구들이 놀리는 게 생각나서 기분이 나빠요.

상담자: 아, 남아서 숙제한다거나 지각했을 때 여러 친구들이 홍지석 또 안 해 왔다고 말하는 거 말이지?

내담자: 네.

소감 요새 느끼는 어려움이 선생님한테 혼나는 것이라는 대답이 예상 밖이었다. 나는 내담자가 스스로 자신의 부적응 생활 양상(군것질하고 오락하는 것, 지각하는 모습, 부적절한 학습 태도, 교우 관계 등)에 대해 심적으로 불편함을 느끼고 있을 거라 기대했기 때문이다. 하지만 내담자가 솔직하게 자신의 감정을 표현해 줘서 평소에 잘못했으니까 당연히 벌을 받아야 한다고 생각하면서 벌을 받는 상대방의 입장에 대해선 별 신경을 쓰지 않았던 내 문제점을 깨닫게 되었다. 상담자로서 좀 더 내담자의 감정과 정서적인 부분에 신경을 쓰면서 상담을 진행해 나가야겠다.

2) 상담 목표의 설정

- 결과적 목표(내담자와의 대화를 통해 얻은 목표)
  - 정서적 결과 목표: 속상하고 창피하고 짜증나는 부정적 정서에서 자신을 인정하고 소중히 여기는 긍정적 정서로 바뀌는 것
  - 행동적 결과 목표: 당당하고 즐겁게 학교생활하기
군것질이랑 오락하지 않기
지각하지 않고 학교에 오기
- 과정적 목표
  - 비합리적인 생각 교정하기(5단계에서 다룬 목표임)

상담자: 만약 선생님과 상담을 해서 지석이가 속상해하는 부분이 해결되면 학교생활이 어떨 것 같아?

내담자: 좀 더 즐겁게 할 수 있을 것 같아요.

상담자: 상담을 한다고 해서 모든 문제가 하루 아침에 변하는 것은 아니야. 하지만 함께 노력해 가면 충분히 지석이의 짜증나고 속상하고 창피한 감정이 사라질 수는 있을 거야. 만약 이 상담이 완전히 성공적으로 끝난다면 행동은 어떻게 변했으면 좋겠니?

내담자: 선생님한테 칭찬도 많이 받고 오락, 군것질, 지각 같은 걸로 꾸중도 안 듣고 즐겁게 학교생활하고 싶어요.

소감 내담자가 어려움을 느끼는 상황, 꼭 고치고 싶은 것들을 자연스럽게 대화하면서 문제를 찾고 상담 목표를 정하려 하는데, 변화하고 싶은 행동적 결과가 많을 뿐 아니라 상담자가 생각하는 목표와 달라서 상담 목표를 정하는 것이 다소 고민이 되었다. 하지만 내담자가 요구하는 것이 우선이므로 아동이 평소에 보였던 행동을 바탕으로 정서적인 어려움과 행동적인 어려움을 개선하는 것을 상담의 목표로 정하는 것이 낫겠다는 생각이 든다. 서로 의논하여 상담의 목표를 설정해 가면서 '진작 이런 진지한 상담 시간을 가졌으면 더 좋았을 텐데.' 하는 아쉬움이 남았다.

3) 반응유발사건의 탐색과 명료화

내담자는 자신도 싫어하는 행동을 자기도 모르게 반복적으로 하면서 악순환이 계속되는 것이 속상하다고 지각했다.

상담자: 어제 우리 현장 학습 가는 날인 거 알았지?

내담자: 네.

상담자: 닭꼬치랑 오뎅 사 먹다가 학교에 늦은 것은 반성문에 나와 있는데 선생님이 운동장에서 지석이를 큰소리로 부르면서 교실 가서 신발 주머니 놓고 얼른 나오라고 했는데, 그때 왜 바로 나오지 않았는지에 대한 이유는 없는데?

내담자: (아무 말 없다.)

상담자: 엄마들이랑 친구들이 네 이름 부르면서 찾으러 다니는 소리 들었어?

내담자: 아니요.

상담자: 분명히 건물 안으로 들어가는 것을 보았는데, 그럼 어디에 있었던 거야?

내담자: 계단이요.

상담자: 3층까지 계단이랑 화장실, 교실, 화단 뒤쪽까지 다 찾아봤는데 안 보이던데?

내담자: 3학년 올라가는 계단에 있었어요.

상담자: 아~ 3층에서 4층 사이의 계단. 2학년 3반 옆에 있는 쪽 말이지?

내담자: 네.

상담자: 그런데 그쪽에는 네가 갈 일이 없는데 왜 그 계단에 있었던 거야?

내담자: (한참을 머뭇거리다가) 시우 형이 여기서 기다리라고 했어요.

상담자: 여기서 기다리라는 뜻이 뭐지? 2학년이 다 출발할 때까지 거기 있다가 가라는 건가? 아니면, 형이 교실에 갔다 올 테니 그곳에 꼼짝 말고 있으라는 얘기인가?

내담자: 갔다 온다고 기다리라고 했어요.

상담자: 선생님이랑 친구들이 다 운동장에서 기다리는 줄 알았을 텐데 왜 바로 안 나왔을까? 시우 형이 많이 무섭니?

내담자: (눈물을 그렁거리며 대답이 없다.)

상담자: 무서운가 보구나.

내담자: 네.

상담자: 그 형이 때리거나 네 돈을 가져간 적도 있어?

내담자: 네.

상담자: 몇 번이나?

내담자: 잘 생각은 안 나는데요, 많이요. 내 몸을 뒤져서 가져갔어요.

상담자: 그 형 때문에도 속상했겠구나. 또 지석이를 힘들게 하는 사람 있니? 솔직하게 다 이야기해 줄래?

내담자: 반 친구들이요. 내가 오락도 안 하고 옆에 서 있기만 해도 선생님한테 막 일러요.

상담자: 자, 그럼 지금까지 이야기를 정리해 보자. 지석이는 지각하고 오락하고 군것질하는 것 때문에 선생님께도 혼이 나고 친구들한테도 자주 놀림을 당하지? 그리고 어쩌다 알게 된 시우 형 때문에도 속상한 일이 있고?

내담자: 네.

상담자: 네가 속상하게 되는 사건들은 전혀 고칠 수 없는 문제일까?

내담자: 아니요.

상담자: 시우 형이 너를 돈 문제 때문에 괴롭히는 것도 단순히 시우 형이 나쁘기 때문이라고 생각하니?

내담자: 아니요.

소감 내담자가 느끼는 정서적인 문제에 상담자인 내가 원인을 제공했다고 인지한다는 사실이 나를 당혹스럽게 했고, 그런 개인적인 감정을 뒤로 하고 최대한 객관적으로 상담을 해 나가야 한다는 점이 힘들다. 또한, 상담을 통해 겉으로 드러나는 문제보다 좀 더 다른 정서적 문제가 있는 것을 가늠하게 되었다. 본인 혼자만의 문제가 아니라 다른 학년까지 연결된 문제가 있음을 알고 지금이라도 발견하였으니 잘못된 길로 가지 않도록 이번 상담을 잘 해 나갈 뿐 아니라 가족의 도움도 필요하다는 생각이 든다.

4) 정서적 결과와 행동적 결과 그리고 사고 간의 관계에 대한 교육

상담자는 정서적 결과와 행동적 결과 그리고 사고 간의 관계에 대한 교육을 위해 예화를 사용하였다.(음식 예화, 쉬는 시간 예화)

상담자: 기분 나쁘고 짜증스러운 것이 누구의 행동 때문이라고 생각해?

내담자: 반 친구들이랑 시우 형이요.

상담자: 그런데 네가 짜증스러워지고 속상해하는 것이 다 친구들 때문만은 아니야. 진짜 이유가 있어. 그것이 뭔지 아니?

내담자: 아니요.

상담자: 알고 싶니?

내담자: (궁금한 듯이) 네.

상담자: 선생님이 예를 들어 줄 테니까 잘 들어봐. 들으면서 중간 중간 선생님이 묻는 말에 잘 대답해야 한다.

내담자: 네.

상담자: 너랑 잘 노는 친구들이 누구지?

내담자: 재용이, 현호, 진욱이요.

상담자: 그럼, 그 친구들이 무슨 음식을 좋아하는지 알아?

내담자: 재용이는 피자를 좋아하고 현호는 된장찌개, 진욱이는 짜장이랑 스파게티요.

상담자: 친구들이 좋아하는 음식 중에 지석이가 싫어하는 음식이 있어?

내담자: 된장찌개랑 짜장이요.

상담자: 그럼, 좋아하는 음식은?

내담자: 카레라이스랑 감자탕이요.

상담자: 맞아. 그랬지? 급식에 카레 나오면 진짜 잘 먹더라. 감자탕은 두 번 타다 먹을 때도 있고. 그렇지?

내담자: (웃으면서) 네. 그런데 언제 봤어요?

상담자: 선생님이 배식대 앞에 앉아서 밥 먹잖아. 그러면서 다 보지.

내담자: 아하~ 그렇구나.

상담자: 그럼 다시 질문할게. 지석이가 좋아하는 음식들은 세상에서 제일 중요하고 좋은 음식이며, 싫어하는 음식들은 세상에서 없어져야 하는 나~쁜 음식인가?

내담자: 아니요!

상담자: 그래! 단지 지석이가 안 좋아할 뿐이지 현호랑 진욱이는 그 음식을 제일 좋아한다잖아. 그 음식들 나름대로 좋은 영양소를 많이 갖고 있지. 그러니까 같은 음식이라도 좋아하는 사람이 있고 싫어하는 사람이 있는 법이네. 다시 말해서, 누가 좋아하든 싫어하든 그 음식의 맛이나 영양소는 변하지 않는 법이지. 그 음식이 좋고 나쁘고가 아니라 그 음식은 똑같은데 그 음식을 먹는 사람에 따라 좋아하는 음식도 되고, 싫어하는 음식도 되는 것이지.

내담자: 맞아요.

상담자: 그럼, 우리 반에서 일어나는 다른 상황의 예를 들어 볼께. 쉬는 시간에 뛰어다니지 말라고 해도 너희 막 뛰어다니잖아. 그러다가 발을 책상 밖으로 뻗치고 있는 친구의 발을 밟으면서 너도 함께 넘어졌다고 해 봐. 그러면 지석이는 보통 어떻게 하지?

내담자: 발 뻗고 있었던 친구한테 화를 내지요.

상담자: 그 친구는 다시 지석이한테 왜 발을 밟고 난리냐고 따질테고.

내담자: 제가 실수로 발을 밟은 것은 잘못이지만 그 친구가 밖으로 발만 안 뻗고 있었어도 밟힐 일도 없고, 저도 안 넘어지잖아요.

상담자: 음. 맞았어. 역시 지석이는 말을 잘 하는구나. 그런데 반대로 생각해 볼 수 있지 않을까? 그 친구가 발을 뻗고 있더라도 애초에 뛰지 않고 찬찬히 걸어가면서 친구 발을 발견했더라면 밟거나 넘어지는 일도 없고 그러면 서로 다투는 일도 없는 거지.

내담자: 그렇긴 하네요.

상담자: 같은 사건을 가지고도 이렇게 생각할 수도 있고, 저렇게 생각할 수도 있는 법이라는 말이야. 그러니까 친구들이 놀리는 거에 대해 너무 짜증스럽게 생각하기보다는 '내가 숙제를 안 해 와서 그러는 거구나.' '내가 오락을 하고 군것질을 해서 그렇구나.' 하고 사실을 인정하고 그냥 감정 상해하지 않았으면 좋겠어.

내담자: 알겠는데요. 그래도 친구들 여럿이 막 이야기하면 기분이 나빠요.

상담자: 학교 끝나고 남아서 숙제하거나 공부하는 다른 친구들은 별로 속상해하지 않잖아. 속상해하고 기분 나빠하면 달라지는 것이 있나?

내담자: 아니요.

상담자: 그래, 달라지는 것도 없고 결국 네가 혼자 생각하는 것 때문에 화도 더 나게 되고 해야 할 일은 그대로고 시간은 자꾸 더 흐르게 되는 거지. 놀리는 친구들도 너만큼 짜증나고 화가 날까?

내담자: 아니요.

상담자: 누구만 짜증나고 화가 나는 것이지?

내담자: 저요.

상담자: 그럼 결국 누구 손해니?

내담자: 제 손해요.

상담자: 그럼 누가 고치면 될까?

내담자: 저요.

상담자: 뭘 고치면 되는데?

내담자: 친구들이 말할 때 속상해하고 짜증내지 않고 내 생각을 바꾸는

거요.

상담자: 결국 속상해하고 짜증내면서 자신을 괴롭히지 않으려면 자신의 생각을 바꾸면 되는 거네.

내담자: 네.

상담자: 내일 이 시간 괜찮지? 다음 시간에는 지석이가 속상해하지 않고 당당하고 자신감 있게 학교생활하는 법을 배울 거야. 어때? 기대되니?

내담자: 네.

소감 내담자 자신의 잘못된 신념이 선행사건이 되어 부적절한 정서적 결과와 행동적 결과를 얻게 되었다고 보는 본 상담자로서는 내담자의 잘못된 인지를 바꿔주는 것이 급선무인듯싶다. 더구나 저학년이다 보니 신념 전환을 위해 효과적인 비유나 예화를 찾기가 다소 힘들고 이해를 쉽게 하기 위해서 예화의 대상을 실생활에서 찾는 것이 좋은 것인지에 대한 의구심도 생긴다. REBT 상담은 심리교육적 접근을 통하여 상담이 이루어진다. 그러므로 상담회기 중에 틈틈이 내담자의 행동 변화를 위해서 필요하다는 판단이 들면 교육을 시켜야 하고 특히 사고와 정서 간의 관계에 대한 교육은 필수적으로 REBT 상담 과정 중에 일어나야 한다. 이때에 사용되는 교육기법이 예화, 유추, 은유, 우화 등의 방법인데, 그중에서 이 상담은 예화기법을 사용하였다. 외부 조건 때문이 아니라 내담자의 신념 때문에 반복적으로 정서적 · 행동적 결과가 일어나는 것임을 인지시키고 각인시키기엔 한 번의 상담으로는 역부족인 것 같다. 이 상담에서는 가장 중요한 것이 사고의 전환이기 때문에 내담자 자신의 태도에 따라 상담의 효과가 빨리 나타날 수도 있고, 아주 더디게 나타날 수도 있다는 생각이 든다.

5) 생각의 탐색(B)과 상담의 과정적 목표 설정

내담자의 비합리적 신념은 '내가 잘못을 해도 친구들은 절대로 놀리지 않고 무시하지 않았으면 좋겠다.' 와 '들키지 않는 거짓말은 해도 괜찮다.'였다.

상담자: 오늘은 기분이 어떠니?

내담자: 보통인데요.

상담자: 어제의 이야기를 계속해 보자. 친구들이 놀리면 무슨 생각이 드니?

내담자: 한 대씩 때려 주고 싶다는 생각이요.

상담자: 또 무슨 생각을 했니?

내담자: "나는 뭐 그러고 싶어 그랬냐?" "나 놀리는 너희 나중에 보자."라고 얘기하고 싶었어요.

상담자: 친구들이 너를 어떻게 대해 줬으면 좋겠는데?

내담자: 내가 잘못해도 고자질 안 하고 맨날 남아서 숙제한다고 안 놀렸으면 좋겠어요.

상담자: 그러니까 친구들이 네가 잘못을 해도 절대 놀리거나 무시하지 않아야 된다는 생각이네. 맞아?(귀납적 해석)

내담자: 네.

상담자: 또 궁금한 게 있는데, 친구들이 학교 앞에서 지석이가 오락하고 군것질하는 것을 자주 봤다고 하잖아. 어제도 했다면서, 그 돈 어디서 난 거야?

내담자: 어제는 안 했어요.

상담자: 그래? 그런데 아이들은 왜 그렇게 말했지? 어쨌든 안 했는데 했다고 하면 화가 나겠다. 그치?

내담자: (침묵)

상담자: 반대로 지석이가 했는데도 안 했다고 나한테 말한 거면 거짓말을 한거고?

내담자: (침묵)

상담자: 거짓말에 대해서 어떻게 생각하는지 말해 줄래?

내담자: 잘 모르겠어요.

상담자: …… 그리고……(접속구문)

내담자: 한 일을 안했다고 말하는 거요.

상담자: 그럼, 지석이도 그런 거짓말 한 적 있어?

내담자: 이따금씩요.

상담자: 선생님한테도 거짓말한 적 있어? 혼내는 게 아니라 도와주려고 그러는 거니까 솔직히 말해 주면 좋겠는데…….

내담자: 네.

상담자: 그렇게 거짓말했을 때 무슨 생각이 들었어?

내담자: 안 들키면 좋겠다고요. 진짜로 안 들키고 그냥 넘어갈 때는 좋았고요.

상담자: 안 들키면 좋았다는 말은 만약 거짓말이 들통 나지 않다면 해도 괜찮다는 뜻인가?(귀납적 해석)

내담자: (침묵)

상담자: 자, 그럼 오늘 말한 두 가지 생각에 대해서 생각을 바꿀 수 있도록 다음 시간에 더 이야기해 보자.

소감 상담 교재(인지 · 정서 · 행동치료)를 보니 내담자의 비합리적인 사고를 탐색하는 방법으로 귀납적 자각, 귀납적 해석, 추론 연쇄, 접속구문과 문장완성구문, 연역적 해석의 다섯 가지가 소개되어 있었다. 그중에서 추론 연쇄는 내담자의 비합리적 신념을 드러내는 데 효율적이어서 많이 선호되는 방법이라고 소개하고 있어 시도해 보려고 했지만 예리하고 분석적인 질문을 통해 내담자의 생각을 통찰하고 사색하고 정리하게 할 만큼 소크라테스식 질문(좋은 질문에 좋은 답이 나오는 법이므로)에 자신이 없고 자꾸 추궁하는 듯한 인상을 줄 것 같기도 하여서 피하였다. 따라서 이 상담에서는 일련의 질문을 통해 얻어진 정보를 토대로 상담자가 귀납적 해석을 하였고, 상담자의 해석이 틀릴 가능성도 있으므로 해석이 맞는지 확인해 보는 과정으로 비합리적인 사고를 탐색하였다. 접속구문은 약간 어색하기는 하였지만 그래도 사용해 볼 수 있어서 기뻤다.

6) 탐색된 사고의 체계를 논박을 통해서 바꿈

상담자: 새로운 주가 시작되었네. 주말은 잘 보냈어?

내담자: 네. 현서랑 같이 교회에 갔는데 교회에서 선물도 받았어요.

상담자: 지난 금요일에 지석이 안에서 지석이를 쉽게 짜증나게 하는 생각들을 찾아봤어. '내가 잘못을 해도 친구들은 절대로 놀리지 않고 무시하지 않았으면 좋겠다.'는 것과 '들키지 않는 거짓말은 해도 괜찮다.' 맞니?

내담자: 네.

상담자: 이런 생각을 어떻게 바꿀 수 있을까?

내담자: (생각하며 침묵)

상담자: 선생님이 이야기를 하나 들려줄 테니 잘 들어볼래?

내담자: 네.

상담자: 마라톤 선수 이봉주 알아?

내담자: 아니요.

상담자: 이 선수는 올해 서른일곱 살이고, 운동선수치고는 굉장히 키도 작고 몸집도 너처럼 작고 또 짝발인데다 많이 못생겼고 대머리에 가까워. 그런데 그 선수가 1998년에 방콕이라는 도시에서 아시안게

임을 했는데 거기서 금메달을 딴거야. 많은 사람들이 기적이라고 했었지. 그런데 2년 뒤인 2000년에는 시드니올림픽에서 몇 등 했는지 알아? 24등. 엄청 많이 떨어졌지? 많은 사람들이 그때 금메달 따고 나더니 게을러져서 운동을 안 했다느니 지난번 금메달은 실력이 아니라 순전히 운이 좋아서 딴 거라느니 하면서 이 선수에게 많은 나쁜 말들을 했단다. 그런데 그 선수가 그런 말들을 듣고 고통의 순간을 어떻게 지냈을 것 같아?

내담자: 음…… 막 울었죠?

상담자: 흐흐. 아니. 주변 사람들이 하는 나쁜 말에는 전혀 화내지 않고 자신의 기록이 뒤떨어진 문제점이 무엇인가를 열심히 고민해서 그 부족한 부분을 채우기 위해 더 열심히 노력한 거야. 그래서 어떻게 되었는 줄 알아?

내담자: 어떻게 됐는데요?

상담자: 1년 뒤인 2001년 보스톤이라는 나라에서 열리는 세계마라톤대회에서 다시 1등을 했지 뭐야.

내담자: 진짜요?

상담자: 그럼. 대단하지? 만약 이봉주 선수가 사람들이 뭐라고 욕했을 때 마라톤을 포기했으면 어떻게 됐을까?

내담자: 그냥 24등으로 끝났겠죠.

상담자: 이야기를 하나 더 해 줄까? 축구 선수 박지성 알지?

내담자: 아~ 네. 국어 시간에 2002년 월드컵 승부차기하는 것, 선생님이 보여 줬잖아요.

상담자: 맞아. 그때 우리 팀이 승리하는 데 큰 공을 세운 박지성 선수는 평발이라는 신체적 악조건을 지니고 있는데, 그런 단점을 극복하기 위해 다른 선수들보다 엄청 피나는 연습을 해서 그 자리에 오른 거래.

내담자: 그 이야기 들은 적 있어요.

상담자: 이봉주 선수나 박지성 선수는 자신의 단점과 자신을 놀리는 사람들의 소리에 신경을 쓰기보다는 계속 노력해서 훌륭한 선수가 될 수 있었다는 공통점이 있지?

내담자: 네.

상담자: 이들이 놀림을 받았을 때, '사람들이 나를 놀리네. 기분 나빠. 신경질나고 짜증나 죽겠어.' 이런 생각을 계속했다면 지금처럼 훌륭한 사람이 되는 데 도움이 됐을까?

내담자: 아니요.

상담자: 친구들이 놀릴 때 '속상해. 짜증나.' 이런 생각을 계속 하면 지석이에게 도움이 될 것 같니?(실용적 논박)

내담자: 아니요.

상담자: 그렇게 도움이 안 되는 생각을 어떻게 하면 좋을까?

내담자: 하지 말아야 해요.

상담자: 맞아. 또 한 가지 들키지 않는 거짓말은 진짜 해도 되는 건지 생각해 보자. 혹시 양치기 소년 이야기 알아?

내담자: 네. 읽었어요.

상담자: 어떤 내용인지 말해 줄 수 있어?

내담자: 어떤 양치기 소년이 늑대로부터 양을 지키는 일을 하다가 심심해서 늑대가 나타났다고 소리를 쳤는데요. 마을 사람들이 와 보고 늑대가 없는 것을 보고 그냥 돌아갔어요. 두 번 그렇게 하고 세 번째 진짜 늑대가 나타났을 때 큰소리로 마을 사람들에게 도와달라고 했는데 이번에도 거짓말이라고 생각한 마을 사람들은 한 사람도 도와주지 않았어요. 그래서 양도 모두 죽고 쫄딱 망한 이야기요.

상담자: 흐흐. 잘 알고 있네. 그 이야기에서 무슨 교훈을 얻을 수 있을까?

내담자: 거짓말하면 안 된다는 거요.

상담자: 거짓말하면 뭐가 안 좋은데?

내담자: 혼나요.

상담자: 또?

내담자: 사람들이 안 믿어 줘요.

상담자: 맞아, 맞아. 아주 똑똑해. 평생 동안 거짓말을 한 번도 안 하고 살 수는 없어. 하지만 일부러 나쁜 생각을 가지고, 또는 자기가 잠시 편하려고 거짓말을 하면 나중엔 더 큰 거짓말을 하게 될 수밖에 없어. 작은 거짓말을 한두 번 하다보면 자신도 모르게 습관이 되는 법이지. 그러다 보면 사람들이 양치기 소년처럼 내가 무슨 말을 해도 믿어 주지 않게 되는 거고. 그러면 얼마나 속상하겠니? 누군가에게 들키지 않는다고 해도 자신이 한 거짓말이 참이 되는 것은 아니잖아. 습관적으로 거짓말하는 것은 정말 좋지 않은 거야. 지석이는 언제 주로 거짓말을 하지?

내담자: 어…… 어…….

상담자: 그래. 말 안 해도 된다. 대신 내가 숙제를 내줄 테니 꼭 해 와야 해. 무슨 숙제냐면 첫째, 집에서 출발하는 시각과 학교 끝나고 집에 도착하는 시간을 알림장에 쓰고 엄마 싸인 받는 것 둘째, 친구들에게 '놀림받은 경험 있나?' 또는 '거짓말한 경험 있나?'를 물어보고 그때 어떤 마음이 들었는지 조사해 오는 거야. 조사한 후에 다음 시간에 만나서 다시 이야기해 보도록 하자. 이 숙제 있으니까 친구들에게 내 준 학급 숙제는 면제다.

소감 논박의 대상은 내담자의 내재된 비합리적 신념이나 평가적 인지와 같은 비합리적 생각이며, 내담자의 사고양식을 조사하고 도전하는 단계와 더욱더 새롭고 기능적인 사고양식을 개발하는 두 단계로 나눠 볼 수 있다. 논박은 크게 인지적 · 정서적 · 행동적 기법으로 나눠볼 수 있는데 논박의 전략인 논리성, 현실성, 실용성, 합리적 대안에 논박의 스타일인 지시적, 논답식, 은유의 사용, 유머의 사용을 곱하여 16가지나 된다. 이 상담에서는 질문을 통한 실용적 접근과 예화를 통한 은유적 논박을 가하였으며 저학년인 관계로 인지적 논박에 한계점이 있어서 여론조사 및 숙제하기 등과 같은 행동적 기법의 도입이 필요함을 느꼈다.

7) 논박의 인지적 기법과 행동적 기법 및 정서적 기법의 활용

상담자: 조사한 내용을 선생님께 말해 줄래?(여론조사)

내담자: 아. 잠시만요. (잠시 뒤 조사한 내용의 종이를 꺼냈고, 다음과 같음)

〈조사표 1〉

순서	이름	거짓말 경험	거짓말 내용	거짓말이 들통났나?	거짓말 한 후 어떻게 되었고 마음은 어땠나
1	조규영	○	동생을 울리고는 넘어져서 그랬다고 함	×	아파하며 우는 동생을 보니 불쌍하고 마음이 안 좋았음
2	김영훈	×	-	-	-
3	김진우	○	급식 남기고 몰래 버림	×	친구들이 보고 선생님께 나중에 이를까봐 걱정됨
4	신종준	○	받아쓰기할 때 옆 친구 것 몰래 봤음	○	선생님께 들켜서 방과 후에남아야 했지만 몰래 친구 답 볼 때보다 덜 두근거렸음
5	박찬희	×	-	-	-
6	김현호	○	문방구에서 거스름돈 더 받고 모른척함	○	좋다 말았지만 주인 아저씨께 돈을 돌려 드리니까 마음이 개운함
7	신승환	○	신발주머니로 친구를 때리고는 잡아 뗌	×	너무 세게 때린 것 같아 걱정됨

8	박용기	○	숙제를 안 해 왔는데 남기 싫어서 해 왔는데 집에 놓고 왔다고 함	×	다음에는 거짓말 안 하고 진짜로 숙제 해야겠다고 생각함
9	이진욱	○	안 아픈데 아픈 척하고 보건실 감	○	보건 선생님이 주사 놓는다고 해서 깜짝 놀라 괜찮다고 함
10	신종건	○	친구 지우개를 몰래 가져감	×	마음이 안 좋아서 나중에 친구 자리 근처에 살짝 떨어트리고 찾아 주는 척 했음
11	정명훈	○	장난감 수업 시간에 만짐	×	빼앗길까 봐 조마조마함
12	최일우	○	학원 빼먹고 친구랑 놀았는데 엄마한테 거짓말함	×	며칠 노니까 배울 것을 놓친 것이 아까운 생각이 듬
13	최재용	○	쓰레기 줍고 밥 먹으러 갈 때 내 쓰레기를 앞 자리에 밀어 넣고 가 버림	×	친구가 이를까 봐 걱정됨

〈조사표 2〉

순서	이름	놀림 받은 경험	어떻게 놀림받았나?	놀림 받을 때 마음이 어땠나?
1	조규영	○	돼지라고 놀려댐	화가 남
2	김영훈	○	영훈약국이라면서 약 내놓으라고 함	속상하고 귀찮음
3	김진우	○	잘난 체한다고 놀림	마음이 아픔
4	신종준	○	말썽꾸러기 박종준이라고 함	짜증남
5	박찬희	×	-	-
6	김현호	○	뚱돼지라고 놀림	엄마한테 이르고 싶음
7	신승환	×	-	-

8	박용기	○	꼬방꼬방 장꼬방 노래에 내 이름 넣어서 부름	나도 똑같이 골려 주고 싶음
9	이진욱	○	으웩 으웩 토하는 시늉을 하면서 놀림. 나는 진짜로 토하는 건데 그것 가지고 장난치니까 확 때려 주고 싶음	짜증남
10	신종건	○	쑥대머리라고 놀림	우울하고 속상함
11	정명훈	○	공부 못한다고 놀림	기분이 나쁨
12	최일우	○	꽁지머리라고 놀림	야구 감독님한테 이르고 싶음
13	최재용	○	남자 깡패라고 여자들이 놀림	짜증나고 화남

상담자: 조사하면서 무엇을 느꼈니?

내담자: 나만 놀림을 받는 것도 아니고 친구들이 거짓말도 많이 하고 있다는 것을 알았어요.

상담자: 그렇구나. 다른 친구들도 놀림을 받으면 지석이처럼 대부분 속상해하지. 그렇지만 그 속상해하는 것이 오래 가진 않잖아. "재가 나를 놀리네. 기분 나빠서 나는 아무것도 할 수가 없어."라고 생각하면 계속 기분이 나쁘게 되고, 이봉주 선수처럼 다른 사람의 말에 신경 쓰기보다는 자신의 할 일을 열심히 하는 사람은 훌륭한 사람이 되는 거야. 자신감을 가지고 당당하게 네 할 일을 해 나가다 보면 친구들도 너의 달라진 모습을 보고 놀랄 거야.

내담자: 놀리는 거에 신경 쓰지 말라고요?

상담자: 응. 네가 신경 안 쓰면 친구들도 재미가 없어질 테고 짜증나는 마음도 줄어들거야.

내담자: 진짜요?

상담자: 그래. 우리 한 번 간단히 연극을 해 볼까. 음~ 누가 가장 많이 놀

리지?

내담자: 유라요.

상담자: 좋아. 그럼 선생님이 유라 역할 한다. 너는 네 역할을 하는 거야.

내담자: (웃으면서) 네.

상담자: "야, 홍지석. 너 오늘도 또 남냐? 맨날 늦게 가고 안됐다. 안됐어."

내담자: (침묵)

상담자: "너는 가방 메고 학교를 왜 오냐? 그럴려면 집에서 놀지. 문방구 앞에서 오락만 하고."

내담자: (할 듯 말 듯 한참을 망설이다가) 아~ 못하겠이요.

상담자: 그럼, 선생님이 지석이가 될께. 너는 유라 역할을 해 봐. 유라나 친구들이 평소에 했던 말 생각하고 그대로 하면 돼. (역할 연기)

내담자: 네.

상담자: 지석이 너 오늘도 남았냐? 또 뭐를 안 해 왔냐?

내담자: 일기도 안 쓰고 수학익힘도 안 해 왔다. 왜?

상담자: 너는 알림장을 쓰는 거냐? 마는 거냐? 숙제 안 하고 남아서 하니까 꼴 좋다.

내담자: 남아서 공부하는 것이 뭐가 나쁘냐? 나는 학원도 안 가는데.

상담자: 너는 학교가 그렇게 좋으냐?

내담자: 응. 선생님이랑 공부하니까 더 좋다. 뭐.

상담자: 지석아, 네가 친구들처럼 놀렸는데 선생님이 어떻게 했어?

내담자: 놀리는 거 별로 신경 안 쓰고 오히려 좋게 말했어요.

상담자: 음, 그래. 솔직히 인정하고 오히려 남아서 공부할 때 좋은 점을 얘기했지? 그렇게 하니까 너는 계속 놀리고 싶니?

내담자: 아니요.

상담자: 놀려도 신경 안 쓰니까 계속 놀리고 싶은 마음이 별로 없어지지 않든?

내담자: 네.

상담자: 바로 이거야. 친구가 놀려도 신경을 쓰지……?(문장 완성)

내담자: 않는다.

상담자: 그러면?

내담자: 친구들이 놀리는 것을 재미없어해요.

상담자: 다음부터 친구들이 혹시 놀려도…….

내담자: (생각에 잠긴 듯) 신경 안 쓰고 내 할 일을 해요. 그리고 '놀려도 괜찮다.'라고 생각하고 기분 나빠 하지 않을래요.

상담자: 좋아. 정말 훌륭해. 며칠 전에 들려준 발 밟는 이야기 기억나?

내담자: 네.

상담자: 친구가 네 발을 밟아도 '뭐 그럴 수도 있지.'라고 생각하고 그냥 넘어갈 수도 있고 어떤 친구는 저 친구가 나만 미워하는가 보다 하면서 속상해할 수 있잖아. 어떻게 생각하는 것이 더 마음이 편할까?

내담자: 처음처럼요.

상담자: 그래. 이제부터 친구들이 짜증나는 소리를 해도 신경 쓰지 않겠지?

내담자: 그러도록 할게요.

상담자: 자신을 소중히 여기는 사람은 친구들이 놀려도 마음속으로 무슨 생각을 해야 할까?(자기 언어의 사용)

내담자: 놀려도 아무 상관없어. 놀려도 괜찮아.

상담자: 그럼, 지금의 생각이 저절로 튀어 오르도록 연습할 수 있는 간단한 숙제를 내줄게. 매일 아침 학교 오기 전에 거울을 보고 연습을 하는 방법을 가르쳐 줄게. (종이를 내밀며) 자, 여기에 적어 보자. '자기 진술문.'(합리적 자기 진술문)

내담자: 네? 뭐라고요?

상담자: 자기……. 진. 술. 문. 아! 받아쓰기 잘 하네. 자기 진술문은 쉽게 말하면 누가 내 말을 들어주지 않거나 놀려서 속상할 때 나한테 스

스로 말하는 거야. "나는 학교에 맨날 남아서 숙제한다고 친구들이 놀려도 속상해하지……?"

내담자: 않아.

상담자: "혹시 놀림을 받아도 괜찮아. 나는?"

내담자: 소중한 사람이고 사랑받는 사람이니까.

상담자: 방금 쓴 것을 매일 아침 일어나서 집을 나서기 전 5번씩 큰소리로 읽어 보는거야. 지금 한 번만 읽어 볼래?(숙제 제시)

내담자: 나는 친구들한테 놀림과 무시를 받고 싶지 않아. 그러나 혹시 놀림 받고 무시받는다고 해도 상관없어. 왜냐하면 나는 계속 소중한 사람이고 사랑받는 사람이니까.

상담자: 쓴 거 읽어 보니까 마음이 어때?

내담자: 기분이 좀 좋아요.

상담자: 사실 놀림받고 실수한 후에 나중에 훌륭하게 된 사람들이 아주 많아. 누구처럼?

내담자: 이봉주 선수와 박지성 선수처럼요.

상담자: 그럼, 다음 주에 만날 때는 자기 진술문 읽는 숙제를 하면서 생각이 어떻게 바뀌었는지 물어 본다.

내담자: (웃으면서) 네.

상담자: 그리고 어제 내 준 조사 숙제 말고 알림장에 출발, 도착 시간 적는 것은 어떻게 했어?

내담자: 엄마가 늦게 들어와서요. 제가 알림장 펴놓고 잤더니 싸인해 주셨어요.

상담자: 어디 보자. 그래 보통 집에서 학교까지 30분 정도 걸리니까 학교 끝나고 바로 간 거 맞겠네.

내담자: 어제는 오락도 안 하고 군것질도 진짜로 안 했어요.

상담자: 그래. 예쁘다. 잘했어. 앞으로도 1주일 동안 매일 기록하고 싸인 받

아오는 거야. 그리고 자기 진술문 숙제도 하고. 알았지?

내담자: 네.

소감 ─o 여러 종류의 논박 중 인지적 논박은 어려울 거라 생각했으나 다행히 내담자가 잘 알아들었고 행동적 및 정서적 논박을 추가로 사용하였다. 여론조사는 2가지를 했는데 첫 번째는 친구들이 놀림을 받을 때의 느낌을 조사하는 것이었다. 많은 친구들이 별명을 서로 부르면서 놀리는 것이 대부분이었고, 자기가 할 때는 재미있어 하면서 막상 다른 친구가 자기를 놀리면 기분 나쁘고 짜증나고 화난다는 대답을 한 친구들이 많았다. 두 번째는 거짓말을 한 경험을 조사하게 하였는데, 남자들 대부분이 거짓말을 하였다고 한 대답을 통해서 내담자가 '누구나 거짓말을 하는 거구나.' 하면서 자기 합리화를 시킬까 봐 걱정이 되었다. 상담자의 의도는 거짓말은 누구나 할 수 있지만 들통 나든 들통 나지 않든 자신이 한 거짓말은 변함이 없다. 또한, 거짓말이 드러나지 않더라도 지속적으로 마음에 거리낌이 있으므로 거짓말을 하지 않아야겠다고 생각해 주기를 바랐는데 말이다. 이외에도 역할 연기와 자기 언어, 합리적 자기 진술문을 작성해 보는 데 의의가 있었고, 간단한 자기 기록을 통해 거짓말을 할 수 있는 환경을 없애 주는 것도 괜찮은 방법이라는 생각이 든다. 내담자와 자주 상담을 하면서 많은 이야기를 나누다 보니 개인적 공감이 더 많이 되었고 그동안 부정적 시각으로 바라보면서 함부로 문제아 취급하고 부정적 감정과 언어로 내담자를 대하였던 지난날이 너무 후회스럽다. '충분히 관심과 사랑을 베풀면 아이들도 달라지는구나.' 하는 생각을 하였다. 두 가지의 비합리적 신념을 정해진 시간 안에 바꾸도록 상담해 가는 것은 다소 벅찬 일이었다. 다음에는 한 가지씩 정해서 상담을 해야겠다는 생각이 들었다.

8) 생각이 바뀜에 따라 나타나는 정서적 · 행동적 효과를 알게 함

상담을 하기 전에는 화가 자주 나고 아무것도 아닌 일로 짜증도 많이 났는데 친구들한테 놀림을 받아도 아무렇지도 않고 괜찮은 일이라고 생각했으며, 스스로 소중한 사람이라고 여기게 되었다. 또한, 지각하고 오락, 군것질하는 행동도 많이 수정되었다.

상담자: 오랫동안 선생님 못 봤지?

내담자: 네.

상담자: 선생님 학교 못 나오는 동안에 혹시 선생님이 지석이한테만 내 준 숙제 했어?

내담자: (쑥쓰러운 듯이 몸을 틀면서) 아~ 그거요? 했긴 했는데요…….

상담자: 그런데?

내담자: 할머니랑 엄마가 듣고 옆에서 막 웃어요.

상담자: 그랬어? 진술문 매일 다섯 번씩 읽으면서 무슨 생각을 했어?

내담자: 친구가 놀려도 신경 안 쓰고 내 할 일을 더 열심히 할 거라고요.

상담자: 훌륭하네. 나중에 지석이는 다른 어떤 친구들보다도 더 멋진 친구가 될 거야.

내담자: 저 앞으로는 지각도 안 하고 군것질이랑 오락도 안 하고 열심히 공부할게요.

상담자: 그래 그래. 넌 한 번 맘먹으면 잘하잖아. 3월 달에 처음 봤던 지석이보다 더 근사한 모습으로 바뀔 것을 기대할게. 오늘 스케이트 재미있게 타!

내담자: (웃으며) 네.

9) 실천적 노력의 강조 및 고양 회기 계획

갑작스럽게 아파 학교에 나가지 못해서 상담할 시간적 여유가 부족하여 하지 못했다.

4. 상담 후기

REBT 상담을 배우기는 하였지만 아직 머릿속에 정리가 안 되어 있어서 그런지 상담을 해야 한다는 것이 여간 막막하고 답답한 일이 아니었다. 자꾸 시간은 가는데 그렇다고 무턱대고 미룰 수도 없는 일이어서 책을 뒤적이다가 일단 해 보기로 마음먹고 평소에 눈에 많이 띄었던 지석이로 정하였다. 학교생활 장면에서 많은 문제 행동을 보여서 그런지 상담할 것이 많을 것 같아서 일단 지석이로 하였는데 막상 상담을 시작해 보니 너무 다룰 것이 많고 상담 목표를 무엇으로 정해야 할지도 고민이 되었다. 한꺼번에 해결하려고 욕심을 부리면 별로 효과적이지 않다는 것을 절실히 깨달았다. 내담자는 주변에서 많은 사람들이 자신을 골칫덩어리, 말썽꾸러기로 인식해서 그런지 벌써 자신에 대한 부정적 신념을 많이 가지고 있는 상태였고, 무조건적 수용을 통해 자존감을 높여 주고 자신감을 회복시키는 것이 급선무였다.

상담의 여러 과정 중 논박의 단계가 가장 어려웠고 적절한 예화를 찾아내기가 쉽지 않았으며 정서적 · 행동적 논박이 저학년에겐 보다 효과적인 듯 싶었다. 상담 5회기차 약속을 해 놓고는 상담자 자신이 갑작스럽게 아파서 학교를 못 나오는 바람에 상담이 취소되고 시간이 많이 지난 다음에서야 학교에 나와 보니 따로 상담할 시간이 없었다. 그래도 어찌하든 상담을 종결해야 한다는 생각에 방학식이 있는 주간 이틀 동안 스케이트장 가는 버스 안에서 내담자의 옆에 앉아 지난 회기에 내 준 숙제를 검사하면서 이야기를 나누는 것으로 대충 상담을 마무리해 보았다. 병가로 인하여 상담의 연속성이 없었던 것이 가장 아쉬웠지만 상담하면서 전화로 내담자의 어머니와 연락을 취하고 어머니의 적극적 도움을 요청했었는데, 힘든 가운데서도 아들을 위해서 나의 요구대로 아들에게 사랑을 표현해 준 엄마 덕택에 내담자는 정서적으로나 행동적으로 긍정적 결과를 볼 수 있었다. 내담자의 여러 가지 문제 행동이 결국은 사랑과 관심 표현의 부족에서 기인했다는 것을 알았다.

이번 상담은 교육자로서 교단에서 아이들을 대하는 나의 태도를 뒤돌아보는 시간이 되었으며, 훌륭한 상담가가 되기 위해선 더욱 열심히 공부해야겠다는 생각도 하였다. 나에게 맡겨진 아이들에 대해서 함부로 낙인찍지 않고 인내하며 그들 스스로 한 걸음 멈추고 생각해 볼 수 있는 여유를 갖도록 해 줘야 한다는 생각이 든다. 처음 해 보는 상담이라 어찌할 줄 몰라 하며 교수님께서 주신 상담의 틀에 맞춰 힘겹게 상담을 진행해 갔지만 어렵기만 한 REBT 상담을 해냈다는 것이 기쁘기만 하다.

5. 사례의 해설

초등학교 2학년 학급 담임을 맡고 있는 이 상담자는 반 아이들 중에서 여러 가지 문제를 보이는 내담자를 지적하여 상담을 시작하였다. 학급 담임이었던 상담자는 처음에는 내담자의 문제를 단순히 산만하고 지각도 잘하고 준비물을 잘 챙겨오지 않는 생활상의 문제로만 여겼는데 상담을 진행하면서 "내가 잘못을 하더라도 친구들이 나를 무시하는 것이 짜증난다."와 "들키지 않는 거짓말은 해도 된다."는 비합리적 사고를 찾아내었다. 상담자는 초등학생들에게 인기가 있는 마라톤 선수 이봉주, 축구 선수 박지성의 예와 양치기 소년의 동화를 활용하여 이 두 가지 생각이 내담자에게 해를 끼치고 있음을 분명하게 알려 주고 있다.

이 사례는 초등학교 저학년의 아동에게도 그들의 인지발달 수준에 적절한 비유와 예화를 활용하여 비합리적인 사고를 다루면 REBT 상담이 성공적일 수 있음을 알려 준다.

1) 진행 과정의 좋은 점

(1) 내담자를 불행하고 불안하게 만드는 근본적인 원인인 사고의 탐색 과정

내담자에게 드러나는 2가지의 주요한 비합리적 사고를 논박하는 과정에서 이봉주 선수, 박지성 선수의 예를 들어 내담자를 쉽게 이해시키고 또한 양치기 소년의 동화를 활용하여 거짓말이 나쁘다는 것을 직접 말하지 않고 설명한 것은 초등학교 2학년의 인지발달 단계의 아동에게 적합한 방법으로 보인다.

2) 진행 과정에서 보완해야 할 점

상담자는 논박의 인지적 기법으로는 부족하여 여론조사 기법을 활용하여 친구들이 거짓말을 한 경험이 있는지와 놀림을 받았던 경험이 있는지에 대해서 물어보고 그때의 마음은 어땠는지에 대해서 조사해 오라는 숙제를 내주었다. 이 숙제에서 상담자의 의도와는 달리 다른 친구들도 거짓말을 많이 하는 것이 조사되어 상담자는 오히려 아이가 숙제를 통해 거짓말은 해도 되는 것이라고 생각할까 봐 걱정을 하고 있다. 이 점은 상담자의 적절한 걱정이다. 상담자는 이런 경우의 수를 예상하여 내담자의 변화에 도움이 된다는 확신이 드는 숙제를 잘 고려하여 부과해야 할 것이다.

다른 사람이 나를 놀려도 괜찮아요

| 친구 간의 스트레스 |

1. 내담자의 기본 자료

1) 인적 사항

- 이름: 이나리(가명)
- 학년: 초등학교 3학년
- 성별: 여

2) 상담 경위

방과 후 친구 문제나 집안 문제로 마음의 어려움(스트레스)을 겪는 아이들이 있다면 남아서 자신의 마음을 솔직히 적어보라고 하였다. 네 명의 아이들이 관심이 보였고, 각자의 상황을 적었다. 그중 내담자가 적은 글을 보니 친구들, 부모님, 학원 선생님, 동생 등 가장 기본적인 인간관계에서 화가 자주 나고 짜증난다는 표현을 적었다. 그래서 상담자가 내담자를 불러 선생님과 상담(서로 이야기를 하면서 마음의 문제를 풀어가는 과정이라고 설명함)을 할 의향이 있는지를 물어보았고 내담자는 흔쾌히 "좋아요."라고 표현하여 상담이 시작되었다.

3) 내담자의 인상 특성 및 행동 특성

- **인상 특성**: 내담자는 마르고 보통 키에 얼굴이 하얗지만 당차 보인다.
- **행동 특성**: 수업 시간에 발표를 잘하나 주의가 산만한 편이며 친구들과 평소에 자주 말다툼을 하는 것을 목격하였다. 학업의 전반적인 부분이 부족하나 칭찬을 들으면 의욕적으로 활동한다. 부진한 수학 성적에 대해 학기 초에 이야기한 후 기초를 탄탄히 할 수 있는 수학 문제집을 사서 별도로 풀게 했는데, 목표를 세워 수학 문제집 과제를 제시했을 때 목표를 끝까지 완수하는 끈기와 인내를 보였다.

4) 학부모와의 상담 내용

다른 아이들보다 1년 먼저 학교에 입학하여 행동이 느린 면이 있으며 이해력이 부족하다. 형제 관계가 언니, 내담자, 어린 동생(2살)이 있어서 실제로 어머니는 어린 동생을 돌보느라 내담자가 학습에 어려움을 호소하는 데 그 필요를 잘 채워 주지 못하고 있고 가정에서 따로 신경을 써 주지 못한다고 이야기를 하였다.

5) 내담자의 강점과 약점

- **강점**: 자신의 감정을 솔직하게 표현하고 맡은 일에 최선을 다하며 목표를 이루려는 의욕이 강하다. 무슨 일을 시키면 끝까지 해내는 책임감이 있다.

- **약점**: 이해력과 자신을 돌아볼 줄 아는 반성적 사고가 부족하다. 그리고 다른 또래 아이들보다 자기 중심성이 강하다.(발달 속도가 다른 아이들에 비해 느린 것으로 여겨짐)

2. 상담 문제

1) 호소 문제

내담자의 친구 진주가 내담자가 받아쓰기에서 0점을 맞았다고 친구들 앞에서 큰소리로 창피를 주었다. 또한 내담자가 몰래 좋아하는 사람이 있는데 학급 친구들 앞에서 큰소리로 좋아하는 사람을 소문을 내서 진주와 싸우게 되었다. 또한 내담자는 칠판 당번인데 자신이 할 일을 진주가 가로채서 하는 경향이 있어서 화가 나고 짜증이 난다고 이야기하였다. 호감을 가졌던 친구 윤선이와 친해졌는데 진주가 자신의 단짝 친구 윤선이를 빼앗으려고 한다고도 느끼고 있다.

2) 호소 문제의 배경

내담자는 3학년에 올라와서 진주와 친했으나 위와 같은 여러 사건으로 인해 사이좋게 놀다가도 말다툼을 하거나 토라지는 경우가 종종 발생했다. 반복되는 싸움으로 마음이 많이 상한 상태였지만 다시 진주와 친해지려는 의지가 있어서 상담하고 싶어 했다. 앞에서 이야기했듯이 내담자가 이해력이 부족한 면과 자기 중심성이 문제를 만들어 냈다. 내담자 이외의 문제로 싸움의 원인이 되는 것은 진주(상대방)의 공격적인 언어 스타일과 태도가 한몫을 차지한다고 할 수 있다.

3. 상담 과정

1) 심리적 문제의 탐색

- 정서적 문제: 화가 난다. 짜증이 난다. 스트레스를 받는다. 우울하다.
- 행동적 문제: 잦은 말다툼이 생긴다.

상담자: 요새 어려운 문제가 뭐예요? 집에서나 학교에서나 학원에서나.

내담자: 학원에서 공부가 좀 어려워요.

상담자: 그것 말고 또 다른 문제가 있니?

내담자: 몰라요.(당돌하게)

상담자: (스트레스를 받는 상황을 적은 쪽지를 보며) 친구들과 함께 놀 때 친구가 내 편을 안 들어 주면 진짜 짜증난다고 써 있는데 맞니? 또 언제 짜증이 나니?

내담자: 진주가 받아쓰기 0점 맞았다고 소문을 내고 다닐 때요.

상담자: 그리고 또?

내담자: 좋아하는 사람 있다고 소문낼 때요.

상담자: 아, 소문낼 때 그때 짜증이 났구나! 그때 짜증난다는 기분 말고 또 어떤 기분이 들었니?

내담자: 우울했어요.

상담자: 그래서 자주 말다툼을 하게 되니?

내담자: 네.

소감 처음 질문 "요새 어려운 게 뭐예요?"라고 물어 보면 정서적인 문제를 내담자가 이야기할 것이라고 기대했었는데, 기대와는 달리 사건(상황)에 대해서 먼저 이야기를 하여 조금 당황스러웠다. 하지만 내담자가 자신의 감정을 솔직히 잘 이야기해 주어서 내담자의 정서적 결과가 무엇인지 알게 되었다.

2) 상담 목표의 설정

- 결과적 목표(내담자와의 대화를 통해 얻은 목표)
  - 정서적 결과 목표: 놀림을 받아도 짜증나는 마음과 우울한 마음 줄이기
  - 행동적 결과 목표: 진주와 다시 친해지기
- 과정적 목표
  비합리적인 생각 교정하기(5단계에서 다룬 목표임)

상담자: 만약 이 상담이 완전히 성공적으로 끝난다면 어떻게 마음이 변했으면 좋겠니?

내담자: 짜증나고 우울한 일이 없어졌으면 좋겠어요.

상담자: 상담을 한다고 해서 우울한 마음이 다 없어지지는 않겠지만 우울한 마음 줄이기를 목표로 잡자. 만약 이 상담이 완전히 성공적으로 끝나게 된다면 행동은 어떻게 변했으면 좋겠니?

내담자: 진주랑 다시 친해지고 싶어요.

소감 아동이 어려움을 느끼는 상황에 대해 무엇이든지 생각나는 대로 말해 보게 한 뒤 아동이 학급에서 평소에 보였던 행동을 바탕으로 정서적인 어려움과 행동적인 어려움을 이야기하고 그 과정을 통해 이번 상담의 목표를 서로 의논하여 설정하였다. 상담 목표를 설정한 후 '건강한 정신

의 기준(합리적 생각의 기준)을 이야기해 주었으면 좋았을 텐데'라는 아쉬움이 남았다.

3) 반응유발사건의 탐색과 명료화

내담자는 자신이 싫어하는 행동을 친구가 반복적으로 하기 때문에 기분이 우울해지고 화가 난다고 지각했다.

상담자: 혹시 또 너를 힘들게 하는 사람이 있니? 선생님이 다 들어줄 테니 이야기해 볼래?

내담자: 동생이요. 아무것도 안 했는데 머리카락을 잡아당기고 눈을 꼬집고 어쩔 때는 때려요.

상담자: 자, 그럼 이제까지 이야기를 정리해 보자. 나리는 진주에게 화가 나는 일이 있지? 그리고 동생에게 화가 나는 일이 있지?

내담자: 네.

상담자: 그럼, 동생은 어리니까 잠깐 접어두고, 학교에서 화가 나는 문제에 대해 생각해 보기로 하자.

내담자: 네.

상담자: 진주가 네 비밀을 이야기한 것 말고 또 너를 힘들게 한 일이 있니?

내담자: 제가 윤선이랑 (내담자랑 친한 친구임) 급식 먹으러 가려고 했는데 진주가 와서 윤선이에게 할 얘기가 있다고 하고 끌고 갔어요. 그리고 정연이라는 친구가 다쳐서 보건실에 같이 가려고 했는데 진주가 윤선이만 데리고 가고 저는 오지 말라고 했어요.

상담자: 너만 빼놓고 진주와 윤선이가 보건실에 갔을 그때 나리 마음은 어땠니?

내담자: 우울했어요. 짜증나고요.

상담자: 우울했구나…… 그럼, 너는 네가 우울해지는 것이 진주 때문이라고 생각하지?

내담자: 네.

상담자: 진주가 주로 어떻게 하기 때문에 네가 우울해지니?

내담자: 제가 싫어하는 일을 해요.

상담자: 그렇구나! 진주는 나리가 싫어하는 일을 하는구나! 그럼, 나리는 어떤 일을 싫어하니?

내담자: 제 비밀을 소문내고요. 제가 윤선이랑 놀고 있을 때 진주가 같이 끼어서 놀아요. 아무 말도 안 했는데 윤선이한테만 달라붙어요.

상담자: 그러면 너는 네가 우울해지는 것이 다 진주 때문이라고 생각하니? 진주의 행동 때문이라고 생각하니?

내담자: 네.

소감 ─○ 반응유발 탐색에 대한 첫 번째 질문은 "무슨 일이 있었나요?"로 시작하는 것이 보통이나 실제로 상담을 하다 보니 바로 적절하게 질문이 연결되지 못했다. 또한 상담자가 같은 말을 중복하는 실수를 보였다. 하지만 내담자가 한 말을 공감해 주고 재진술해 주려고 노력하였으며 여러 번의 질문을 통해 내담자를 우울하게 만드는 사건을 알게 되었다. 우울하게 만드는 사건은 놀림을 받은 사건 이외에도 또래집단이 중요시되기 시작하는 3학년 시기이므로 한 명의 친구를 사이에 두고 생기는 경쟁심, 질투심과 관련된 사건도 있었다. 내담자가 덜 우울하게 느끼기 위해서는 먼저 내담자의 인지가 바뀌어야 하지만 인지가 바뀌고 난 다음에 가해 아동과 내담자와 친해질 수 있는 어떤 프로그램이 제공되면 더 효과적인 상담이 될 것 같은 느낌을 받았다.

4) 정서적 결과와 행동적 결과 그리고 사고 간의 관계에 대한 교육

상담자는 정서적 결과와 행동적 결과 그리고 사고 간의 관계에 대한 교육을 위해 예화를 사용하였다.(생일 예화)

상담자: 우울해지는 것이 다 누구의 행동 때문이라고 생각해?

내담자: 진주요.

상담자: 그런데 네가 우울해지는 것은 진주의 행동 때문만은 아니야. 진주의 행동 때문에 네가 우울해지는 것이 아니야. 진짜 이유가 있어. 그것이 뭔지 아니?

내담자: 아니요.

상담자: 알고 싶니?

내담자: (궁금한 듯이) 네.

상담자: 선생님이 예를 들어줄 테니까 잘 들어봐. 예가 끝난 다음에 선생님이 묻는 말에 잘 대답해야 해.

내담자: 네.

상담자: 우리 반 회장이 누구니?

내담자: 박다윤과 한종수요.

상담자: 박다윤도 5월 1일이 생일이고 한종수도 5월 1일이 생일이라고 생각할게. 둘 다 같은 날 생일이라고 상상해 보자. 5월 1일이 됐어. 나리는 주로 생일에 무슨 국을 먹니?

내담자: 미역국이요.

상담자: 그래, 맞았어. 그런데 다윤이 생일이 됐는데 다윤이 엄마가 미역국도 안 끓여 주고 생일 축하한다는 말도 안 하셨어. 그래서 다윤이가 속으로 무슨 생각을 했느냐 하면 '흥, 엄마는 내 생일을 잊어

버린 게 분명해. 그러니까 미역국도 안 끓여 주지. 내 생일을 잊어 버린 걸로 봐서 날 사랑하지 않는 게 분명해.' 그렇게 생각을 했어. '엄마는 날 사랑하지 않기 때문에 미역국을 안 끓여 준 거야.' 그렇게 생각하니 갑자기 다윤이 마음에 화가 치밀었어. 버림받은 느낌과 따돌림받는 느낌이 들면서 우울해졌어. 그런데 같은 날 생일인 종수도 아침에 일어났는데 엄마가 미역국을 안 끓여 주신 거야. 생일 축하한다는 말도 안 해 주셨어. 그때 종수는 마음속으로 '아, 엄마가 회사에 출근하시는데 오늘 바쁜 일이 있어서 깜박 잊고 못 챙겨 주셨나 보다. 할 수 없지. 뭐. 아쉽기는 하지만 다음에 엄마가 미역국을 끓여 주셨으면 좋겠다.' 그렇게 생각을 했어. 자, 보자. 둘 다 어떤 일이 일어났니?

내담자: 생일인데, 둘 다 엄마가 미역국을 안 끓여 주셨어요.

상담자: 그때 다윤이는 마음속으로 무슨 생각을 했니?

내담자: 화를 내면서 버림받은 느낌이라고 생각을 했어요.

상담자: 종수는 속으로 무슨 생각을 했니?

내담자: 엄마가 회사 일 때문에 바빠서 못 끓여 주었는데 다음에는 끓여 주시겠지 하고 생각했어요.

상담자: 그래, 맞아, 바빠서 그랬다고 엄마를 이해했어. 그리고 다음에 끓여 주면 좋겠다고 생각을 한 거지. 똑같이 미역국을 못 먹었는데 다윤이는 화가 나고 버림받은 느낌이 들었는데 종수는 섭섭하기만 하고 화가 나지는 않았거든. 둘이 마음이 다른 이유가 무엇일까?

내담자: (고민하는 듯 침묵)

상담자: 똑같은 일이 벌어졌는데 무엇이 달라서 한 사람은 화가 나고 한 사람은 화가 안 났을까?

내담자: 질투심.

상담자: 비슷한 거야. 다윤이는 속으로 무슨 생각을 했지?

내담자: 화나고 엄마한테 버림받은 느낌이요.

상담자: 마음속으로 그 생각을 한 거야. 종수는?

내담자: 종수는 회사 일 때문에 바빠서 못 끓여 주셨는데 다음에는 끓여 주시겠지.

상담자: 그런 생각을 한 거지? 그럼 둘이 이렇게 마음으로 느끼는 기분이 다른 건 무엇이 다르기 때문이니?

내담자: 생각이요.

상담자: 음. 맞았어. 나리는 천재야. 생각이 다르기 때문이야. 나리도 진주의 행동이 화가 나지? 네가 비밀로 하고 싶었던 일을 이야기하고 윤선이와 잘 놀지 못하게 했지? 그때 어떤 기분이 들었다고?

내담자: 질투심이 나고 짜증나고 우울했어요.

상담자: 그래, 속상했을 거야. 그런데 네 마음이 우울하고 짜증난 것은 진주 때문이기도 하지만 누구와도 관련이 있을까?

내담자: 진주요.

상담자: (당황하여) 음……. 진주가 네 비밀을 이야기했을 때, 윤선이와 놀지 못하게 했을 때 결국 화가 나고 짜증나는 건 누구니?

내담자: 저요.

상담자: 그래, 다윤이와 종수의 이야기처럼 결국 나리가 생각하는 것 때문에 우울해지는 거지? 결국 나리(내담자)가 생각하는 것 때문에 결국 네 마음이 어떻게 되지?

내담자: 짜증나고 우울해져요.

상담자: 진주는 짜증나고 우울할까?

내담자: 아니요.

상담자: 누구만 짜증나고 우울할까?

내담자: 저요.

상담자: 그럼 결국 누구 손해니?

내담자: 제 손해요.

상담자: 그럼 누가 고치면 될까?

내담자: 제가요.

상담자: 네가 뭘 고치면 될까?

내담자: 진주한테 잘 해 주면 되요.

상담자: 음…… 그래 진주한테 잘 해 주겠다는 무엇을 바꾸면 되지?

내담자: 생각이요.

상담자: 결국 짜증나고 화가 나서 내가 괴롭지 않으려면 누구의 생각을 바꾸면 되니?

내담자: 나의 생각.

상담자: 왜냐하면 진주는 나리가 아니니까 나리가 바꿀 수가 없어. 내가 바꿀 수 있는 건 나의 무엇이니?

내담자: 나의 생각이요.

상담자: 다음 시간에는 진주가 나리를 우울하게 해도, 우울하지 않게 조절하는 법을 배울 거예요. 궁금하지? 궁금한 건 다음 시간에…….

내담자: 네.

소감 REBT 상담을 배우지 못한 사람들은 내담자가 우울한 생각이 드는 것이 반응유발사건 때문이라고 생각하지만 인지·정서·행동치료에서는 내담자의 사고가 우울한 감정을 유발한다고 여긴다. 따라서 이 상담자는 정서적 결과와 행동적 결과, 그리고 사고 간의 관계에 대한 교육을 예화를 통하여 실시하였다. 예화를 들려주기 전 내담자의 흥미를 돋우기 위해서 궁금증을 유발하는 방법을 사용하였고, 내담자와의 문답을 통하여 예화의 대상이 되는 아동의 이름을 같이 설정하여 이야기를 들려주었다. 이 과정을 진행하면서 아동이 친근감을 느끼는 사람을 대상으로 예화를 들려주는 것이 효과적인지 아니면 제3의 인물을 등장시켜서 예화를 들려주는 것이 효과적인지 조금 더 연구해 볼 필요를 느꼈다. 왜냐하면 초등학교 3학년 아이인 내담자는 예화와 실제 상황을 혼동하여 예화의 등장인물이 한 말이 실제로 한 말이 아닌데 실제로 행동하고 말한 것으로 생각하는 경향을 보였기 때문이다. 예화를 마친 후 내담자와의 상황과 예화를 연결시켜서 B-C의 관계*에서 생각의 변화가 중요함을 깨닫도록 노력하였다. 마지막으로 다음 시간에 배울 내용을 안내하여 다음 회기를 기대하는 마음을 갖도록 유도하였다. 하지만 내담자의 반응에 당황하여 적절히 반응하지 못하고 적절한 어휘를 선택하여 이야기를 꾸려나가는 데 어려움을 겪었다.

5) 내담자를 불행하고 불안하게 만드는 근본적인 원인인 사고의 탐색

내담자의 역기능적 스키마는 '사람들이 자신을 절대로 놀리지 않고 무시하지 않아야 한다. 이와 같은 수준에서 비합리적인 사고로 '어떤 사람들이 나에게 나쁘게 행동한다면 그에 상응하는 처벌을 받아야 한다.'는 생각을 찾아냈다. 하지만 본 REBT 상담에서는 전자의 비합리적인 사고만을 다루었다.

상담자: 오늘은 기분이 어떠니?

내담자: 그저 그래요.

상담자: 어제의 이야기를 계속해 보자. 진주가 받아쓰기 0점 맞았다고 친구들 앞에서 놀릴 때 나리는 마음속으로 무슨 생각을 했니?

내담자: 나도 진주가 0점 맞을 때 있으면 소문내고 싶었어요.

상담자: 아~ 진주가 0점 맞으면 소문내고 싶었어? 그것 말고 또 무슨 생각을 했니?

---

* 생각에 따라서 정서와 행동이 결정되는 관계

내담자: 진주하고 같은 반이 아니었으면 좋겠어요.

상담자: 또 무슨 생각을 했니?(귀납적 추리)

내담자: 진주한테 억지라도, 거짓말이라도 "진주 너도 지난번에 받아쓰기에서 0점 맞았잖아."라고 얘기하고 싶었어요.

상담자: 애들 앞에서 진주 너도 받아쓰기에서 0점 맞았잖아. 이야기하고 싶었구나! 그러면 무엇 때문에 친구들 앞에서 "진주 너도 받아쓰기 0점 맞았잖아."라고 이야기하고 싶었니?

내담자: 진주가 소문내고 다녀서요.

상담자: 진주가 소문내고 다녀서…… 0점 맞았다고 소문낸 게 나리 마음속에 어떤 생각이 들게 했니?

내담자: 창피했어요. 애들이 놀릴까 봐요.

상담자: 창피했다고 치자. 그때 창피했지? 창피하다고 느꼈을 때 나리는 어떤 사람이라고 느꼈니?

내담자: (긴 침묵 후) 진주하고 똑같이 소문을 내고 싶은 사람이요.

상담자: (당황하여) 진주도 똑같이 창피함을 당했으면 좋겠다는 생각을 했구나!

내담자: 네.

상담자: 그럼 나리 마음속에는 무슨 생각이 있냐하면 친구가 나를 놀리거나 무시해서는 안 된다는 생각이 있는 게 맞니?(귀납적 해석)

내담자: 네.

상담자: 친구들이 너를 절대로 놀리지 않았으면 좋겠어? 무시하지 않았으면 좋겠어?

내담자: 네.

상담자: 그럼, 가족도 나리를 절대로 놀리거나 무시하지 않았으면 좋겠니?

내담자: 네.

상담자: 오늘 상담을 하면서 무엇을 느꼈고 어떤 점이 어려웠니?

내담자: 진주가 저를 안 놀리면 좋겠고, 친구들이 나를 잘 대해 주었으면 좋겠어요.

상담자: 또? 나 자신은 어떻게 바뀌고 싶니?

내담자: 친구들하고 친하게 지내고 싶어요.

상담자: 자, 그럼 절대로 놀리지 않았으면 좋겠다는 생각이 나리를 괴롭히는데, 선생님과 다음 시간에 선생님과 이야기를 통해 그 생각을 바꾸어 보도록 하자.

소감 내담자의 비합리적인 사고를 탐색하는 방법에는 귀납적 자각, 귀납적 해석, 추론 연쇄, 접속구문과 문장완성, 연역적 해석, 논박이 있다. 이 상담자는 주로 사건과 관련하여 "그 일이 있을 때 마음속으로 무슨 생각을 했니?"라는 질문을 통해 이야기를 풀어 나갔다. 귀납적 추리의 질문 "그 밖에 무슨 생각을 했니?" "또 무슨 생각을 했니?"라는 질문을 사용하였다. 처음에는 추론 연쇄의 방법을 사용하려고 하였으나 초등학교 3학년 아이에게 "(앞의 말을 동의한 후) 그것의 의미는 무엇이니?"라는 질문을 했을 때 이해하지 못하는 경우를 보았기 때문에 귀납적 추론을 통해 상담자가 귀납적 해석을 하였고 상담자의 해석이 틀릴 수 있으므로 상담자의 해석이 맞는지 물어보는 과정으로 비합리적인 사고를 탐색하였다. 비합리적인 사고를 탐색하고 나서 내담자에게 '반드시~해야 한다.'는 당위적 생각이 유발하는 생각(과장성, 인간 비하성, 낮은 인내성)을 교육하고 싶었으나 미쳐 교육하지 못한 점이 아쉽다.

6) 탐색된 사고의 체계를 논박을 통해서 바꿈

상담자: 다시 만나서 반가워요.

내담자: (웃음)

상담자: 지난 시간에 나리 안에서 나리를 괴롭히는 생각을 찾아봤어요. 나리 안에는 '다른 사람이 나리를 절대로 놀리거나 무시해서는 안 된다.'라는 생각이 있었어요. 맞니?

내담자: 네.

상담자: 나리를 괴롭히는 생각을 어떻게 바꿀 수 있을까?

내담자: (생각하며 침묵)

상담자: 선생님이 이야기를 하나 들려줄 테니 잘 들어볼래?

내담자: 네.

상담자: 에디슨 아니?

내담자: 아니요.

상담자: 저기 위에 불이 들어오는 거 보이지? 저 전기를 만든 사람이 에디슨이야. 그런데 어린 시절에 에디슨은 주위 사람들한테 놀림을 많이 받았던 사람이래. 호기심이 많았던 에디슨은 어느 날 닭이 계란을 품는 것을 보고 자신도 계란을 품으면 그 계란에서 병아리가 나올 거라고 생각을 했대. 그런데 계란이라고 해서 모두 다 병아리가 되는 게 아니란 걸 나리는 아니?

내담자: 엄마가 그러시는 데요. 결혼한 닭이 낳은 계란만이 병아리가 될 수 있데요.

상담자: 잘 알고 있구나! 그런데 발명왕 에디슨은 그것을 몰랐던 거야. 그래서 하루, 이틀, 사흘……. 일주일. 이렇게 학교를 갈 때나 집에 있을 때나 계란을 품고 다녔어. 결국 계란이 썩어 버려 병아리는 나올 수 없었단다. 그걸 안 친구들은 에디슨을 놀렸단다. "바보야, 바보야, 바보야."라고. 그 이후에도 에디슨은 엉뚱한 짓을 많이 해서 결국 학교에서 쫓겨나게 되었단다. 친구들한테 놀림을 받았을 때 에디슨의 마음은 어땠을까?

내담자: 바보 같다는 생각이 들었을 거예요.

상담자: 에디슨이 짜증나고 화가 난다고 공부도 안 하고 사는 걸 포기하면 어떤 사람이 됐을까?

내담자: 바보 같은 사람이요.

상담자: 그럼, 에디슨은 학교에서 쫓겨나고 놀림을 받았을 때 '속상해. 속상해. 속상해.'이런 생각을 계속했을까 아니면 '괜찮아. 신경 안 써. 다른 새로운 것이 없을까?' 이렇게 생각했을까?

내담자: 두 번째요.

상담자: 이야기를 하나 더 해 줄까? 비행기를 만든 라이트 형제를 아니?

내담자: 아니요.

상담자: 이야기를 들어볼래?

내담자: 네.

상담자: 지금은 미국이나 프랑스 같은 먼 나라를 갈 때 비행기를 타고 가지? 그렇지만 지금으로부터 100여년 전만 해도 비행기라는 건 세상에 없었단다. 열을 이용해서 나는 열기구나 글라이더는 있었지만 멀리까지 여행할 수 있는 비행기는 없었지. 그때 라이트 형제는 '나도 하늘을 날고 싶다.'라는 생각을 하고 비행기를 만들기 시작했어. 하지만 첫 번째 실험은 성공적이지 못했어. 사람들은 라이트 형제를 놀리기 시작했지. "그러면 그렇지. 자전거 공장을 하는 사람들이 비행기를 만들 수 있겠어? 사람이 어떻게 하늘을 날아?"라고 놀렸어. 그때 라이트 형제의 기분이 어땠을까? (은유적 논박)

내담자: 슬프고 우울했을 것 같아요.

상담자: 그랬겠지. 하지만 라이트 형제는 사람들이 놀리는 것을 신경을 안 쓰고 계속 연구를 해서 결국 훌륭한 비행기를 만들어 냈단다.

내담자: 네.

상담자: 에디슨이나 라이트 형제가 실패했다고 놀림을 받았을 때, '사람들이 나를 놀리네. 기분 나빠. 우울해.' 이런 생각을 계속했다면 그 생

각이 훌륭한 사람이 되는 데 도움이 됐을까?

내담자: 아니요.

상담자: 나리야, 진주나 친구들이 나리를 놀렸을 때, '우울해. 속상해.' 이런 생각을 계속하는 게 너에게 도움이 되니?(실용적 논박)

내담자: 아니요.

상담자: 그렇다면 도움이 되지 않는 우울하다는 생각을 어떻게 하고 싶니?

내담자: (오래 생각하며) 잘 모르겠어요.

상담자: 나리야, 선생님이 숙제를 하나 내줄 테니 내일까지 꼭 해 오렴. 오늘 숙제는 친구들에게 '나는 놀림을 받은 경험이 있나요?' 물어보고 그때 어떤 마음이 들었는지 조사해 오는 거란다. 조사를 한 후에 다음 시간에 다시 만나서 이야기해 보자.

소감 논박의 방략은 논박의 전략인 논리성, 현실성, 실용성, 합리적인 대안에 논박의 스타일인 지시적, 논답식, 은유의 사용, 유머의 사용을 곱하여 16가지가 있다. 이 상담자는 초등학교 3학년에 맞게 "그 생각이 도움이 되는가?"라는 질문을 통해 실용적으로 접근하였으며 실제 예화를 통한 은유적인 방법을 사용하여 논박을 하였다. 하지만 내담자가 배경지식이 많지 않아 설명하는 데 어려움을 느꼈고, 도움이 되지 않는 우울하다는 생각을 어떻게 하고 싶냐는 상담자의 핵심적인 질문에 내담자가 이해하지 못해 대답을 제대로 하지 못했다. 50분 가량 진행된 상담에서 약간의 허탈감을 느꼈고 열심히 상담에 응해 준 내담자를 어떻게 도와줘야 할지 몰라 난감했다. 초등학교 3학년에게는 인지적 논박을 통해 사고를 변화시키는 활동이 어렵게 느껴졌다.

7) 논박의 인지적 기법과 행동적 기법 및 정서적 기법의 활용

상담자: 조사한 내용을 선생님께 이야기해 줄래요?(여론조사)

내담자: (조사한 내용은 다음과 같음)

순서	이름	놀림을 받은 경험	어떤 놀림을 받았나요?	놀림을 받았을 때 마음이 어땠나요?
1	진예은	○	별명 부르기	우울해지고 마음이 쿡쿡 쑤신다.
2	김혜라	○	말을 지어 별명을 만든다.	짜증나고 속상하다.
3	김가영	○	얘기를 하면 꼭 내 별명을 붙인다.	마음이 아프고 우울하다.
4	김유민	○	애들이 자꾸 놀린다.	속상하고 마음이 아프다.
5	박정연	○	노래 나올 때 내 별명을 큰 소리로 불렀다.	속상하고 마음이 아프고 엄마한테 이르고 싶은 마음
6	최윤선	×	없음	없음
7	김진주	○	김치와 김밥이라고 놀린다.	짜증났다. 때리고 싶다.
8	박도경	○	도선사라고 놀렸다.	그 애가 정말 밉고 때려 주고 싶었다. 그리고 짜증났다.
9	박다윤	○	밧데리라고 놀렸다.	우울하고 짜증났다.
10	강민규	○	대답 없음	대답 없음

상담자: 조사하면서 무엇을 느꼈니?

내담자: 나만 놀림을 받는 게 아니라는 걸 알았어요. 그리고 나처럼 놀림을 받으면 친구들도 화나고 짜증난다는 걸 알았어요.

상담자: 그렇구나. 친구들도 놀림을 받으면 나리처럼 속상할 거야. 그렇지만 나리와 선생님이 상담을 시작한 목표는 놀림을 받은 친구들처

럼 우울해하지 않고 우울하고 화나는 마음을 줄이는 것이란다. 나리는 친구들한테 놀림을 받으면 마음속으로 무슨 말을 한다고 했었지?

내담자: 그 친구를 부모님께 이르고 싶고 혼내 주고 싶다. 그리고 우울하다고요.

상담자: 나리야, 너만 놀림을 받는 것이 아니야. 다른 친구들도 놀림을 받는단다. 이 친구들 중에서 "쟤는 나를 놀려. 나는 아무것도 할 수 없어." 이렇게 생각하는 사람은 계속 기분이 나쁘고 에디슨이나 라이트 형제처럼 훌륭한 사람이 못 되지만 다른 사람의 말에 신경을 안 쓰고 내 공부를 열심히 하는 사람은 훌륭한 사람이 될 거야.

내담자: (갑자기 생각난 듯이 말을 가로채며) 그런데 다윤이는요, 세훈이가 밧데리라고 놀린대요.

상담자: 밧데리라고 놀린대? 속상하겠지?

내담자: 속상해요.

상담자: 그럼, 놀리는 거에 신경 써야 할까 신경을 쓰지 말아야 할까?

내담자: 신경 쓰지 말아야 해요.

상담자: 네가 신경을 안 쓰면 우울한 마음이 줄어든단다. 이제 조금 알겠니?

내담자: 아니요.

상담자: 세훈이가 나리를 뭐라고 놀리니?

내담자: 이 서방이요.

상담자: 선생님이 세훈이를 할게. 나리는 나리를 하는 거야.(역할 연기)

내담자: 네.

상담자: 야, 이 서방~ 이 서방~ 이 서방~.

내담자: (대답 없음)

상담자: 세훈이에게 무슨 말을 해 주고 싶니?

내담자: 별명을 똑같이 부르고 싶어요.

상담자: 불러 볼래?

내담자: (한참 망설이다) 문어야~.

상담자: 다시 불러 볼래?

내담자: 문어하고 새우가 별명이에요.

상담자: 두 개 다 불러봐.

내담자: 너는 문어하고 새우잖아.

상담자: 이 서방~.

내담자: (말이 없음)

상담자: 쑥스러운 거지. 그러면 역할을 바꿔 볼게. 나리가 세훈이를 하는 거야. 그리고 선생님이 나리를 하는 거야. 지금은 세훈이가 나리를 놀리는 상황이야. 놀려 봐.

내담자: (주저 없이) 야, 이 서방~.

상담자: 왜?

내담자: 이 서방~.

상담자: 또 놀려 볼래?

내담자: 야, 이 서방 뭐 하냐?

상담자: 지금 공부하는데…….

나리야, 나리가 놀렸는데 선생님이 어떻게 했어?

내담자: 놀리는 거 신경을 안 쓰고 공부를 했어요.

상담자: 음, 맞았어. 자기 할 일을 했지? 너는 계속 놀리고 싶니? 너는 세훈이가 되서 이 서방~ 이 서방~ 그래 봤잖니? 계속 놀리고 싶은 맘이 들었니?

내담자: 아니요.

상담자: 놀리는데 신경을 안 쓰니까 놀리고 싶은 마음이 안 들었지?

내담자: 네.

상담자: 바로 그거야. 친구가 놀리면 신경을 쓰지……?

내담자: 않아요.

상담자: 신경을 쓰지 않으면 친구들이 재미없어 해.

내담자: 네.

상담자: 친구들이 놀릴 때 나리는 속으로 '복수해 주고 싶다.'라는 맘이 든다고 했었어. 이번에는 친구들이 놀릴 때마다 마음속으로 무슨 생각을 하고 싶어?

내담자: 신경 안 쓰고 내 할 일을 할래요.

상담자: 신경을 안 쓰고 내 할 일을 한다. 그리고 '놀려도 괜찮아.'라는 맘을 가지고 있으면 되지. 왜 괜찮을까?

내담자: 놀려봤자 소용이 없으니까요.

상담자: 놀려도 나리가 아주 사랑스러운 사람이라는 것은 변하지 않으니까. 선생님이 예를 하나 더 들어줄게. 잘 봐. (주머니에서 1,000원짜리 지폐를 꺼내며) 얼마야? (눈으로 예화 보여 주며 설명하기)

내담자: 1,000원.

상담자: 1,000원이지? 이거 가지고 무엇을 할 수 있을까?

내담자: 간식을 사 먹을 수 있고, 준비물을 살 수 있고, 공책을 살 수 있어요.

상담자: 응, 잘했어. 잘 보렴.(1,000원짜리 지폐를 손 안에서 마구 구기며) 손 안에 1,000원이 어떻게 되었어?

내담자: (놀라며) 구부러졌어요.

상담자: 이 구부러진 돈을 가지고 무엇을 살 수 있을까?

내담자: 아무것도 못 사요.

상담자: 이것 가지고 아무것도 못 사?

내담자: 아니요.

상담자: 살 수 있어? 무엇을 살 수 있어?

내담자: 음식하고, 준비물하고…….

상담자: 아까처럼 똑같이 다 살 수 있지?

내담자: 네.

상담자: 이번에는 선생님이 돈에 침을 묻혔어. 이것을 가지고 무엇을 살 수 있을까?

내담자: 아까랑 똑같이 다 살 수 있어요.

상담자: (돈에 코를 푸는 시늉을 하며) 무엇을 살 수 있을까?

내담자: (자신 있게) 다 살 수 있어요.

상담자: 왜?

내담자: 돈이니까.

상담자: 이게 바로 뭐냐 하면……. 선생님이 돈을 구긴 것은 친구가 널 놀리는 거야. 친구가 놀려도 나리라는 사람은 변해, 안 변해?

내담자: 안 변해요.

상담자: 그래, 나리는 아주 예쁘고 사랑스러운 사람이라는 것은 안 변해. 선생님이 침을 묻혀도 1,000원이 변해, 안 변해?

내담자: 안 변해요.

상담자: 친구가 너랑 안 놀아 줘도 변해, 안 변해?

내담자: 안 변해요.

상담자: 맞아. 넌 변하는 않는 소중한 사람이야. 친구가 놀려도 나리가 소중한 사람이라는 것은 변하지 않는 거야. 내가 소중한 사람이라는 것이 변하지 않는다면 친구들이 놀릴 때 나는 마음속으로 무슨 생각을 해야 할까?(자기 언어의 사용)

내담자: 놀려도 아무 상관없어. 놀려도 괜찮아.

상담자: 선생님이 친구가 되서 놀려 볼게. 이 서방~. 이 서방~.

내담자: 놀려도 괜찮아.

상담자: 친구가 놀려도 우울해지지 않기 위해서는 지금의 생각을 연습해야 해. 매일 아침 학교 오기 전에 거울을 보고 연습을 하는 방법을 가르쳐 줄게. 자, 여기에 적어 보세요. '자기 진술문'이라고 적어봐.

(합리적 자기 진술문)

내담자: 네? (잘 모르겠다는 듯이 반문하며)

상담자: 자기. 진. 술…… 문. 아! 잘 썼어. 자기 진술문이 뭐냐 하면 다른 사람이 나를 놀리거나 아니면 내 말을 들어주지 않을 때 나한테 스스로 이야기를 하는 거야. "나는 내가 만나는 사람에게 놀림을 받고 싶지……?"

내담자: 않아.

상담자: "그렇지만 내가 놀림을 받는다고 해도 괜찮아. 놀림을 받아도 나는 어떤 사람?"

내담자: 괜찮은 사람. 아무렇지도 않은 사람.

상담자: 그래, 소중한 사람. 1,000원이 그대로 있는 것처럼 아무렇지도 않고 소중한 사람이야. 자기 진술문을 매일 아침 일어나서 나 자신한테 이야기하는 거야. 제일 처음 자기 진술문에 무엇이라고 적을까? 나리는 지금 문제가 친구들이 놀리는 게 기분 나쁜 것이었잖아. 진주가 너를 무엇이라고 놀리지?

내담자: 받아쓰기 0점 맞았다고 놀리고, 좋아하는 사람이 있다고 놀려요.

상담자: 그때 자존심이 상했지?

내담자: 네(큰소리로).

상담자: 잘 생각해 보면 진주가 0점 맞았다고 친구들 앞에서 큰소리로 이야기했을 때 나리를 놀린 사람이 있었니? 없었지? 그래, 놀려도 괜찮은 거야. 곰곰이 생각해 보면 다른 사람은 네 일에……?

내담자: (자신 있게) 상관 안 해요.

상담자: 맞아, 상관 안 했어. 그러니까 너도 상관 안 하면 되지.

내담자: 네.

상담자: 친구들이 놀릴 때는 놀려도 괜찮아. 늘 마음속으로 이야기를 하렴. 같이 자기 진술문을 써 보자.

내담자: 나는 내가 만나는 사람에게 놀림과 무시를 받고 싶지 않다. 그러나 놀림과 무시를 받는다고 해도 아무렇지도 않아. 놀림과 무시를 받아도 나는 괜찮은 사람이야.

상담자: 이게 숙제야. 숙제가 뭐냐면 일요일, 월요일 아침에 일어나서 3번씩 읽어 보는 거야. 선생님이 숙제 검사를 할 거야. 지금 한 번 읽어 볼래? (숙제 제시)

내담자: 나는 내가 만나는 사람에게 놀림과 무시를 받고 싶지 않다. 그러나 놀림과 무시를 받는다고 해도 아무렇지도 않아. 놀림과 무시를 받아도 나는 괜찮은 사람이야.

상담자: 이거 써 보니까 마음이 어때?

내담자: 조금 괜찮아졌어요.

상담자: 그리고 사실 놀림을 받아도 더 훌륭해진 사람이 있어. 누구처럼?

내담자: 에디슨과 라이트 형제요.

상담자: 놀림을 받는다고 해서 다른 사람이 너에게 신경 쓰니?

내담자: (자신 있게) 아니요.

상담자: 선생님이 월요일에 한 번 더 만나서 자기 진술문을 이야기하고 나서 생각이 어떻게 바뀌었는지 물어볼 거야.

내담자: 네.

소감 논박을 통해 비합리적인 사고를 고친 후 합리적인 사고를 더욱 견고하게 하기 위하여 행동적 및 정서적인 논박의 방법을 추가로 더 사용하였다. 인지적 논박보다 오히려 3학년 아동에게는 정서적 · 행동적 논박이 더 이해하기 쉬운 듯 느껴졌다. 첫 번째는 여론조사 방법으로 다른 아이들은 놀림을 받을 때 어떤 느낌이 드는지 탐색하는 방법이었다. 많은 아동이 놀림을 받은 경험을 이야기하고 놀림을 받고 나서 화가 나고 우울했다는 대답을 했다. 여론조사를 하면서 단지 경험과 느낌만 조사하지 말고 놀림을 받은 후에 나는 어떻게 행동했는지를 탐색했다면, 똑같은 상황에서 반응이 다르다는 것을 유도하여 생각의 차이 때문에 행동이 다르다는 것을 다시 한 번 확인시킬 수 있는 기회가 됐을 것이다. 또한 '자기 언어'의 방법을 가르쳐 주고 정서적인 요법으로 합리적인 자기 진술문을 썼다. '자기 언어의 사용' 방법을 도입할 때 조금 더 충분한 설명을 하고 시작했다면 더 좋은 상담이 되었을 것이다. 합리적 자기 진술문의 원래 계획은 서로 상의하여 작성하기로 마음먹었으나 상담을 하다 보니 내담자가 너무 어린 관계로 진술문의 내용을 내담자가 주도하였다. 서로 더 시간이 걸려도 합의하여 진술문을 작성했다면 더 좋은 결과가 나왔을 것 같다. 행동적 논박에서 가장 효과적인 것은 역할 연기(Role-Play)였다. 내담자가 놀리는 사람이 되고 상담자가 놀림을 받는 내담자의 입장이 되어 역할 연기를 했을 때 내담자의 이해가 빨랐다. 사회 학습 이론가의 말처럼 아동은 모방을 통해 학습한다고 하는데 상담자가 대답하는 것을 보고 내담자가 놀림을 받는 상황에서 어떻게 대처하는지 그 방법을 알게 된 듯이 보였다.

8) 생각이 바뀜에 따라 나타나는 정서적·행동적 효과를 알게 함

상담을 하기 전에는 화가 자주 나고 우울해졌는데 상담을 통해서 친구들에게 놀림을 받는 일이 아무렇지도 않고 괜찮은 일이라고 생각하게 되었다. 그리고 내가 마음먹기에 따라 우울해지는 마음을 줄일 수 있다는 것을 내담자는 인정하였다.

상담자: 아침에 일어나서 '자기 진술문'을 읽어 봤니?

내담자: 네.

상담자: 앞으로 친구가 놀려도 나리는 마음속으로 무슨 생각을 할 것 같니?

내담자: 친구가 놀려도 난 신경을 안 쓰고 내 할 일을 잘 하고 공부를 열심히 할 거예요.

상담자: 엄마도 동생도 친구도 널 놀릴 수는 있지만 괜찮아.

내담자: 엄마가 나를 태어나게 해 주시고 열심히 키워 주셨으니까 괜찮아.

상담자: 더 하고 싶은 말 있니?

내담자: 엄마나 친구가 놀려도 상관 안 하고 짜증나는 생각을 안 하고 열심히 자기 일을 해요.

상담자: 훌륭하네. 나중에 나리는 성공할 거야.

내담자: 윤선이랑 같이 커서 나중에 레스토랑 할 거예요.

상담자: 그것도 잘할 거야, 나리는.

소감 REBT 성공 전략 중 하나가 숙제를 제시하는 것이다. 상담 시간에 다룬 것과 연관된 숙제로 실천 가능한 것을 내주는 것이 원칙이다. 또한 숙제하는 이유를 자세히 설명해야 한다. 이 상담자는 위의 원칙을 생각하며 내담자에게 '합리적 자기 진술문' 숙제를 내주었고 '합리적 자기 진술문'을 반복해서 3번 연습해 보게 한 것이 내담자의 생각을 변화시키는 계기가 되었다.

9) 실천적 노력의 강조

상담을 통해 바뀐 자신의 생각이나 행동이 내재화될 수 있도록 '자기 진술문'을 1주일 동안 거울에 붙여 놓고 하루에 3번 읽기로 하였다.

상담자: 앞으로 친구가 놀리면 마음속으로 무슨 이야기를 할까?

내담자: 괜찮아. 참을 수 있어.

상담자: 놀려도 나리는?

내담자: 괜찮아.

상담자: 그렇게 할 수 있겠어?

내담자: 모르겠어요.

상담자: 그러면 1주일 동안 아침에 일어나면 자기 진술문을 몇 번씩 읽어 볼까? 1번? 2번? 3번? 4번? 5번? 거울 앞에 딱 붙여 놓고 읽어 봐야 해.

내담자: 3번이요.

상담자: 아침에 일어나면 3번 꼭 읽고 오기다. 약속. 여기서 한 번 읽어 보자. 나는 내가 만나는 사람에게 놀림과 무시를 받고 싶지 않다. 그러나 놀림과 무시를 받는다고 해도 아무렇지도 않아. 놀림과 무시를 받아도 나는 괜찮은 사람이야.

소감 상담자는 내담자를 향한 꾸준한 관심이 필요하며, 숙제를 철저히 검사하는 태도가 요구된다.

10) 고양 회기의 계획

1주일 동안 자기 진술문을 3번 읽어도 생각에 변화가 없으면 다시 선생님을 찾아올 것을 당부하였다.

상담자: 1주일 동안 연습을 하고 나서 '마음속으로 화가 올라오고 우울해져요. 그런 일이 있어요.'라는 생각이 들면 다시 선생님을 찾아와서 "선생님, 선생님과 얘기하고 싶어요."라고 부탁하면 돼. 알겠지?

내담자: 네.

상담자: 하면서 느낀 점 있니?

내담자: 친구들이 놀려도 괜찮다고 느꼈어요.

소감 — 상담 후 다시 만날 수 있다는 이야기로 여지를 남겨 준 것이 내담자에게 심리적인 안정을 준 것 같다. 또한 '친구들이 놀려도 괜찮다고 느꼈어요.'라는 마지막 말에 상담가로서의 보람을 느꼈다.

4. 상담 후기

나는 3명을 상대로 REBT를 진행하였다(2명은 중도에 포기하고 마지막 1명만 끝까지 상담을 진행할 수 있었다). 첫 번째 선정된 내담자는 상담자의 관찰로 선정한 내담자였다. 상담자가 보기에 생활에 문제가 있어 그 내담자를 불러 REBT의 4단계(B-C)관계까지 상담을 진행하였으나 다음날 "어제 이야기한 문제를 다시 이야기해 볼까?"라고 물어봤더니 "없는데요."라는 반응이 나와서 논박을 시도하기도 전에 실패하였다. 즉, 말문이 막혀서 더 이상 REBT를 진행해야겠다는 생각이 안 들었다.

두 번째 내담자로 선정한 아동은 본인이 문제 상황이 있다고 기술한 종이를 보고 뽑았다. 그 내담자는 부모님이 자신보다 동생을 더 사랑한다는 생각을 가지고 있었고, 자신보다 '왜' 동생을 더 사랑하는지 모르겠다고 고백했다. 자신은 공부를 많이 시키고 동생을 공부를 조금 시킨다고 부모님은 자신을 덜 사랑한다고 하여 상담을 시작하였는데, 5단계 논박의 과정 초반에 이미 내담자가 스스로 "부모님은 저를 사랑하세요. 집에서 문제없어요."라고 답을 하여 상담이 조기에 중단되었다. 이 과정을 겪으면서 REBT 대상자 선정의 어려움을 알았고, 내담자의 문제 인식 및 자발성의 중요성을 깨달았다.

이 사례 보고서는 세 번째 내담자를 대상으로 작성한 것이다. 상담을 진행하면서 심리적 문제의 탐색부터 고양 회기의 계획까지 전체 10단계 중 역시 논박의 단계가 가장 어려웠고 적절한 말을 찾기가 쉽지 않았다. 앞의 두 번의 실패 경험은 세 번째 내담자를 대상으로 REBT 상담을 진행할 때의 많은 시사점을 남겼다. 그 예로, 두 번째 내담자('부모님이 동생을 더 사랑한다.'는 경우)에게 논박을 시도할 때 어떤 기법을 사용할지 몰라 귀납적 자각, 귀납적 해석, 추론 연쇄, 접속구문 등을 사용해 보았다. 그런데 대학원 수업 중에 과대표 선생님께서 추론 연쇄의 방법이 본인에게 가장 도움이 되었다는 말이 떠올랐다. "자기가 자각하지 못한 생각들을 의식의 범주로 잘 떠올리게 해주어서 추론 연쇄가 가장 좋은 방법이었던 것 같다."는 고백을 생각하며 3학년 아동에게 추론 연쇄를 시도하였다. 그런데 3학년 아동은 '의미'라는 말의 뜻조차 몰라 추론 연쇄 방법으로는 논박 자체가 진행되지 못함을 알게 되었다. 그래서 세 번째 내담자에게 사용한 방법이 귀납적 추론과 귀납적 해석을 통한 비합리적인 사고의 탐색 및 논박이었다.

REBT를 진행하면서 공감, 재진술, 반영 및 REBT의 여러 기법을 알게 되었고, 잘 들어주는 것이 상담가의 기술임을 새삼 깨달았다. 3학년 아동에게도 REBT는 쉽게 진행할 수만 있다면 아동의 생활을 개선하는 데 도움이 된다는 것을 알게 되었고, 저학년일수록 인지적 논박보다는 정서적 · 행동적 논박이 더 효과가 있었다.

5. 사례의 해설

초등학교 3학년 학급 담임을 맡고 있는 이 상담자는 반 아이들에게 친구 문제나 집안 문제로 어려움이나 스트레스를 겪고 있는 아이들은 남아서 자신의 마음을 솔직히 적어 보라고 하였다. 교사는 여기에 응한 4명의 아동 중 자신의 단짝 친구를 빼앗길지도 모른다는 불안감이 있는 내담자를 불러 상담은 서로 이야기하면서 마음의 문제를 풀어가는 과정이라는 설명을 하고 상담을 시작하였다. 학생의 인지발달 단계를 고려하여 구체적인 예화, 에디슨과 비행기를 발명한 라이트 형제의 이야기를 활용하여 내담자의 비합리적 생각을 논박하는 과정을 보여 주고 있다. 이 사례는 초등학교 저학년의 아동에게도 그들의 인지발달 수준에 맞추어 사고를 다루면 REBT 상담이 성공적일 수 있음을 알려 준다.

1) 진행 과정의 좋은 점

(1) 내담자를 불행하고 불안하게 만드는 근본적인 원인인 사고의 탐색

비합리적 신념을 찾는 과정에서 예화를 들려주고 질문기법을 활용하여 내담자의 생각을 찾아내는 것이 돋보인다. 상담자는 계속 질문을 하면서 내담자의 생각을 찾아낸 후에 '친구가 나를 무시하거나 놀리면 안 된다.'는 비합리적 생각을 찾아내고 이를 가설적으로 제시하고 있다. 그러면서 이 가설이 맞는지 질문을 통해서 확인하고 있는데, 이것은 REBT 상담에서 많이 활용하는 방법이다. 즉, 귀납적 해석과 연역적 해석의 방법을 혼용해서 활용하고 있는 예다.

(2) 논박의 인지적 기법, 행동적 기법, 정서적 기법의 활용

상담자가 논박의 행동적 기법으로 여론조사 방법을 도입한 것은 효과적으로 보인다. 이 기법을 통해 내담자가 자기만 따돌림과 놀림을 당하고 있는 것이 아니라는 것을 확실히 알게 되었기 때문이다. 상담자는 행동적 논박의 한 방법으로 역할 연기를 실시하고 있다. 자기 진술문을 써 보게 한 것도 생각의 변화를 돕는 데 일조한 것으로 보인다.

2) 진행 과정에서 보완해야 할 점

상담자는 생일 예화를 활용하여 내담자에게 생각과 느낌 그리고 행동 간의 관계를 설명하였는데, 이때에 주변의 인물을 활용하기보다 제3의 인물을 등장시키는 것이 실제 상황과의 혼돈을 피할 수 있어서 더 좋았을 것으로 보인다.

(1) 탐색된 사고의 체계를 논박을 통해서 바꾸어 주는 과정

논박을 하는 과정에서 "도움이 되지 않는 우울하다는 생각을 어떻게 하고 싶니?"라는 질문에 내담자가 냉큼 대답을 못하자 상담자는 허탈감을 느꼈다고 고백하고 있다. 특히 이렇게 나이 어린 내담자들이 이해를 바로 못하는 것은 어찌 보면 당연한 것이므로 상담자는 이럴 때에 쉽게 좌절하거나 허탈감을 느끼지 않을 수 있는 내공을 쌓아야 한다. 또한 인지적 논박이 어렵게 느껴진다고 하는데, 이것은 인지적 논박이기 때문에 어려운 것이 아니라 논박은 상담의 전체 과정을 통해서 반복적으로 시행해야 하는 어려운 과정임을 알아야 한다.

짜증나게 하는 친구는 왕따를 시켜도 된다?

| 집단 따돌림을 시키는 사례 |

1. 내담자의 기본 자료

1) 인적 사항

- 이름: 조인상(가명)
- 학년: 초등학교 4학년
- 성별: 남

2) 상담 경위

평소에 관우와 잦은 다툼이 있어서 관우를 왕따시키거나 급식 시에 차례대로 줄을 설 때 자기 근처에 관우가 서는 것을 싫어하고 수련회 때에 같은 방에 배정이 되었을 때에도 그룹을 지어서 관우를 멀리하게끔 주도하였다. 부모님께서 맞벌이를 하는 관계로 아이의 양육을 맡고 있는 할머니께서 인상이가 물건을 자주 잃어버렸다고 하며 3~4번 찾아오셨다. 이런 일련의 일들이 있은 후 상담자가 내담자를 불러 선생님과 상담(서로 이야기를 하면서 마음의 문제를 풀어가는 과정이라고 설명함)을 할 의향이 있는지를 물어보았고 내담자는 흔쾌히 "좋아요."라고 표현하여 상담이 시작되었다.

3) 내담자의 인상 특성 및 행동 특성

- **인상 특성**: 내담자는 마르고 눈망울이 크며 웃는 인상이다.
- **행동 특성**: 수업 시간에 친구들과 산만한 모습을 보일 때가 종종 있으나 급우들 사이에 인기가 있는 편이며 학업 성적도 우수한 편이다. 학기 초에는 과제를 잘 하지 않았으나 과제 이행도가 점차 좋아지고 있으며, 2학기 초에 자신의 물건을 잘 챙기지 않아 물건 분실을 많이 하였고 친구들과 무리지어 행동하는 경향을 보였다.

4) 학부모와의 상담 내용

부모님이 맞벌이인 관계로 인상이에게 신경을 제대로 못쓰고 있다고 하시며 할머니가 전담하여 아이를 양육하고 있는데, 할머니에 대한 아이의 태도가 점차 불손해지고 할머니의 양육 태도가 별로 믿음이 가지 않아 속상하다는 말씀을 하셨다. 아이가 외동이인 관계로 학급생활에서 사회성이 부족하지 않을지도 함께 염려하셨다. 물건을 자주 잃어버려서 아이의 학교생활에 대해 많은 부족함을 호소하셨다. 여러 가지로 아이에 대해 실망스럽다고 생각하시는 듯 하였다.

5) 내담자의 강점과 약점

- **강점**: 솔직하게 자신의 생각을 이야기할 줄 알며 순진한 편이어서 선생님의 말씀에 수용적인 태도를 보이며 사교성이 좋아 교우 선호도가 높

은 편이다.

- **약점**: 말을 조금 더듬는 경향이 있으며 행동이 경직되게 나타날 때가 가끔 있고, 성격이 급한 편이어서 행동이 앞설 때가 있다.

2. 상담 문제

1) 호소 문제

관우가 학기 초부터 자신의 물건을 숨기거나 자신에게 심한 욕설을 하며 신체적으로 위협을 가하는 경우가 있다. 관우의 모습이 불결하고 정리정돈이 되지 않아 가까이 가기 싫으며 관우를 모둠친구로 삼고 싶지 않다고 한다.

2) 호소 문제의 배경

내담자는 관우의 모든 행동과 모습이 짜증이 나며 함께 생활하고 싶지 않다고 한다. 또한 관우가 자신을 괴롭히고 있어 학교생활이 힘들다고 한다.

3. 상담 과정

1) 심리적 문제의 탐색(11월 2일 오후 1시 40분~2시 30분)

- 정서적 문제: 친구가 밉다. 화가 난다. 짜증이 난다. 스트레스를 받는다.
- 행동적 문제: 관우와 자주 다툰다. 관우를 모둠에서 제외시킨다.

상담자: 요즘 학교생활에서 어려운 문제가 무엇이지?

내담자: 관우와 자주 다투는 것이요.

상담자: 그것 말고 또 다른 문제가 있니?

내담자: 관우를 모둠에서 빼고 싶어요.

상담자: (관우에게 보낸 쪽지를 보며) 인상이가 쓴 편지 내용이 맞니?

내담자: 네.

상담자: 관우 때문에 속상할 때가 많은가 보구나.

내담자: 관우는 사람을 짜증나게 해요. 관우 때문에 스트레스를 많이 받아요.

상담자: 선생님도 관우가 많이 힘들게 할 때가 많단다.

내담자: 네! 정말 관우는 짜증나게 하는 친구여서 정말 미워요!

상담자: 그래서 인상이는 어떻게 하고 싶지?

내담자: 우리 모둠에서 빼 주세요!

소감 학급에서 종종 일어나는 왕따 문제를 다루려고 하는데 상담자 역시 내담자와 공감하는 부분이 많아서 내담자를 쉽게 이해할 수 있었다. 내담자의 생각과 동일시하게 되어 내담자의 감정에 동조하고 상담자 자신의 감정이 부각되어 상담이 어려워지지 않을까 염려되었다.

2) 상담 목표의 설정

- 결과적 목표(내담자와의 대화를 통해 얻은 목표)
  - 정서적 결과 목표: 관우를 이해하고자 노력하기
  - 행동적 결과 목표: 관우와 사이좋게 지내기
- 과정적 목표
  - 비합리적인 생각 교정하기

상담자: 만약 선생님과의 상담을 통해서 인상이가 속상해하는 부분이 해결되면 인상이가 관우를 어떻게 대할 수 있겠니?

내담자: 관우를 이해하도록 노력해 보겠어요.

상담자: 상담을 한다고 해서 관우를 미워하는 마음이 다 없어지지는 않겠지만 관우를 이해하고자 노력하기를 정서적 목표로 잡자. 만약 이 상담이 완전히 성공적으로 끝나면 행동은 어떻게 변했으면 좋겠니?

내담자: 관우와 사이좋게 지내겠어요.

소감 아동이 어려움을 느끼는 상황에 대해 무엇이든지 생각나는 대로 말해 보게 한 뒤 아동이 학급에서 평소에 보였던 행동을 바탕으로 정서적인 어려움과 행동적인 어려움을 이야기하고 그 과정을 통해 이번 상담의 목표를 서로 의논하여 설정하였다.

3) 반응유발사건의 탐색과 명료화

내담자는 관우와 종종 다투면서 관우를 미워하게 되어 모둠친구로서 받아들이고 싶어 하지 않는다.

상담자: 관우 외에 마음에 들지 않는 친구가 있으면 선생님에게 다 이야기해보려무나.

내담자: 인욱이요. 인욱이는 자기 마음대로 놀려고 해요. 자기가 정한 방식대로만 놀려고 하고 싫다고 하면 막 화를 내고 토라져서 힘들어요.

상담자: 자, 그럼 이제까지 이야기를 정리해 보자. 너는 관우에게 화가 나는 일이 있지? 그리고 인욱이에게 화가 나는 일이 있지?

내담자: 네.

상담자: 그럼, 인욱이랑의 일은 심하게 다툰 적이 별로 없는 듯하니 잠깐 접어 두고 관우에게 화가 나는 문제에 대해 생각해 보기로 하자.

내담자: 네.

상담자: 관우가 너에게 욕을 한 일 외에 또 너를 힘들게 하는 일이 무엇이 있었지?

내담자: 관우가 급식실에서 줄을 잘 서지 않아요. 자기 멋대로 와서 중간에 끼어 들어서 제가 뭐라고 하면 저를 밀쳐서 다친 적이 있어요.

상담자: 그래서 너는 어떻게 하였니?

내담자: 그래서 다음번에 제가 관우를 밀쳐 버렸어요. 그리고 종수와 저 사이에 관우가 줄을 서지 못하게 막아 버렸어요.

상담자: 그럼, 관우가 너를 괴롭혀서 네가 관우를 괴롭히는 것이구나?

내담자: 네.

상담자: 관우가 하는 행동 중에 가장 속상한 일은 무엇이지?

내담자: 관우는 제 친구들 사이에 끼어 들어서 제 욕을 많이 해요. 그래서 저도 관우에 대해 욕을 하게 돼요.

상담자: 그렇구나! 관우가 네가 싫어하는 일을 하는구나! 그럼, 인상이는 어떤 일을 싫어하니?

내담자: 저는 친구들 사이에서 욕하는 것이 싫어요.

상담자: 그러면 너는 네가 짜증나는 것이 다 관우 때문이라고 생각하니? 관우와 다투는 네 자신 때문이라고 생각하니?

내담자: 관우가 절 짜증나게 하니까 저도 관우에게 짜증을 내게 되요.

소감 생각의 탐색을 통해 나의 말과 의도를 살펴보고 상호 의사소통의 문제에서 야기되는 문제가 서로 자신이 수용되기만을 바라기 때문에 생긴 문제임을 인식시켜야 할 듯하다.

4) 정서적 결과와 행동적 결과 그리고 사고 간의 관계에 대한 교육

상담자는 정서적 결과와 행동적 결과 그리고 사고 간의 관계에 대한 교육을 위해 예화를 사용하였다.(색깔 예화)

상담자: 짜증스러워지는 것이 다 누구의 행동 때문이라고 생각하니?

내담자: 관우요.

상담자: 그런데 네가 짜증스럽게 여겨지고 관우를 모둠에서 빼 버리고 싶은 것은 관우의 행동 때문만은 아니야. 물론 관우의 행동이 짜증스럽게 하는 것이 많지만 관우의 행동 때문에만 네가 짜증스러운 것이 아니야. 진짜 이유가 있어. 그것이 뭔지 아니?

내담자: 아니요.

상담자: 알고 싶니?

내담자: (궁금한 듯이) 네.

상담자: 선생님이 예를 들어줄 테니까 잘 들어봐. 예가 끝난 다음에 선생님이 묻는 말에 잘 대답해야 한다.

내담자: 네.

상담자: 네가 좋아하는 친구들이 누가 있지?

내담자: 명한이랑, 종수랑, 승준이요.

상담자: 그럼 그 친구들이 좋아하는 색깔과 싫어하는 색깔은 무엇이 있을까?

내담자: 명한이는 노랑색을 좋아하고, 종수는 파랑색을 좋아해요. 그리고 승준이는 초록색을 좋아해요.

상담자: 그럼 친구들이 싫어하는 색깔은 무엇이 있을까?

내담자: 참, 명한이랑, 종수랑 승준이는 검정색이 싫다고 했어요.

상담자: 그럼 이 세상이 좋아하는 색깔로만 채워진다면 어떨 거 같니?

내담자: 알록달록한 색깔들로 아름다운 세상이 될 것 같아요.

상담자: 그럼 친구들이 싫어하는 색깔이 이 세상에서 없어진다고 생각해 봐. 어떨까?

내담자: 밤이 없어질 거 같아요. 잠을 못 자서 피곤할 것 같기도 하고…….

상담자: 그래, 맞아. 좋아하는 색깔로만 채워진 세상이 좋지만은 않다는 것을 알겠지?

내담자: (고민하는 듯 침묵.)

상담자: 그림을 그릴 때 인상이가 좋아하는 색으로만 그림을 그린다면 잘 그릴 수 있겠니?

내담자: 아니요! 좋아하는 색깔도 싫어하는 색깔도 다 필요할 거 같아요.

상담자: 그래! 세상에는 좋아하는 사람도 싫어하는 사람도 함께 모여서 서로 노력하면서 살아야 할 거 같아.

내담자: 하지만 싫어하는 사람이 많으면 짜증이 많이 날 거 같아요.

상담자: 그럼 종수랑 승준이랑 명한이는 관우랑 같은 모둠인데도 왜 싸우지 않을까?

내담자: 싫어하면서도 참는 것 같아요.

상담자: 그럼 왜 인상이는 관우랑 싸우게 될까?

내담자: 제가 관우의 행동을 짜증스럽게 여겨서 그럴 것 같아요.

상담자: 음. 맞았어. 역시 인상이는 똑똑해. 종수랑 승준이랑 명한이는 관우의 행동이 싫을 때도 있지만 관우를 이해하고 받아들이고자 노력하는 것이겠지.

내담자: 하지만 관우 때문에 짜증이 나는 것은 사실이에요.

상담자: 그래, 짜증이 많이 날 거야. 그런데 네 마음이 짜증나고 화가 나는 것은 관우 때문이기도 하지만 누구와도 관련이 있을까?

내담자: 저요.

상담자: 이 세상에 많은 색깔 중에는 좋아하는 색깔도 있고 싫어하는 색깔

이 있듯이 친구 중에도 좋아하는 친구도 있고 싫어하는 친구도 있단다. 싫어하는 친구가 모둠이 되었다고 해서 그 친구에게 짜증을 내고 모둠에서 왕따를 시킨다면 좋기만 할까?

내담자: 아니요.

상담자: 그래, 색깔 이야기처럼 결국 네가 생각하는 것 때문에 화가 나는 것은 아닐까? 결국 인상이가 생각하는 것 때문에 결국 네 마음이 어떻게 되지?

내담자: 짜증나고 화가 나요.

상담자: 종수나 명한이나 승준이는 인상이만큼 짜증나고 화가 날까?

내담자: 아니요.

상담자: 누구만 짜증나고 화가 나는 것이지?

내담자: 저요.

상담자: 그럼 결국 누구 손해니?

내담자: 제 손해요.

상담자: 그럼 누가 고치면 될까?

내담자: 제가요.

상담자: 네가 뭘 고치면 될까?

내담자: 관우를 이해하고 잘 해 주면 돼요.

상담자: 음…… 그래 관우한테 잘 해 주겠다는 것은 무엇을 바꾸면 되지?

내담자: 생각이요.

상담자: 결국 짜증나고 화가 나서 네가 괴롭지 않으려면 누구의 생각을 바꾸면 되니?

내담자: 나의 생각.

상담자: 왜냐하면 관우는 인상이가 아니니까 관우가 바꿀 수가 없어. 내가 바꿀 수 있는 건 나의 무엇이니?

내담자: 나의 생각이요.

상담자: 다음 시간에는 인상이가 관우에게 화내지 않고 대하는 법을 배울 거예요. 궁금하지? 궁금한 건 다음 시간에…….

내담자: 네.

소감 왕따 문제는 교실에서 자주 대두되는 문제이나 가해자나 피해자가 명확하지 않은 경우에는 잘잘못을 가리기 힘든 경우가 대부분이다. 그럴 경우 자칫 잘못하면 학생 간의 싸움이 부모 간의 싸움으로 번지는 경우가 많으며 가해자 역시 자신의 잘못을 인정하려고 하지 않는 경우가 많다. REBT 이론은 선행사건을 탐색하고 내담자의 비합리적인 생각을 찾아가고 정서적인 문제와 행동적인 문제를 찾아감으로써 다른 상담기법에서 찾기 힘든 효과를 볼 수 있는 듯하다. 내담자에게 타인이 그의 정서적·행동적 결과를 유도하는 것이 아님을 분명히 한다. 내담자의 정서적·행동적 결과가 선행사건에 의한 것이 아니고, 내담자의 신념에 기안한 것임을 분명히 교육시켜야 한다.

5) 생각의 탐색(B)과 상담의 과정적 목표

『오체 불만족』의 작가인 '오토다케'에 대한 이야기를 들려주며 『나쁜 어린이표』 책을 소개한다.

상담자: 오늘은 기분이 어떠니?

내담자: 그저 그래요.

상담자: 지난번 이야기를 계속해 보자. 관우가 너를 괴롭히니까 너도 관우를 괴롭히고 싶다고 생각했었지?

내담자: 네. 관우가 괴롭히니까 저도 관우가 싫고 괴롭히고 싶어요.

상담자: 어떻게 하면 네가 좋을까?

내담자: 관우랑 같은 모둠이 아니었으면 좋겠어요.

상담자: 또 무슨 생각을 했니?

내담자: 관우에게 "네가 괴롭히니까 나도 괴롭히는 거야."하고 이야기하고 싶어요!

상담자: 애들 앞에서 관우의 짜증스러운 점을 이야기하고 싶었구나! 그러면 무엇 때문에 친구들 앞에서 "네가 괴롭혔잖아."라고 이야기하고 싶었니?

내담자: 관우가 저를 먼저 괴롭혀서요.

상담자: 관우가 너를 먼저 괴롭혀서 네 마음이 어떠했지?

내담자: 화가 났어요. 저를 무시한다고 생각했어요. 그래서 저도 관우를 괴롭혀야 한다고 생각했어요.

상담자: 화가 났겠구나. 화가 났을 때 똑같이 괴롭혀 준 인상이는 어떤 사람이라고 느꼈니?

내담자: (긴 침묵 후) 관우랑 똑같은 사람이요.

상담자: 그럼 인상이는 친구들 앞에서 관우랑 똑같은 사람 취급을 받고 싶니?

내담자: 아니요.

상담자: 그럼 인상이는 친구들 앞에서 관우와 똑같은 사람이 되기는 싫은 것이지?

내담자: 네.

상담자: 인상이는 관우와 같은 취급을 받기 싫으면서 관우와 똑같은 생각을 가지고 행동하고 있지?

내담자: 네.

상담자: 다른 친구들도 너를 짜증나게 하고 화나게 하면 싸울 거니?

내담자: 아니요.

상담자: 오늘 상담을 하면서 무엇을 느꼈고 어떤 점이 어려웠니?

내담자: 제가 관우처럼 짜증나게 하고 화나게 하는 행동을 하는 거 같아요. 그리고 다른 친구들에게는 관우에게 하는 행동을 하지는 않는 것 같아요.

상담자: 그렇다면 인상이는 관우에게 어떻게 대해야 할까?

내담자: 다른 친구들처럼 친하게 지내고 싶어요.

상담자: 자, 그럼 관우가 괴롭혀서 나도 괴롭혔다는 생각이 인상이를 화나게 했던 것이구나. 그럼 선생님과 이야기를 통해 그 생각을 바꾸어 보도록 하자.

소감 — 상담자의 해석이 맞는지 물어보는 과정으로 비합리적인 사고를 탐색하였다. 비합리적인 사고를 탐색하고 나서 내담자에게 '반드시 ~해야 한다.'는 당위적 생각이 유발하는 생각(과장성, 자기비하성, 낮은 인내심)을 소개하고 싶었으나 내담자가 아직 어린아이여서 어려운 용어 소개를 피하고 내담자 스스로 낮은 인내심을 탐색해 나갈 수 있도록 유도하였다.

6) 탐색된 사고의 체계를 논박을 통해서 바꿈

상담자: 선생님이 인상이에게 소개하고 싶은 인물이 있는데 들어 볼래?

내담자: (웃음) 네.

상담자: 관우가 먼저 괴롭히니까 인상이가 괴롭힌다는 말을 했는데 맞니?

내담자: 네.

상담자: 인상이가 화가 나는 생각을 어떻게 바꿀 수 있을까?

내담자: (생각하며 침묵.)

상담자: 선생님이 이야기를 하나 들려 줄테니 잘 들어 볼래?

내담자: 네.

상담자: 『오체 불만족』이라는 책 이야기 들어 봤니?

내담자: 아니요.

상담자: 우리 학교에 도움반 2반 있지? 인상이가 수업을 마치고 나서 청소를 도와주기 위해 가는 교실이기도 하지? 그곳에 오는 친구들 중에 4학년에 김지우라는 친구 있지? 그 친구처럼 다리가 불편해서 휠체어를 타고 다녔던 사람인데, 그 사람은 태어날 때부터 손도 발도 없었대. 그래서 팔이나 다리의 일부분으로 휠체어를 타고 생활했던 사람이야. 우리 학교 공익근무요원이 지우를 업고 가기도 하고, 현장학습을 갈 때도 공익근무요원이 도움을 주면서 따라온 적이 있지? 지우보다 더 장애를 많이 가지고 태어난 오토다케는 왕따 문제가 심각한 일본에서 사지절단장애를 갖고 태어났어. 처음에는 친구들에게 귀찮고 짜증스러운 존재였지만 나중에는 그의 장애를 이해하고 서로 도우면서 함께 생활할 수 있게 되었지.

내담자: 참, 얼마 전에 교사가 되었다는 뉴스를 본 거 같아요.

상담자: 잘 알고 있구나! 그런데 오토다케의 장애를 이해하지 않고 친구들이 왕따를 시키거나 도움을 주지 않았다면 오토다케의 마음은 어땠을까?

내담자: 화가 나고 죽고 싶었을 거 같아요.

상담자: 오토다케가 화가 나고 죽고 싶다고 생각해서 친구들과 어울리지 않고 왕따를 당한다면 어떨까?

내담자: 속상할 거 같아요.

상담자: 그럼, 오토다케가 학교에서 왕따를 당하고 놀림을 받았을 때 "화가 나서 죽고 싶어." 이런 생각을 계속했을까 아니면 "괜찮아. 신경 안 써. 내가 몸이 불편해서 남들을 짜증나게 한다고 해도 다른 사람들과 어울려야 해." 이렇게 생각했을까?

내담자: 두 번째요.

상담자: 이야기를 하나 더 해 줄까? 『나쁜 어린이표』라는 책 읽어 보았니?

내담자: 네.

상담자: 재미있지?

내담자: 네

상담자: 인상이가 선생님에게 이야기해 줄 수 있겠니?

내담자: 선생님께서 '나쁜 어린이표'를 만들어 잘못된 행동을 한 아이들에게 벌로 상표를 줘요. 주인공인 건우는 잘해 보려 하지만 생각과 달리 자꾸만 '나쁜 어린이표'를 받게 되고 선생님에 대한 불만을 수첩에 적어서 나쁜 선생님표를 기록해요. 그러다가 건우가 몸이 아파서 교실에 있다가 나쁜 어린이표를 다 없애 버려요. 그 후 선생님이 건우가 쓴 나쁜 선생님표를 보고 선생님도 나쁜 어린이표를 없애요

상담자: 내용을 잘 알고 있구나. 선생님이 건우를 나쁜 아이라고 하니까 건우도 선생님을 나쁜 선생님이라고 말하게 되지?

내담자: 네.

상담자: 『오체 불만족』이나 『나쁜 어린이표』에 나오는 등장인물처럼 나에게 나쁜 행동을 해도 그것을 참고 친구들이나 선생님에게 다가가는 것이 좋지 않을까?

내담자: 네.

상담자: 인상아, 관우가 인상이를 짜증나게 한다고 똑같이 짜증나게 만들어야 한다는 생각은 너에게 도움이 되니?

내담자: 아니요.

상담자: 그렇다면 도움이 되지 않는 생각을 어떻게 하고 싶니?

내담자: (오래 생각하며) 잘 모르겠어요.

상담자: 인상아, 선생님이 숙제를 하나 내줄 테니 내일까지 꼭 해 오렴. 오늘 숙제는 친구들에게 "왕따를 경험한 적이 있나요?"라고 물어보고 그 때 어떤 마음이 들었는지 조사를 해 오는 거란다. 조사를 한

후에 다음 시간에 만나서 이야기 해 보자.

소감 논박은 내담자의 비합리적 신념을 변화시키기 위한 방법으로 이루어지는 것이지만 논박의 질문에 대한 내담자의 반응은 정서적 장애의 핵심인 내재된 비합리적 신념을 드러내는 데 더욱더 많은 정보를 제공해 준다. 이 과정은 스스로 발견하는 데 가치를 두고 있으며 귀납적 자각, 귀납적 해석, 추론 연쇄, 접속구문과 문장완성구문의 활용, 연역적 해석, 평가로서의 논박이 이루어져야 하나 내담자가 어린 관계로 스스로 숙제를 해결하면서 직접적인 체험을 활용하는 것이 좋을 듯하다.

7) 논박의 인지적 기법과 행동적 기법 및 정서적 기법의 활용

상담자: 조사한 내용을 선생님께 이야기 해 줄래요?(여론조사)

내담자: (조사한 내용은 다음과 같음)

순서	이름	왕따를 한 경험	왕따한 유형	왕따를 했을 때 마음이 어땠나요?	왕따를 한 친구와 어떻게 되었나요?
1	유명한	○	급식 시간에 나만 빼고 감	불편하고 힘들었음	나중에 화해함
2	김경민	○	친구들과 놀 때 끼워 주지 않음	그 친구가 다시 왕따함	화해함
3	김관우	○	물건을 빌려 주지 않음	친구를 피하게 됨	친하게 지냄
4	박태형	○	모둠 활동에서 행동이 느리다고 끼워 주지 않음	친구와 사이좋게 지냄	평소처럼 지냄
5	서형석	○	지저분하다고 놀림	사과를 함	절교함
6	윤여준	○	체육 시간에 축구를 못한다고 끼워 주지 않음	그 친구가 다시 왕따함	사이좋게 지냄
7	진건영	×	경험 없음	경험 없음	대답 없음

8	이승준	○	생일파티 때 초대받지 못함	그 친구가 다시 왕따함	친하게 지냄
9	양종수	○	물건을 빌려 주지 않음	이사간 후 후회함	사이좋게 지냄
10	황완석	○	생일파티 때 초대받지 못함	절교함	절교함

상담자: 조사하면서 무엇을 느꼈니?

내담자: 나만 친구들과 싸우는 것이 아니라는 것을 알았어요. 그리고 나처럼 왕따를 한 후에 사과를 하고 사이좋게 지내는 것을 알게 되었어요. 왕따를 하면 다시 왕따를 당할 수도 있다는 것을 알게 되었어요.

상담자: 그렇구나. 관우가 짜증나게 하는 행동 때문에 왕따를 하면 네 마음이 불편하겠지?

내담자: 네, 관우가 짜증스럽게 행동한다고 제가 왕따를 시키면 저도 다시 왕따를 당할 수 있고…….

상담자: 그리고?

내담자: (부끄러운 듯) 다른 친구들한테도 왕따를 당할 수 있을 거 같아요.

상담자: 네가 왕따를 당하면 어떨 거 같니?

내담자: 속상해요.

상담자: 왕따를 하면 왕따를 당할 수 있으니 어떻게 해야 할까?

내담자: 하면 안 될 거 같아요.

상담자: 그럼, 관우가 인상이에게 짜증나는 행동을 보일 때 어떻게 해야 하지?

내담자: 하지 말라고 해야 할 거 같아요.

상담자: 하지 말라고 했는데도 또 하면 어떻게 할까?

내담자: 다시 한 번 더 이야기하고 선생님에게 말씀드릴 거예요.

상담자: 그래. 그럼, 선생님이 관우가 되어서 다시 한 번 이야기해 볼까?

내담자: 네.

상담자: 야! 조인상. 너 정말 재수 없어. 썩 꺼져!

내담자: (조금 생각하는 듯) 관우야! 그런 말 하지 마!

상담자: 네가 뭔데?

내담자: 그런 말은 하면 내가 화가 나.

상담자: 그래서?

내담자: (한참 망설이다) 그럼 너한테 욕을 하고 싸울 거 같아.

상담자: 한판 싸워 볼래.

내담자: 너랑 싸우고 싶지 않아.

상담자: 야! 조인상. 너 왜 그래?

내담자: 나는 네가 욕하고 짜증나게 할 때 너랑 싸우게 돼. 그러니까 너도 조심해 주면 좋겠어.

상담자: 너도 똑같이 하면 되잖아.

내담자: (참으려고 애쓰며) 나는 너처럼 행동하기 싫어. 그런 나쁜 행동을 하면 다른 사람들에게 너처럼 취급받게 되어서 싫어.

상담자: 인상아! 정말 잘했어. 이번에는 네가 관우가 되어 볼래?

내담자: (주저 없이) 야! 조인상. 너 정말 재수 없어!

상담자: 왜?

내담자: 너를 놀리면 재미있어.

상담자: 나는 재미없는데.

내담자: (생각에 잠긴 듯) …….

상담자: 인상아! 관우의 행동에 무반응하니까 어때?

내담자: 관우가 재미없어 하겠죠?

상담자: 음, 맞았어. 관우가 너를 짜증나게 해도 네가 싫다고 이야기하고 지나친 반응을 보이지 않으면 관우도 너에게 계속 짜증스럽게 하지 않겠지?

내담자: 네.

상담자: 그럼 관우가 짜증나는 행동을 해도 신경 쓰지 않겠지?

내담자: 네.

상담자: 바로 그거야. 네가 지나치게 관우의 행동에 반응을 보이니까 관우도 계속 너만 놀리고 짜증나게 하지 않을까?

내담자: 네.

상담자: 그럼 이제부터 관우에게 어떻게 해야 하지?

내담자: 싫은 행동은 싫다고 이야기하고 똑같이 짜증나게 반응을 하면 안 될 거 같아요.

상담자: 관우가 네게 짜증나는 행동을 하면 인상이 마음속으로 '복수해 주고 싶다.'라는 맘이 생기겠지. 이번에는 관우가 짜증나는 행동을 할 때마다 늘 마음속으로 무슨 생각을 하고 싶어?

내담자: 신경 안 쓰고 할 일을 할래요.

상담자: 신경 쓰지 않고 자기 할 일을 하면 어떤 생각이 들까?

내담자: 똑같이 행동하면 나만 바보가 될 거 같아요.

상담자: 그래, 관우가 놀려도 싫다고 이야기하고 반응을 보이지 않으면 관우랑 계속해서 싸울 일이 없어지고 모둠 활동에서 관우랑 문제가 생기지 않겠지?

내담자: 네.

상담자: 자, 그럼 인상이에게 10원, 50원, 100원, 1,000원, 10,000원짜리가 있어. 어떤 돈을 가지고 싶지?

내담자: 10,000원짜리요.

상담자: 그래, 당연히 10,000원짜리가 좋지? 그런데 갑자기 공중전화를 해야 할 일이 생겼어. 그럼 어떤 돈이 필요하지?

내담자: 10원, 50원, 100원짜리 동전이 필요할 거 같아요.

상담자: 그럼 그 10,000원은 공중전화를 할 때 필요가 없구나.

내담자: (당연하다는 듯이) 지폐는 공중전화에 안 들어가요. 특히 10,000원짜리는 쓸모가 없어요.

상담자: 음료수 자판기 앞에 있다고 생각해 봐. 그럼 어떤 돈이 필요하지?

내담자: 100원짜리나 1,000원짜리가 필요할 거 같아요.

상담자: 그럼 그 10,000원짜리는 어떻게 하지?

내담자: 10,000원은 음료수 자판기에 들어가지 않으니까 소용이 없어요.

상담자: 그럼 짤짤이 놀이를 할 때는 무엇이 필요할까?

내담자: 50원이 좋을 거 같아요.

상담자: 왜 50원이 좋을까?

내담자: 작아서 손에 꼭 들어가기도 좋고 가벼워서 소리도 잘 나지 않으니까요.

상담자: 그럼 인상이가 좋아하는 10,000원은 어떻게 하지?

내담자: 그래요, 10,000원은 큰 돈이니까 여러 가지 쓸 데가 많아서 좋을 거 같아요.

상담자: 그래, 친구 중에서 정말 친하고 싶은 친구도 있지만 어떤 때는 그 친구 외에 도움이 필요한 친구가 없을까?

내담자: 있을 거 같아요.

상담자: 그래, 인상이에게는 정말 값진 친구도 있지만 그 친구 외에도 다른 친구들과도 사이좋게 지내야 할 상황이 있지 않을까?

내담자: 그럴 거 같아요.

상담자: 그래, 인상이에게 종수, 승준, 명한이는 소중한 친구이지만 좋지 않을 때가 있겠지? 그럴 때 귀찮게 여기고 짜증스러운 친구가 네게 소중한 친구가 될 수도 있지 않을까?

내담자: (쑥스러운 목소리로) 그래요.

상담자: 관우가 짜증나고 화나게 해도 이해하고 받아들여 준다면 인상이에게 언젠가 소중한 친구가 될 수도 있지 않겠니?

내담자: 네.

상담자: 이제부터 관우가 인상이에게 짜증스러운 행동을 하거나 화나게 하면 어떻게 생각한다고?

내담자: 괜찮아. 너를 이해하고 친구로 생각할게.

상담자: 그럼, 선생님이 관우가 되어서 너를 놀린다고 생각하면 어떻게 생각한다구?

내담자: 괜찮아. 너를 놀리지 않을 거야.

상담자: 관우가 짜증나게 해도 화내지 않기 위해서는 지금의 생각을 연습해야 해. 매일 아침 학교 오기 전에 거울을 보고 연습을 하는 방법을 가르쳐 줄게. 자, 여기에 적어 보세요. '자기 진술문'이라고 적어 봐. (합리적 자기 진술문)

내담자: 네? (잘 모르겠다는 듯이 반문하며)

상담자: 자기 진술……문. 아! 잘 썼어. 자기 진술문이 뭐냐 하면 다른 사람이 나를 놀리거나 내 말을 들어주지 않을 때 나한테 스스로 이야기를 하는 거야. "나는 관우가 짜증나게 할 때 나는 짜증을 내지?"

내담자: 않아.

상담자: 그렇지만 내가 짜증나게 해도 괜찮아. 관우는 너에게 어떤 친구지?

내담자: 괜찮은 사람. 아무렇지도 않은 사람. 필요한 사람.

상담자: 그래, 필요한 사람. 10원, 50원, 100원, 1,000원, 10,000원처럼 나에게 꼭 필요한 친구들이라고 생각하고, 자기 진술문을 매일 아침 일어나서 나 자신한테 이야기하는 거야. 제일 처음 자기 진술문에 무엇이라고 적을까? 인상이는 지금 문제가 관우가 짜증나게 하는 것이 기분 나쁜 것이었잖아. 관우가 너에게 어떻게 이야기하지?

내담자: 야! 재수 없어. 꺼져!

상담자: 그때 화가 나지?

내담자: (큰 소리로) 네.

상담자: 자, 그럼 관우가 다른 친구들에게 똑같이 이야기를 했어. 그럼 다른 친구들은 어떻게 하지? 너처럼 행동하니?

내담자: (부끄러운 듯) 상관 안 해요.

상담자: 맞아, 상관 안 했어. 그러니까 너도 상관 안 하면 되지.

내담자: 네.

상담자: 관우가 인상이를 짜증나게 할 때도 괜찮아. 늘 마음속으로 이야기를 하렴. 같이 자기 진술문을 써 보자.

내담자: 관우가 나를 짜증나게 해도 괜찮아. 관우가 그런 행동을 할 때 싫다고 이야기하고 이해하는 사람이야. 관우도 필요한 사람이야.

상담자: 이게 숙제야. 숙제가 뭐냐 하면 일요일, 월요일 아침에 일어나서 3번씩 읽어보는 거야. 선생님이 숙제 검사를 할 거야. 지금 한 번 읽어 볼래?(숙제 제시)

내담자: 나는 관우가 짜증나게 해도 무시하며 필요한 사람으로 이해한다.

상담자: 이거 써 보니까 마음이 어때?

내담자: 조금 괜찮아졌어요.

상담자: 그럼 관우는 인상이에게 어떤 동전 친구인 거 같아?

내담자: (웃으면서) 10원이요.

상담자: 그럼 그 10원짜리도 필요하니?

내담자: (웃으면서) 네.

상담자: 선생님이 월요일에 한 번 더 만나서 자기 진술문을 이야기하고 나서 생각이 어떻게 바뀌었는지 물어볼 거야.

내담자: 네.

소감 첫 번째는 여론조사 방법으로 왕따를 한 친구들의 행동 결과를 조사하여 어떤 느낌이 드는지 탐색하는 방법이었다. 많은 아동들이 왕따를 한 것을 후회한다는 대답을 통해 자신이 생각한 왕따가 결코 자신에게 좋은 영향을 미치지 않는다는 것을 깨닫게 하려고 하였다. 그리고 나는 어떻게 행동했는지를 탐색했다면, 똑같은 상황에서 반응이 틀리다는 것을 유도하여 생각의 차이 때문에 행동이 다르다는 것을 다시 한 번 확인시킬 수 있는 기회가 됐을 것이다. 또한 '자기 언어'의 방법을 가르쳐 주고 정서적인 요법으로 합리적인 자기 진술문을 썼다. '자기 언어의 사용' 방법을 도입할 때 조금 더 충분한 설명을 하고 시작했다면 더 좋은 상담이 되었을 것이다. 합리적 자기 진술문의 원래 계획은 서로 상의하여 작성하기로 마음 먹었으나 상담을 하다보니 내담자가 너무 어린 관계로 진술문의 내용을 내담자가 주도하여 제시하였다. 시간이 걸려도 서로 더 합의하여 진술문을 작성했다면 더 좋은 결과가 나왔을 것 같다. 행동적 논박에서 가장 효과적인 것은 역할연기(Role-Play)였다. 내담자가 놀리는 사람이 되고 상담자가 놀림을 받는 내담자 입장이 되어 역할 연기를 했을 때 내담자의 이해가 빨랐다.

8) 생각이 바뀜에 따라 나타나는 정서적 · 행동적 효과를 알게 함

상담을 하기 전에는 화가 자주 나고 똑같은 방식으로 되갚아주어야 한다고 생각하였으나 상담을 통해서 관우가 짜증나게 해도 아무렇지도 않고 괜찮은 일이라고 생각하게 되었다. 내가 마음먹기에 따라 화나는 마음을 줄일 수 있다는 것을 내담자는 인정하였다.

상담자: 아침에 일어나서 '자기 진술문'을 읽어 봤니?

내담자: 네.

상담자: 앞으로 관우가 짜증나게 해도 마음속으로 무슨 생각을 할 것 같니?

내담자: 관우가 짜증나게 해도 괜찮아. 너를 이해하고 친구로 받아들일게.

상담자: 또 다른 친구가 너를 화나게 해도?

내담자: 괜찮아. 너를 이해하고 친구로 받아들일 수 있어.

상담자: 더 하고 싶은 말 있니?

내담자: 네, 선생님 제가 생각을 바꾸니 화나지 않는 거 같아요.

상담자: 훌륭하네. 나중에 인상이는 멋진 친구가 될 거야.

내담자: 저는 나중에 친구가 많은 사람이 될 거예요.

상담자: 그럼, 인상이에게는 친구들이 넘쳐날 거야. 친구를 이해하는 마음이 있으니까.

4. 상담 후기

내담자에게 '합리적 자기 진술문' 숙제를 내 주었고 '합리적 자기 진술문'을 반복해서 3번 연습해 보게 한 것이 내담자의 생각을 변화시키는 계기가 되었다. REBT 상담기법은 내담자가 비합리적인 생각으로 인하여 고통받고 있는 상황에 빠질 때 훌륭한 상담기법이라는 것을 알게 되었다. 궁극적으로 당위성, 낮은 인내심, 자기비하가 결코 자신에게 좋은 영향을 끼치지 않으며 자신을 병들게 한다는 것을 알게 될 것이다. 상담이 진행되면서 내담자가 아하! 하는 순간적인 통찰에 의해서 학습이 일어나면서 생각과 정서의 관계를 이해할 것이라고 기대한다. 내담자는 스스로 자신의 문제를 분석하고 자기 언어를 찾을 수 있으며 일상적인 비합리적 신념에 관하여 자신이 지니고 있는 생각의 변형을 깨달을 수 있어야 한다는 것을 알게 되었다. 상담자인 나 스스로도 관우에 대해 절대적·당위적 사고가 없는지 스스로 점검해 보게 되어 상담을 종결할 때 내담자뿐만 아니라 상담자 자신도 정서적·행동적 어려움이 어떻게 해결되어 나왔는지 발견하게 되었다. 아직은 상담을 하기에는 미숙한 점이 많아서 오류에 빠지기도 하고 사용하지 못한 표현기법이 많은 거 같다.

5. 사례의 해설

부모의 맞벌이로 할머니에게 양육을 받고 있는 내담자는 물건을 자주 잃어버려 할머니가 학교에 여러 번 찾아오시게 되자 담임교사가 학생을 상담하게 된 사례다. 내담자는 친구도 많고 학업 성적도 우수한 편이지만 자신이 싫어하는 학생을 따돌리는 특성이 있다. 그리고 자신이 싫어하는 이 친구 때문에 학교생활을 힘들어 하고 있다. 특히 이 내담자는 따돌림의 많은 가해자들이 항변하는 것처럼 싫어하는 학생이 그럴 만한 이유가 있는 경우다. 상담에서 집단 따돌림으로 괴롭힘을 당하는 피해자 상담이 주류인데 이 사례는 따돌림의 가해자(?)를 REBT 상담으로 다루고 있다는 점에서 의의가 있다.

1) 진행 과정의 좋은 점

상담은 어찌 보면 묻고 대답하는 과정이다. 상담자는 전체 과정에서 질문을 통해 내담자의 생각을 끌어내는 모습을 잘 보여 주고 있다.

(1) 상담의 목표 설정

말을 많이 하지 않으면서도 명쾌하게 내담자와 함께 목표를 설정하는 면이 돋보인다.

(2) 정서적 결과와 행동적 결과 그리고 사고 간의 관계에 대한 교육

상담자가 색깔의 은유를 활용하여 까다로운 문제를 쉽게 이해시키고 내담자로부터 답을 얻어 내는 것은 REBT 상담의 전형적인 모습이다. 상담자의 "이 세상의 많은 색깔 중에는 좋아하는 색깔도 있고 싫어하는 색깔이 있듯이 친구 중에도 좋아하는 친구도 있고 싫어하는 친구도 있단다. 싫어하는 친구가 모둠이 되었다고 해서 그 친구에게 짜증을 내고 왕따시키면 좋기만 할까?"라는 질문에 내담자는 '아니요'라고 대답하고 있다. 상담자는 정답을 제시하지 않으면서도 질문을 통해 상담자가 듣고 싶은 이야기를 끌어내고 있다. 이후 상담자가 소크라테스식 대화법을 계속 진행하면서 결국 문제를 해결하기 위해서는 내담자 자신의 생각이 바뀌어야 한다는 대답을 끌어내고 있는 점은 이 사례에서 돋보이는 부분이다.

(3) 탐색된 사고의 체계를 논박을 통해서 바꿈

상담자는 오토다케의 이야기를 통해서 생각을 옳게 했을 때에 나타나는 결과를 내담자로 하여금 깨닫게 하고 있다. 내담자가 알고 있는 '나쁜 어린이표'라는 이야기를 말하게 하여 내가 어떤 생각과 태도를 취하느냐가 무엇보다도 중요함을 인식시키고 있는 점은 아이의 수준에 맞게 논박이 잘 되었다고 평가할 수 있다.

(4) 논박의 인지적 기법과 행동적 기법 및 정서적 기법의 활용

내담자가 호소하고 있는 문제를 다른 아이들은 어떻게 대응하고 있는지를 알게 해 주는 숙제, 즉 여론조사 기법을 내주어서 "나만 친구들과 싸우는 것이 아니라는 것을 알았어요. 그리고 나처럼 왕따를 한 후에 사과를 하고 사이좋게 지내는 것을 알게 되었어요. 왕따를 하면 다시 왕따를 당할 수도 있다는 것을 알게 되었어요."라는 대답을 통해 내담자에게 따돌림의 문제는 다른 아이도 겪고 있고 결국 이 문제도 사과하면서 해결할 수 있다는 것을 알게 한 것은 중요한 소득이다. 상담자는 계속해서 질문을 하면서 내담자의 생각을 구체화하고 있으며, 그다음에는 역할 연기를 제안하여 역할을 바꾸어 해 보면서 상대방의 입장을 이해하게 하고 있다. 이어서 10원, 50원, 100원, 1,000원, 10,000원짜리 돈을 비유해서 각각의 돈의 쓰임새가 다른 것처럼 짜증나는 친구도 때로는 나에게 유익할 때가 있음을 깨닫게 하여 마음에 들지 않더라도 나에게 소중한 사람이 될 수도 있다는 것을 알아가게 하는 대목도 이 사례에서 보여 주는 압권 중에 하나다.

2) 진행 과정에서 보완해야 할 점

상담 과정이 전반적으로 물 흐르듯이 보여진다. 하여 상담을 하면서 잘 안 되는 부분은 생략하고 잘 되는 부분만 걸러서 제시한 것은 아닐까 하는 생각이 들기도 하였다. 실제 상담을 하다 보면 이렇게 잘될 때보다 아닌 경우가 더 많다. 그럴 때 상담자는 실망하지 말고 어떤 이유 때문에 잘 안 되는지 스스로 탐색하면서 연구하는 자세로 상담하는 것이 필요하다.

동생의 잘못을 엄마에게 말씀드려도 되나요?

| 형제 관계 문제 |

1. 내담자의 기본 자료

1) 인적 사항

- 이름: 김희정(가명)
- 학년: 초등학교 4학년
- 성별: 여

2) 상담 경위

학교나 집에서 친구 또는 가족 문제로 속상한 일이 있는 친구가 있다면 방과 후에 교실에 남아 선생님과 이야기를 나누어 보자고 하였다. 세 어린이가 신청하였는데 한 어린이가 방과 후에 상담하기를 원하였다. 지금 가장 속상한 일을 적어보라고 하였다. 내담자는 동생과의 관계에서 속상하고 짜증이 많이 난다고 하였다. 내담자가 선생님과 상담하기를 적극적으로 원하여 상담이 시작되었다.

3) 내담자의 인상 특성 및 행동 특성

- **인상 특성**: 다른 친구들에 비해 키는 작으나 균형 잡힌 체격으로 야무진 인상을 주는 어린이다.
- **행동 특성**: 수업 시간에 발표를 잘하고 모둠 활동 때에는 주도적 역할을 하며 의사를 조리 있고 설득력 있게 표현한다. 청소 활동을 야무지게 잘하며 학습활동이 어려운 친구들을 매우 친절하게 잘 가르친다. 노래와 춤을 잘 추고 목소리가 고와 시 낭송, 실감나게 책 읽기 등이 뛰어나다. 교사에게 인정받기 위해 특히 교사 앞에서는 말과 행동에 꾸밈이 많다. 해야 할 일을 스스로 끝까지 잘 완수하는 책임감과 끈기가 있다.
- **가정환경**: 연년생 남동생이 본교 3학년에 재학 중이고 맞벌이 가정이다. 부모님 모두 출근 시각은 내담자와 동생의 등교 시각과 같고 귀가는 아버지는 오후 9시경, 어머니는 오후 6시경이다. 어머니는 내담자가 2학년 말경부터 직장을 다니셨다고 한다. 방과 후 내담자와 동생은 각각 시간과 장소가 다른 학원을 1시간 정도씩 다니는데 서로 활동 시간이 달라진다. 내담자는 방과 후 집에 돌아와서 동생의 귀가 시간과 학원 시간 챙기기 등 동생을 돌보아야 한다.

4) 학부모와의 상담 내용

학기 초에 학부모님이 방문하셨을 때 상담한 내용이다. 내담자는 자기의 일을 스스로 잘 알아서 하는 편이라 많이 믿고 있으며 부모와 동생에게 모두 잘하는 효녀라고 하였다. 연년생 동생(3학년 남아)이 있고 맞벌이 가정이라 내담자를 가정에서 잘 챙겨주지 못한다고 하였다.

5) 내담자의 강점과 약점

- **강점**: 자신의 감정을 잘 표현하며 맡은 일을 끝까지 잘 완수하며 무슨 일이든지 잘 해 보려는 의욕이 강하다
- **약점**: 의사 표현을 할 때 객관적 사실을 주관성이 많이 드러나게 표현한다. 또 어휘력이 풍부하여 미사여구를 많이 사용하다가 본래의 취지와 어긋나게 한다.

2. 상담 문제

1) 호소 문제

내담자는 맞벌이 가정의 맏이로 연년생 남동생을 두고 있는데 동생과 함께 있어야 할 때가 많다. 때로는 동생이 주유소처럼 힘을 주는 역할도 하지만 내담자를 힘들게 할 때가 많다. 내담자가 작은 실수를 했다고 때리기도 하고, 괜히 혼자 화가 났는지 나쁜 말을 퍼부을 때도 있다고 한다. 그럴 때 내담자는 화가 나서 때려주고 싶기도 하지만 '혹시 내가 때려서 동생이 잘못되면 어떡하지?'하는 생각이 나서 동생을 때리지도 못한다. 이 외에도 동생은 내담자에게 머리채 잡기, 물기, 발로 차기 등 폭력을 많이 사용한다. 동생에게 다음부터 그런 행동을 하지 말라고 해도 계속되는 동생의 폭력 때문에 속상하고 짜증나고 억울하고 분하다고 하였다. 뿐만 아니라 요즈음에는 문방구 오락, 뽑기, 불량식품 사 먹기 등 나쁜 행동도 한다. 부모님은 이런 사실을 모르시는데, 어떻게 해야 할지 모르겠다고 하였다.

2) 호소 문제의 배경

내담자는 2학년 말부터 어머니가 직장을 다니시게 되어 방과 후에 동생의 생활을 책임지게 되었다. 동생이 차츰 친구들과 놀다가 늦게 귀가하거나 학원에 늦자 내담자는 동생을 다그쳤다. 그러자 동생은 내담자에게 폭력을 행사하는데, 이것을 부모님께 말씀드리면 동생과 함께 자신도 크게 혼날 것이 두려워 말을 못한다고 했다. 또 자신이 동생을 때리면 동생이 다칠까봐 걱정이 되어 동생에게 당하기만 하고 있다. 반복되는 동생의 폭력적인 행동으로 마음이 많이 힘든 상태이지만 동생과 사이좋게 지내려는 마음이 커서 상담을 하고 싶어 했다. 내담자는 동생은 누나의 말을 무엇이든 들어야 한다는 당위적 사고와 동생의 잘못을 부모님께서 알게 되면 크게 혼날 것이라는 과장된 생각이 문제를 만들어냈다. 동생의 공격적인 언어와 행동도 원인이 된다.

3. 상담 과정

1) 정서적 · 행동적 결과의 탐색

- 정서적 문제: 속상하다. 짜증이 난다. 억울하다. 분하다. 우울하다.
- 행동적 문제: 잦은 다툼이 생긴다.

상담자: 요즈음 집이나 학교생활에서 가장 어려운 문제가 무엇이니?

내담자: 동생 때문에 속상해요.

상담자: 동생 말고 다른 문제는 없니?

내담자: 네.

상담자: 동생이 누나에게 대들며 욕하고 때려서 억울하고 분하다고 했는데 맞니?

내담자: 네.

상담자: 그리고 또 속이 상할 때가 언제니?

내담자: 동생이 학교 끝나고 나쁜 친구들과 어울리며 놀 때요.

상담자: 그것이 왜 속상한 일이니?

내담자: 동생이 집에 늦게 돌아와서요. 또 게임을 하거나 불량식품을 사 먹거나 엄마 몰래 카드(유희왕 카드)를 해서요.

상담자: 그럴 때 동생에게 어떻게 하니?

내담자: 다음부터 그러지 말라고 말해요.

상담자: 동생은 어떻게 하니?

내담자: 괜찮다고 큰소리를 치거나 발로 차거나 때려요.

상담자: 아, 그럴 때 속이 상했구나.

내담자: 네. 억울하고 분해요. 그래서 요즘은 우울해요. 부모님은 이 사실을 모르세요. 동생이 바른 모습으로 돌아와 다시 사이좋게 지냈으면 좋겠어요.

소감 "요즘 어려운 것이 무엇이냐?"는 첫 질문에 내담자가 자신의 감정과 원인을 정확하게 진술해 주어서 정서적 · 행동적 결과를 쉽게 파악할 수 있었다.

2) 상담 목표의 설정

- 정서적 목표: 동생과 다투어도 짜증나는 마음 줄이기
- 행동적 목표: 동생과 다시 사이좋게 지내기

상담자: 선생님과의 상담이 끝났을 때 마음이 어떻게 변했으면 좋겠니?

내담자: 동생 때문에 짜증나고 속상한 마음이 없어졌으면 좋겠어요.

상담자: 그래. 속상하고 짜증나는 마음 없애기를 정서적 목표로 잡자. 동생과의 관계는 어떻게 되었으면 좋겠니?

내담자: 다시 사이좋게 지내고 싶어요.

소감 동생과의 문제에 대해 무엇이든지 생각나는대로 이야기해 본 뒤 상담자의 정서적 어려움과 행동적인 어려움을 찾아보았다. 그 과정을 통해 상담 목표를 설정하였다.

3) 반응유발사건의 탐색과 명료화

내담자는 동생이 자신의 말을 잘 듣지 않고 늦은 귀가와 오락, 뽑기 등을 하는 것 때문에 안타깝고 자신에게 폭력을 행사하는 것 때문에 억울하고 분하고 우울하다고 지각했다.

상담자: 동생 때문에 힘들다고 했지? 동생이 어떻게 힘들게 하는지 이야기해 볼까?

내담자: 동생이 게임하고 불량식품 사 먹고 엄마 몰래 유희왕 카드를 사요.

상담자: 그리고 동생 때문에 또 화가 나는 일이 있니?

내담자: 네.

상담자: 동생이 어떻게 할 때 화가 많이 나니?

내담자: 동생은 내가 작은 실수만 해도 때리고 어떨 때는 괜히 화가 났다고 나쁜 말을 퍼붓기도 했어요. 저도 사람이라 동생을 때려 주고 싶을 때도 있었지만 '혹시 내가 때리다가 동생이 잘못되면 어떡하지?'하는 생각이 나서 때리지 못해요.

상담자: 그럴 때 마음이 어땠니?

내담자: 억울하고 분하고 속상하고 우울했어요.

상담자: 억울하고 속상했구나. 희정이가 우울해지는 것은 동생 때문이라고 생각하는구나.

내담자: 네.

소감 실제로 상담을 진행하다 보니 내담자가 말한 상황에 알맞은 질문을 하기가 쉽지 않았다. 자칫 주제의 옆길로 이야기가 흐르는 실수가 생겼다. 내담자가 한 말을 공감하고 재진술을 하려고 노력하였으며 질문을 통해 내담자를 우울하게 만드는 사건을 알게 되었다. 내담자를 우울하게 만드는 것은 동생의 폭력과 동생이 친구들과 어울리며 노는 것이지만 동생의 일을 어머니께 말씀드리면 동생을 제대로 돌보지 못했다고 크게 혼날 것 같은 두려움도 우울의 한 원인이라는 것도 알게 되었다. 내담자가 억울함과 속상함, 우울을 덜 느끼기 위해서는 내담자의 인지도 바뀌어야 하고 동생의 행동수정이 함께 이루어져야겠다고 느꼈다.

4) 내담자의 정서와 행동적 결과와 사고 간의 관계 교육

내담자의 정서와 행동적 결과를 낳게 하는 사고 간의 관계에 대한 교육 방법으로 이솝우화의 예화를 사용하였다.(돌에 맞은 개구리)

상담자: 속상하고 짜증나는 것이 누구의 행동 때문이라고 생각하니?

내담자: 동생이요.

상담자: 희정이가 속상하고 짜증나는 것이 꼭 동생의 행동 때문만은 아니야. 네 마음 속에 숨어 있는 진짜 이유가 있어. 그것이 무엇인지 아니?

내담자: 모르겠는데요.

상담자: 선생님이 이야기를 하나 해 줄게. 잘 들어봐.

내담자: 네.

상담자: 어느 날 오후에 어떤 아이가 함께 놀 친구도 없고 심심해서 학교에 있는 조그만 연못가에 놀러왔단다. 그런데 연못 속에 있는 작은 바위 위에 개구리 한 마리가 앉아 있는 거야. 그 아이는 심심하던 차에 아무 생각 없이 옆에 있는 작은 돌멩이 한 개를 주워서 개구리에게 툭 던졌던 거야. 그런데 그 돌이 개구리 머리를 정통으로 맞추어서 개구리는 그만 피를 흘리며 그 자리에서 죽었단다. 개구리는 마음이 어땠을까?

내담자: 돌을 던진 그 아이가 너무 나쁜 아이라고 생각하고 너무 억울했을 것 같아요.

상담자: 그렇지. 개구리는 아무 잘못도 없었는데 그 아이가 심심해서 던진 돌에 목숨을 잃게 되다니…… 너무나 억울한 일이었겠지? 그런데 생명을 잃은 개구리를 보고 그 아이가 미안하다고 한마디만 하면 그 아이의 잘못이 다 용서될까?

내담자: 아니요.

상담자: 네가 동생에게 작은 실수를 하고 미안하다고 했는데 동생이 이해를 하지 않고 누나에게 폭력을 써서 속상하다고 했는데, 동생에게는 희정이 실수가 개구리에 던진 돌처럼 느껴질 때가 없었을까?

내담자: 있었을 것 같아요.

상담자: 그렇다면 동생은 기분이 어땠을까?

내담자: 기분이 상하고 화가 많이 났을 것 같아요.

상담자: 동생이 누나에게 한 행동이 어떻게 생각되니?

내담자: 동생의 행동이 이해가 돼요.

상담자: 그래. 동생이 누나에게 폭력을 쓰는 것이 좋은 것은 아니지만 네 작은 실수가 동생에게는 개구리의 피해처럼 큰 사건일 수도 있을 거야. 미안하다는 말 한마디로 네 실수를 용서하지 않은 동생만 잘못한 것은 아니지?

내담자: 네.

상담자: 그래, 결국 동생은 아무리 억울해도 누나에게 덤비는 것은 나쁘다고 생각한 희정이 생각 때문에 네 마음이 어떻게 되지?

내담자: 속상하고 억울해서 우울해져요.

상담자: 동생은 어떨까?

내담자: 마음이 좋지는 않을 것 같지만 우울하지는 않을 것 같아요.

상담자: 결국 누가 더 마음이 많이 상하고 우울할까?

내담자: 저요.

상담자: 그럼 누가 고치면 될까?

내담자: 저요.

상담자: 희정이가 무엇을 고치면 될까?

내담자: 동생에게 잘해 줘요.

상담자: 음. 동생에게 잘해 주어서 사이좋게 지내려면 무엇을 바꾸어야 할

까?

내담자: 생각이요.

상담자: 억울하고 분하고 짜증나고 속상해서 우울해지지 않으려면 누구의 생각이 바뀌어야 할까?

내담자: 나의 생각이요.

상담자: 희정이의 생각이 어떻게 바뀌어야 할까?

내담자: 내가 실수를 하면 동생도 화가 나서 나에게 대들 수 있다는 생각이요.

상담자: 그래, 다음 시간에는 동생 때문에 우울해져도 우울하지 않게 조절하는 법과 동생의 습관도 고칠 수 있는 법을 배우도록 하자.

내담자: 네.

소감 내담자의 정서 및 행동적 결과가 내담자의 사고에서 유발된다고 보고 내담자의 정서 및 행동적 결과와 내담자의 사고 간의 관계에 대한 교육을 예화를 통하여 실시하였다. 예화는 내담자가 이미 잘 알고 있는 이솝우화 중에서 골라 흥미를 돋우어 내담자가 개구리의 입장이 되어 상담자의 질문에 답하면서 이야기를 들을 수 있게 했다. 등장인물이 동물인 이야기를 설정한 이유는 4학년 어린이들이 사람보다는 동물에게 감정 전이를 빨리 이룬다고 느꼈기 때문이다. 하지만 내담자의 감정이 내담자의 생각에서 비롯된다는 것을 이해시키기에는 어려움이 많았고, 같은 질문을 반복적으로 하게 되기도 하였다. 질문과 답을 미리 예상해서 계획을 세운다면 상담 내용이 핵심에서 벗어나지 않을 것 같았다.

5) 내담자를 불안하게 하는 근본적인 원인과 사고의 탐색과 논박

내담자의 비합리적인 사고로 인한 '누나가 조금 잘못해도 동생은 절대로 누나에게 대들면 안 된다.'는 생각과 '동생의 잘못을 어머니께 말씀드리면 크게 혼난다.'는 생각을 찾아냈다.

상담자: 오늘은 기분이 어떠니?

내담자: 좀 좋아졌어요.

상담자: 동생과의 이야기를 계속 해 볼까? 희정이가 실수를 해서 미안하다고 하는데도 동생이 욕을 하고 때릴 때 마음속으로 무슨 생각을 했니?

내담자: 나도 동생을 때려 주고 싶었어요.

상담자: 그리고 또 무슨 생각을 했니?

내담자: 동생이 나를 무시하는 것 같아 억울하고 분했어요.

상담자: 억울하고 분하다고 느낄 때 너 자신은 어떤 사람이라고 느꼈니?

내담자: 동생에게 맞고 욕설을 들으니 창피하고 한심하다고요.

상담자: 동생도 너랑 똑같이 당했으면 좋겠다는 생각을 했구나.

내담자: 네.

상담자: 그럼, 부모님께 이 사실을 말씀드려 동생의 버릇을 고치도록 하면 되지 않겠니?

내담자: 부모님께서 걱정을 많이 하실까봐 말씀드리지 않았어요.

상담자: 말씀드리지 않았다가 동생이 정말 나빠지면 더 많이 속상하시지 않을까?

내담자: 네. 사실은 부모님께 혼나는 것이 무서워서 말씀을 못 드렸어요.

상담자: 부모님이 무섭니?

내담자: 네. 엄마가 굉장히 무서워요.

상담자: 동생의 일을 어머니께 말씀드리면 어떨 것 같니?

내담자: 동생을 잘 돌보지 못했다고 동생과 함께 크게 혼날 거예요.

상담자: 왜 어머니께서 크게 혼내실 것이라고 생각하니?

내담자: 저번에도 동생 일을 말씀드렸다가 많이 혼났거든요.

상담자*: 네가 어머니라면 동생의 행동을 말하지 않고 점점 나빠지도록 하는 것이 좋겠니? 아니면 말씀드려서 동생의 버릇을 고치도록 하는 것이 좋겠니?

내담자: 말해서 동생의 버릇을 고치도록요.

상담자: 희정이가 어머니께 말씀도 드리지 않고 혼자 속앓이를 하는 것은 누구를 위해서이니? 아버지? 어머니? 동생? 나?

내담자: 아무도 위하지 않아요.

상담자: 그렇다면 동생의 나쁜 습관을 고치치 못하는 것은 무엇 때문이니?

내담자: 엄마께 말씀을 드리지 못해서요.

상담자: 어머니께 말씀드리지 못하는 것은 무엇 때문이니?

내담자: 말씀드리면 엄마께 혼날 거라는 내 생각 때문이에요.

상담자: 그렇다면 무엇을 고쳐야 할까?

내담자: 내 생각이요.

상담자: 네 생각을 어떻게 고쳐야 할까?

내담자: '동생의 잘못을 엄마께 말씀드려야 한다.'로요.

상담자: 그렇지. 엄마의 도움을 받아서 동생의 버릇을 고치도록 하자.

내담자: 네.

상담자: 그러면 지금 네가 어머니께 편지를 쓰는 거야. 그동안 동생이 한 일에 대해 어머니의 답장을 받아오는 것이야. 내일까지. 선생님 숙제라고 말씀드리고 알겠니?

내담자: 네. 지금 쓸까요?

상담자: 그래.

소감 내담자의 비합리적 사고를 찾아내는 방법으로 이 상담에서는 주로 사건과 관련하여 '그 일이 있을 때 무슨 생각이나 느낌이 있었니?'라는 질문을 통해 풀어나갔다. "또 무슨 생각을 하였니?"와 "상대방의 마음이나 생각을 어땠을까?"라는 추론적 질문을 통해 상담자가 귀납적 해석을 하였다. 상담자의 해석이 맞는지 확인을 하며 내담자의 비합리적 사고를 탐색하였다. 동생의 문제를 해결하기 위해 어머니의 도움을 받는 것이 어머니께도 좋은 일이라는 생각으로 바꾸도록 교육한 뒤 어머니께 동생의 행동을 알려드리는 편지글을 쓰게 하였다. 그리고 꼭 답글을 받아오도록 하였다. 상담자는 별도로 내담자의 어머니께 지금까지 상담의 과정을 전하면서 내담자가 느끼는 정서와 행동의 문제점을 자세히 말씀드렸다. 그래서 해결 방법으로 어머니께 편지글을 쓰고 답글을 받아오기로 하였으니 협조를 부탁드렸다. 내담자의 어머니께서는 쾌히 답글을 써 주시겠다고 말씀하셨다.

6) 상담의 효과 알기

상담자: 안녕? 반갑구나.

내담자: 네. 안녕하세요.

상담자: 앞으로 동생이 화를 내도 희정이는 마음속으로 무슨 생각을 할 것 같니?

내담자: 동생이 화가 나는 일이 있나 보다 하고 속상해하지 않을 거예요.

상담자: 동생이 계속 잘못을 하면서 네 말을 잘 듣지 않을 때 어떻게 할 거니?

내담자: 엄마께 말씀드려도 두렵지 않을 것 같아요. 엄마는 나와 동생이 훌륭하게 되기를 바라시니까요.

상담자: 의젓하구나. 훌륭한 딸과 누나인 것 같구나.

내담자: (웃음) 동생과 더 잘 지낼 거예요.

상담자: 그래. 잘할 수 있을거야.

소감 상담이 성공하기 위해서는 실천적 노력이 중요하다. 내담자가 자기 생각의 변화를 일반화시키기 위해 반복 연습할 수 있는 숙제가 필요하다. 내담자에게 '마음 다짐 글'을 작성해서 책상 위에 붙여 놓고 아침, 저녁 2번씩 소리내어 읽기를 숙제로 내 주었다.

7) 실천적 노력하기

상담을 하기 전에는 속상하고 짜증이 자주 나서 우울했는데 상담을 통해서 내가 잘못했을 때 동생이 화를 내는 것이 괜찮다고 생각되었다. 그리고 동생이 잘못했을 때 어머니께 말씀을 드리는 것이 동생이나 어머니께도 더 좋다는 것을 알게 되어 말씀드리는 것이 두렵지 않았다. 내담자가 생각을 바꾸니까 우울해지는 마음을 줄일 수 있다는 것을 알게 되었다.

상담자: '마음 다짐 글'을 읽어 보니?

내담자: 네.

상담자: 동생이 화낼 때 희정이는 마음속으로 무슨 생각을 할 것 같니?

내담자: 동생이 화를 내도 속상해하지 않을 거예요.

상담자: 어머니가 화를 내실 때는 어떤 마음이 될까?

내담자: 두려워하지 않고 잘 말씀드릴 거예요. 엄마는 나와 동생을 위해 열심히 일하시니까요.

상담자: 훌륭하구나. 앞으로 동생이 화가 나면 마음속으로 무슨 이야기를 할까?

내담자: 괜찮아. 동생이 화가 많이 났구나.

상담자: 동생이 때리거나 욕을 하면?

내담자: 엄마께 말씀드려서 동생이 더 나빠지지 않도록 할 거예요.

상담자: 그렇게 할 수 있겠어?

내담자: 네.

상담자: 그러면 '마음 다짐 글'을 하루에 몇 번씩 읽어 볼까?

내담자: 아침, 저녁 2번이요.

상담자: 그래. 그럼 매일 2번씩 꼭 읽기다. 약속.

내담자: 네.

상담자: 1주일 동안 '마음 다짐 글'을 매일 2번씩 읽고도 마음속에서 화가 올라오거나 우울해지면 다시 선생님과 이야기해 보자.

내담자: 네.

상담자: 선생님과의 상담이 어땠니?

내담자: 참 좋았어요. 마음이 후련해져요. 또 이야기하고 싶어요.

상담자: 그래, 다음 기회에 또 이야기해 보자.

소감 상담자는 여유 있는 자세로 내담자를 주의 깊게 살피며 꾸준한 관심이 필요하다. 상담하면서 자신의 마음을 공감해 주는 것만으로도 심리적 안정감을 주는 것 같았다.

4. 상담 후기

REBT 상담을 시작하기가 무척 힘들었다. 처음을 어떻게 시작해야 하는지 난감했지만 공부한 것이 많은 도움이 되었다. 정서적·행동적 결과를 분석하고 비합리적 생각 속에 담긴 비합리적 요소를 찾아 진술해 본 활동이 상담을 하는 데 많은 도움을 주었다. 하지만 내담자의 비합리적 생각을 합리적인 생각으로 변화시키기 위한 논박하기 활동이 매우 어려웠다. 내담자를 충분히 설득시키기 위한 적절한 예와 알맞은 말을 찾기가 쉽지 않았다. 또한 상담자가 논박의 각 기법을 충분히 습득하지 못한 상태에서 논박을 하다 보니 핵심에서 벗어나거나 같은 말을 반복하게 되는 경우가 생기고 자칫 상담자의 생각을 강요하고 있기도 하였다. 4학년 아동의 경우는 동물을 의인화한 예화가 다른 사람의 입장과 마음을 이해하는 자료로 매우 적절하였다. 또한 귀납적 추론과 귀납적 해석을 통한 비합리적인 사고의 탐색과 논박이 비교적 효과적이었던 것 같다.

상담을 진행하면서 공감, 재진술, 비합리적 생각 탐색, 논박 등 여러 가지 기법을 알게 되었고 내담자의 이야기를 진지하게 잘 들어주는 것이 상담자의 기술임을 깨달았다. 처음 해 본 상담이라 과정이 어려워 5회기까지 진행하기가 버거웠다. 생각했던 것만큼 진행이 잘 되지 않는 경우가 많았지만 끝까지 진행해 본 것이 자랑스러웠다. 최근 초등학교에서도 어린이들이 성숙이 빨라지면서 생활지도가 커다란 문제로 떠오르고 있다. 상담 활동이 어린이들의 생활지도 문제를 해결할 수 있는 좋은 대안이 될 수 있음을 과제를 수행하면서 느낄 수 있었다.

5. 사례의 해설

내담자는 초등학교 4학년 여학생으로 연년생의 동생을 두고 있다. 부모님은 맞벌이로 인해 자녀들을 적절하게 훈육하고 있지 못한 것으로 보인다. 내담자는 동생의 심한 폭력과 욕설로 힘들어 하고 있는데, 자신도 화가 나서 동생을 때리고 싶지만 잘못될까 봐 삼가면서 고통을 당하고 있는 사례다. 학급 담임에 의해서 수행된 사례로 생활 속에서 언제든지 나타날 수 있는 형제 관계의 어려움을 REBT 과정을 통해 해결해 나가는 모습을 보여 주고 있다.

1) 진행 과정의 좋은 점

(1) 내담자의 정서와 행동적 결과와 사고 간의 관계 교육

이 대목에서 상담자는 이솝우화에 나오는 예화 「돌에 맞은 개구리」를 활용하여 결국 내담자의 생각을 조절하여 내담자가 동생에 대해서 억울하고 분해하는 생각을 고칠 수 있다고 가르치고 있다. 이 점은 내담자의 나이에 맞는 예화를 도입하여 4학년 학생에게 어려운 개념을 쉽게 설명하고 있는 부분이다.

(2) 내담자를 불안하게 하는 근본적인 원인과 사고의 탐색과 논박

여기에서 상담자는 일련의 질문을 통해 "동생의 잘못을 어머니께 말씀드리면 크게 혼난다."는 추론 수준의 비합리적 생각을 찾아내었고, 110쪽 *표시의 질문들을 함으로써 논박을 통해 내담자로 하여금 "동생의 잘못을 엄마에게 말씀드려야 한다."고 생각을 바꾸게 하였다. 더 정확하게 말하자면 꼭 말씀드리고 싶다는 선호성을 포함하고 있는 생각이 더 합리적으로 보인다. 내담자가 직접 말씀드리기는 어려울 것이라고 판단하고 아이가 행동으로 옮기기 쉬운 편지로 전달하게 한 점도 잘한 것으로 보인다.

(3) 실천적 노력하기

여기에서는 내담자의 생각을 담은 것을 '마음 다짐 글'이라고 이름 붙여 계속해서 읽게 하여 생각으로 내재화하는 것은 잘한 점으로 보인다.

2) 진행 과정에서 보완해야 할 점

(1) 반응유발사건의 탐색과 명료화

상담자는 소감에서 내담자를 우울하게 만드는 것은 동생이 자신에게 폭력을 사용하는 것과 나쁜 친구들과 어울려 노는 것이지만 동생의 일을 어머니께 말씀드리면 동생을 제대로 돌보지 못했다고 크게 혼날 것 같은 두려움 또한 한 원인이 되었다는 것을 알게 되었다고 고백하고 있다. 이것은 상담을 진행하면서 발견한 내담자의 문제로 보인다. 그런데 상담자가 제시한 과정에서 그것이 드러나지 않는다. 내담자가 "동생은 내가 작은 실수만 해도 때리고 어떨 때는 괜히 화가 났다고 나쁜 말을 퍼붓기도 했어요. 저도 사람이라 동생을 때려 주고 싶을 때도 있었지만 '혹시 내가 때리다가 동생이 잘못되면 어떡하지?'하는 생각이 나서 때리지 못해요."라고 말하는 것이 다인데, 상담자는 어떤 근거로 그러한 소감을 토로했는지 드러나지 않아 궁금하다. 이런 것을 좀 더 명료하게 다루었으면 좋았겠다.

(2) 실천적 노력하기

이 대목에서 내담자에게 숙제를 지시적으로 내주기보다는 내담자와 함께 논의해서 결정했으면 좋았을 것이고, 이러한 과정을 거쳐 생각이 내재화되어 내담자의 행동양식으로 연결되는지를 추수 지도 활동을 통해 확인하여 제시하지 못한 점이 아쉬움으로 남는다.

나는 형편없지 않아요, 소중한 사람이에요

| 집단 따돌림을 피하여 전학온 사례 |

1. 내담자의 기본 자료

1) 인적 사항

- 이름: 전진환(가명)
- 학년: 초등학교 6학년
- 성별: 남

2) 상담 경위

우리 반으로 2학기 시작과 함께 전학을 온 남학생이 있다. 내가 근무하는 학교는 ×× 지역에 소재했으며 아파트 주변이 아닌 다세대 주택이 즐비한 곳에 위치해 있고, 그 아이(이하 진환)는 소위 학군이 좋다는 강남 지역에서 전학을 온 터였다. 진환이는 건강해 보였으나 무척 수줍음이 많아 보였고 아이를 데리고 오신 어머니에게서 약간 이상한 점을 발견할 수 있었다. 보통 전학생의 부모님은 자녀에 대해 필요 이상의 많은 말을 하지 않는다. 담임의 안내를 주로 듣고 잘 부탁한다는 정도의 말을 남기고는 돌아가는 것이 보통이다. 그런데 진환이의 어머니는 무언가 말끝에 여운을 남기며 어떤 말을 할 듯 말 듯 망설이는 기색이 역력했고 전학 전후의 지역 차이를 의식했는지 "특별한 문제가 있는 것은 아니고요. 저희 아버님께서 좀 편찮으셔서 저희가 모셔야 할 형편이어서 이사를 왔어요. 저~ 선생님, 저희 아이가 선생님을 좀 답답하게 할지도 모르지만요. 지내보시면 순진하고 착한 아이라는 생각을 하실 거예요."라는 말을 남기고 가셨다. 교사로서의 직감으로 이사와 전학이 진환이와 어떤 연관이 있을 것이라는 짐작이 갔지만 크게 대수롭지 않게 여기다가 며칠 후 진환이가 청소 당번인 때에 대화를 나누다 심각한 '왕따' 문제가 전학의 큰 이유였음을 알게 되었고 진환이와의 상담을 시작하게 되었다.

3) 내담자의 인상 특성 및 행동 특성

- **인상 특성**: 내담자는 보통 키에 약간 통통한 체격이며 웃을 때 입 아래 부분에 보조개가 살짝 들어가서 귀여운 인상을 준다.
- **행동 특성**: 전학 오고 나서 얼마 지나지 않아서부터 담임인 나에게 제재를 당하기 전까지는 게임기를 가져 와서 몰래 친구들에게 돌려 가며 빌려주거나 청소 당번인 아이가 시간에 쫓기면 스스로 나서서 나머지 청소를 대신 해 주는 등 친구 관계에 무척 신경을 쓰는 모습을 볼 수 있었다. 수업 시간에는 무척 소극적이고 특히 자신이 발표를 해야 하는 경우에는 계속 고개를 저어 가며 강한 거부 의사를 나타내고 말을 할 때에 응석 어린 목소리로 말을 하며 과장된 감탄사나 제스처를 많이 섞어 사용하는 편이었다.

4) 학부모와의 상담 내용

내담자에게는 세 살 아래의 남동생이 있으며 부모가 맞벌이이고 특히 어머니는 서점을 운영하시는 관계로 매일 귀가가 늦어서 아이들을 제대로 챙겨 주지 못함을 미안하게 생각하고 있었다. 가족 모두 함께 있는 시간이 적어서 미안하고 안타깝기는 하나 퇴근해서 집에 돌아오면 피곤하기 때문에 아이들의 이야기를 잘 들어주기보다는 짜증을 내거나 그냥 지나쳐 버리는 경우가 많다는 이야기를 하셨다. 진환이와도 깊은 정서적 관계는 맺지 못했으나 나름대로 집안에선 착하고 귀여운 아들이었는데, 3학년이 끝나갈 무렵부터 반 아이들로부터 놀림이나 괴롭힘을 받기 시작하더니 5학년이 되면서부터는 그 정도가 매우 심해졌고 견디지 못한 내담자가 전학을 원하여 시부모님이 사시는 곳으로 이사까지 오게 되었다고 이야기하였다.

5) 내담자의 강점과 약점

- **강점**: 온순하고 순진하며 귀염성이 있고 친구들에 대한 이해심이나 양보심이 많으며 학습에 대한 관심이나 의욕도 높은 편이다.
- **약점**: 다른 아이들에 비해서 응석이 심하고 어른 눈에는 귀엽게 보일 수 있으나 6학년 수준에 맞지 않는 듯한 말투와 몸짓, 행동이 많아 또래 친구들에게 거부감을 줄 소지가 있으며, 자신의 감정이나 생각을 제대로 표현하지 못한다.

2. 상담 문제

1) 호소 문제

내담자는 전학 오기 전에 다니던 학교에서 반 친구들에게 심한 괴롭힘을 받았다. 자기가 생각하기에는 별로 잘못한 것도 없는데 친구에게 돌을 맞은 적도 있고 집단으로 구타를 당한 적도 있었다고 한다. 공부 시간에 자꾸 그 때 일들이 떠올라서 집중이 잘 되지 않는 것이 걱정이며, 새로 전학 온 학교에서 친구들이 자기를 놀리지 않았으면 좋겠고 친구를 잘 사귀고 싶다고 했다.

2) 호소 문제의 배경

내담자는 자기의 생각을 다른 사람 앞에서 표현하는 것에 두려움을 갖고 있었다. 평소에 개인적으로 다른 아이들이나 나에게 말을 할 때에도 완벽한 문장으로 말을 끝내는 경우가 별로 없었고, 항상 말끝을 흐리며 잘 들리지 않는 목소리로 얼버무렸다. 무안하거나 실수를 했을 때에는 딴청을 하며 시침을 뚝 떼고 있거나 아니면 애교를 부리며 다소 엉뚱하고 코믹한 표정이나 몸동작으로 상황을 넘어가려고 했다. 아마도 이런 진환이의 특징이 반 아이들, 특히 남자 아이들에게는 웃음거리가 된 것 같다. 또 하나 진환이는 자신이 어떤 상황에 처하더라도 욕을 하거나 상대방에게 화를 내거나 싸움을 하면 안 된다는 생각을 강하게 갖고 있었다. 이러한 진환이의 생각이 더욱 집단으로 놀림을 받는 원인으로 작용한 것 같다.

3. 상담 과정

1) 심리적 문제의 탐색

- 정서적 문제: 억울하다. 화가 난다. 속상하다.
- 행동적 문제: 수업 시간에 집중을 못한다. 발표를 하지 못한다.

상담자: 학교생활에 어려운 점은 없니?

내담자: 네. (아기처럼 웃어 보이며)

상담자: 우리 반 친구들이 잘 대해 주니?

내담자: 네. 착해요.

상담자: 진환이는 먼 동네에서 전학 왔지? 어머니께서는 할아버지께서 편찮으셔서 함께 사시려고 이사오셨다던데, 혹시 다른 이유는 없니? 6학년이라서 전학하는게 맘 편하지는 않았을 텐데.

내담자: (머뭇거리다가) 썩었대요.

상담자: 썩었다구? 그게 무슨 말이야? 선생님은 무슨 뜻인지 잘 모르겠는데?

내담자: 몰라요. (작은 목소리로) 그냥 저보고 자꾸 썩었대요.

상담자: 진환아, 선생님은 진환이가 그동안 어떻게 생활했는지 알고 싶은데. 6학년도 얼마 남지 않았는데 중간에 전학 와서 같이 지낸 시간도 별로 없지만 너하고 더 친해지고 싶고, 혹시 네가 힘든 점이 있으면 돕고 싶거든? 그러니까 좀 더 자세하고 분명하게 이야기해 주면 좋겠어.

내담자: 네. (무언가를 생각하는 듯 고개를 떨구고 있다가) 남자애들이 자꾸 썩었다고 그러니까 나중엔 여자애들까지 그랬어요. 남자애들 몇

명이 절 넘어뜨리고 때리고 발로 막 차고 그랬어요. (점점 말이 빨라지고 흥분하며) 제가 죽어도 학교 가기 싫다고 그랬어요. 전학가자고 그랬어요.

상담자: 그랬니? 그런 일이 있었구나. 정말 속상했겠네. 다른 일들도 있었으면 더 말해 줄 수 있니?

내담자: 3학년 때 친구가 제 얼굴에 돌을 던졌어요.

상담자: 어떤 이유가 있었니?

내담자: 어떤 애가 게임 아이디 등록하는 법을 알려 달라고 해서 알려줬는데, 내 친구가 그 애한테 왜 가르쳐 줬느냐고 화내면서 돌을 던졌어요.

상담자: 친구끼리 가르쳐 줄 수도 있는 거 아닌가?

내담자: 자기가 싫어하는 애한테 왜 가르쳐 주었느냐고 했어요.

상담자: 그때 진환이 마음은 어땠니?

내담자: (바로 대답을 하지 못하다가) 잘 모르겠어요.

상담자: 반 아이들 여러 명이 너를 놀리거나 괴롭히기 시작한 건 언제부터였던 것 같니?

내담자: 4학년때요. 자꾸 썩었다면서 놀렸어요. 냄새난대요.

상담자: 아이들이 놀릴 만한 무슨 사건이라도 있었니?

내담자: 아니요. 반에서 싸움 잘하는 애가 있었는데, 걔가 저보고 썩었다고 하니까 다른 애들도 자꾸 따라 하면서 절 놀렸어요. 저하고 같이 노는 애들한테도 썩었다고 하면서요. 근데 걔랑 6학년 때 같은 반이 됐어요. 또 썩었다고 놀려서 그러면 안 되는데 제가 걔를 한 대 쳤더니 걔랑 다른 애들까지 몰려들어서 절 눕히고 때리고 발로 막 찼어요. 코피도 났었어요.

상담자: 선생님은 모르셨니?

내담자: 선생님은 모르세요. 선생님 없을 때만 그래요. (또다시 얼굴이 벌겋

게 되고 흥분하며) 선생님한테 이르면 절 죽인댔어요.

상담자: 많이 놀랐겠네. 그때 기분이 어땠니?

내담자: 좀 속상하고……. 그 애들 정말 이상해요. 공부 시간에 자꾸 그때 생각이나요.

상담자: 아까 이야기할 때 그러면 안 된다고 했는데 그건 무슨 뜻이야?

내담자: 싸우고 그러면 안 되잖아요. 그냥 (그 애들이 뭐라고 해도) 무시하려고 그랬는데…….

상담자: 선생님이 진환이 얘기 들어 보니까 그 애들이 나쁜 것 같은데. 널 자꾸 놀릴 때 욕이라도 해 주지 그랬니?

내담자: 엄마가 그러지 말라고 그랬어요. 그냥 무시하라고.

소감 처음엔 내담자가 제대로 이야기를 하지 못하면 어떻게 하나 하고 걱정을 많이 했는데, 이야기를 진행하다보니 오히려 내담자가 자연스럽게 이야기를 해 주어서 안심이 되었다. 그러나 처음 예상보다 내담자의 마음 속에 억눌린 감정이 많은 것을 발견하게 되어 안타까운 생각이 들었다.

2) 상담 목표의 설정

- 결과적 목표
  - 정서적 결과 목표: 자신감 갖기, 속상한 마음 줄이기, 무조건 참아야 한다는 마음 줄이기
  - 행동적 결과 목표: 수업 시간에 집중하고 발표하기, 친한 친구 사귀기
- 과정적 목표
  - 비합리적인 생각을 합리적인 생각으로 바꾸기

상담자: 선생님과 상담을 끝냈을 때 진환이 마음이 어땠으면 좋겠니?

내담자: 편안했으면 좋겠어요. 그때 생각이 안 났으면 좋겠고.

상담자: 또 다른 바람은 없니?

내담자: 그냥 다 잘했으면 좋겠어요.

상담자: 어떤 걸 말하는 거지?

내담자: 4학년때까지는 올백도 받았었고 공부도 잘했는데 요새 성적이 많이 떨어졌어요. 공부를 잘했으면 좋겠어요. 발표도 그렇고. 그리고 (머뭇거리다가) 보람이(우리반 남학생)랑 친해지고 싶어요.

상담자: 진환이가 공부 욕심이 많네. 그래. 갑자기 모든 게 해결되기는 어렵겠지만 공부를 잘하려면 수업 시간에 집중을 해야겠지? 좋아. 그럼 우리 이번 상담의 목표로 속상한 마음과 무조건 참아야 한다는 생각을 줄이고 진환이가 좀 더 자신감을 갖는 것과 수업 시간에 집중하고 발표 잘하는 것, 진환이가 친구 사귀는 것을 네 마음과 행동의 목표로 정하자. 괜찮니?

내담자: 네. 좋아요.

소감 내담자는 생각보다 꽤 복잡한 심리 상태를 갖고 있는 듯 했다. 아이들이 놀리고 괴롭히는 것에 대해 속상하고 억울해하고 분노도 하고 있는 반면에 맞서보거나 대항해 보려는 생각을 애써 억누르는 듯 했고 오랜 동안 시달림을 받아와서인지 무기력한 상태인 것도 같았다. 자신의 행동적 변화에 대한 기대는 비교적 확실하게 제시했으나 정서적 목표에 대한 변화에는 별 의욕이 없어 보여서 비슷한 대화를 반복하여 정서적 목표를 설정하였다.

3) 반응유발사건의 탐색과 명료화

내담자는 전학 오기 전에 아이들이 자신을 괴롭혔던 일 때문에 화가 나고 속상하며 이유를 잘 몰라서 억울하다고 했다.

상담자: 아까 진환이 엄마께서 놀리는 친구들한테 화내거나 싸우면 안 된다고 그러셨다고 했지? 그동안 엄마께서 너의 일들을 모두 다 알고 계시니?

내담자: 조금은요. 저…… 선생님, 이런 얘기 엄마한테 말씀하실 거예요?

상담자: 글쎄, 왜?

내담자: 얘기하지 마세요.

상담자: 이유를 알고 싶구나. 아이들이 괴롭힐 때 말씀 안 드렸었니?

내담자: 아뇨. 처음엔 얘기했었는데 그럴 때마다 "그래서 뭐? 또 뭐가 문젠데?" 이러세요. 그래서 나중엔 그냥 말 안했어요.

상담자: 진환이 어머니도 네가 친구들 때문에 힘들어한 걸 알고 계셔. 그래서 전학도 시켜 주셨잖아. 어쨌든 선생님은 네 부탁대로 할게. 걱정마. 그런데 어머니께서 편을 들어주시지 않을 때 서운하지 않았니?

내담자: 조금요. 엄마는 아무리 화가 나도 싸우지 말래요. 그냥 무시해 버리라고.

상담자: 그러면 아이들이 그냥 넘어가니?

내담자: 아뇨. 자꾸 더 놀려대요. 저는 그냥 무시하려고 하는데.

상담자: 솔직히 얘기해 봐. 그냥 무시하고 참았을 때 네 마음이 괜찮았니?

내담자: ……. 화났어요. 억울하고. 막 소리지르고 싶었어요. 근데 말이 안 나와요.

상담자: 왜 말이 안 나오지? 욕이라도 해 주지 그랬어.

내담자: 욕하면 안 되니까…….

상담자: 그래. 욕하고 싸우는 건 옳지 않아. 진환이 어머니 말씀도 맞단다. 그런데 선생님 생각에는 진환이가 너무 많이 참으니까 아이들이 더 놀려대고 너는 또 참고 그래서 더 속상하고 억울했던 건 아닐까?

내담자: 그런 것 같아요.

소감 내담자는 평소에 남 앞에 잘 나서지 못하고 자신의 생각을 분명하게 표현하지 못하는 성격을 가진 데다가 그 성격으로 인해 아이들에게 괴롭힘과 놀림을 받았고 또다시 그 부당함을 표현하거나 내색하지 못함으로써 억울하고 속상한 마음을 갖게 되는 악순환을 겪어 왔던 것으로 보인다. 또한, 어머니의 태도에서도 문제점을 발견할 수 있었는데, 아들이 자신의 괴로움을 스스로 이겨 낼 것을 기대하는 마음으로 다른 아이들의 놀림과 괴로움을 무시하라고 했을 터이나 그 마음이 아들에게 충분히 전달되지 못한 상태에서 무조건 참아야 문제가 해결된다는 식의 사고를 내면화하게 한 것이 더 큰 문제를 유발한 것으로 생각된다.

4) 정서적 결과와 행동적 결과 그리고 사고 간의 관계에 대한 교육

상담자는 정서적 결과와 행동적 결과 그리고 사고 간의 관계에 대한 교육을 위해 예화를 사용하였다.(임금님 귀는 당나귀 귀 예화)

상담자: 네가 속상하고 억울한 것은 무엇 때문인 것 같니?

내담자: 애들요. 애들이 놀리고 괴롭힌 거요.

상담자: 그래. 그 아이들이 너를 속상하게 하고 억울하게 했어. 그런데 잘 생각해 보자. 너를 속상하게 하고 억울하게 만든 게 또 있단다. 선

생님이 예를 하나 들어줄게. 너도 잘 아는 얘기야.

내담자: 무슨 얘긴데요?

상담자: 임금님 귀는 당나귀 귀 이야기 알지?

내담자: 네.

상담자: 그 이야기를 보면 임금님의 왕관을 만들어 주는 할아버지가 나오잖니? 그 할아버지가 나중에 그만 병이 나서 자리에 눕게 되지? 할아버지는 왜 병이 나셨을까?

내담자: 임금님의 귀가 당나귀 귀처럼 생겼다는 비밀을 알았잖아요. 그런데 그 비밀을 사람들한테 말하면 죽여 버리겠다고 임금님이 협박해서 그랬겠죠. 그 비밀을 말하고 싶은데 무서우니까.

상담자: 그래. 할아버지는 임금님 귀가 당나귀 귀처럼 생겼다는 걸 알면서도 그걸 말할 수가 없었어. 말을 하면 없애 버릴 거라고 임금님이 무섭게 말했거든. 그래서 그때부터 절대로 비밀을 말하면 안 될 거라고 생각했지. 무섭기도 했고 임금님과의 약속도 지켜야 할 것 같고 말야. 그때 할아버지의 마음은 어땠을까?

내담자: 정말 답답했을 것 같아요.

상담자: 그래. 정말 답답했겠지? 그러니까 병까지 났던 거야. 할아버지는 의원도 이유를 알 수 없다는 병에 걸려 버렸지. 유명한 의원들도 모두 할아버지가 아픈 이유를 알 수 없다고 돌아가 버리고, 할아버지는 절망했단다.

내담자: 정말 스트레스 받았나 봐요.

상담자: 그래, 맞았어. 그런 것도 스트레스지. 그 이야기의 뒷부분을 아니?

내담자: 더 이상 못 참겠던 할아버지가 숲 속인가로 가서 "임금님 귀는 당나귀 귀."라고 외쳤어요.

상담자: 그때 할아버지 마음은 어땠을까?

내담자: 진짜 후련했을 거예요.

상담자: 맞았어. 할아버지는 정말 속이 다 시원하고 후련했단다. 그런데 아직 얘기는 끝난 게 아니야.

내담자: 그럼요? 그 뒤는 잘 모르겠어요.

상담자: 참았던 말을 해 버린 할아버지는 정말 날아갈 듯이 마음이 후련했지만 마음의 병은 몸까지 이미 너무 많이 번져 버려서 할아버지는 결국 돌아가셨어. 그런데 그 이후에 숲 속에서 계속 "임금님 귀는 당나귀 귀."라는 외침이 들려오고 할아버지의 죽음을 알게 된 임금님은 자신의 잘못을 뉘우치게 되었어.

내담자: 조금만 더 빨리 말해 버리지. 그랬으면 할아버지도 죽지 않았을 텐데.

상담자: 그래. 바로 그거야. 할아버지가 누구에게라도 자신의 고민을 얘기하고 도움을 청했거나 임금님에게 처음부터 임금님 귀는 이상하지 않다고 얘기했다면 어땠을까?

내담자: 답답하지는 않았을 거예요. 그렇지만 바로 임금님이 죽였을지도 모르잖아요.

상담자: 그랬을 수도 있지. 하지만 그렇지 않았을 수도 있어. 오히려 임금님이 빨리 생각을 고쳤을지도 모르지. 아니면 누군가가 중간에서 도와줬을 수도 있었을 거야. 계속 참았던 할아버지는 행복했을까?

내담자: 아니요.

상담자: 그래. 행복하지도 않았고 결국은 임금님에 의해 죽은 것도 아니고 할아버지 마음의 병으로 죽게 된 거야. 아이들이 놀릴 때 계속 참으면서 진환이는 행복했니?

내담자: 아니요.

상담자: 자기의 생각을 잘 표현하지 못한다고 해서 다른 사람한테 놀림받고 매도 맞을 수 있다는 생각이 바른 것이니?

내담자: 아니요.

상담자: 그렇다면 그렇게 생각해서 널 놀리고 때리는 아이들에게 계속 참으면서 네 기분은 어땠을까?

내담자: 억울하고 속상했어요.

상담자: 그 아이들한테 "날 놀리지 마. 나한테 왜 그러니? 너희 정말 나빠." 이렇게 소리치고 얘기했다면 네 마음이 어땠을까?

내담자: 속이 시원했을 거예요. 그 할아버지처럼.

상담자: 그래. 그럼 진환이가 정말 억울하고 속상했던 건 무엇 때문이었을까?

내담자: 걔네들한테 화내면서 소리 지르지 못한 거요.

상담자: 맞아. 그럼 네가 왜 그 애들한테 화내고 소리 지르지 못했을까?

내담자: 화내고 싸우는 건 나쁘니까요.

상담자: 화내고 싸우는 건 무조건 나쁘다는 것은 네 생각이야. 이 세상에 많은 사람들이 살고 있단다. 모습도 다르고 생각도 다 다르지. 모두가 착하고 올바르지만은 않아. 더구나 아이들은 더 그렇단다. 아직 옳고 그름을 잘 구별할 줄 몰라서 남의 약점을 가지고 놀리기도 하고 괴롭히기도 하지. 그때마다 무조건 참아야 할까?

내담자: 아니요.

상담자: 그럼, 어떻게 해야 할까? 무조건 싸우고 대들까?

내담자: 아니요. 말을 해야 해요.

상담자: 무슨 말을?

내담자: 싫다고요. 하지 말라고요.

상담자: 그래. 그렇게 말을 할 수 있으려면 싸우는 건 나쁜 일이니까 부당한 일을 당해서 억울하고 속상할 때도 무조건 참아야 한다는 무엇을 바꿔야 하니?

내담자: 마음이요.

상담자: 비슷해. 생각을 바꾸면 된단다. 싸우는 건 나쁜 일이니까 억울하고

속상한 일을 당해도 무조건 참아야 한다는 생각을 바꾸면 돼. 그러면 표현할 수 있게 되거든. 그래, 오늘은 많은 이야기를 해 줘서 좋았다. 다음 시간에 좀 더 얘기를 나눠보자.

내담자: 네.

소감 ○ 상황에 맞는 적절한 예화가 떠오르지 않아서 고민하다가 쉬운 전래동화를 사용했다. 초반에는 어쩐지 상황에 어울리는 것 같지 않아서 걱정했는데, 다행히 마무리를 그런대로 맺은 것 같다. 예화를 사용하고 나서 내담자의 생각에 변화가 느껴지면서 아이가 점점 생기 있어짐을 느낄 수 있었다. 싸우고 욕하고 화내는 것은 무조건 나쁜 것이라는 내담자의 생각을 바꾸는 것은 행동과도 연결이 되는 것이어서 다소 접근이 조심스럽고 걱정이 되기도 했으나 아이가 생기를 얻어 가는 듯한 모습에서 격려를 얻을 수 있었다.

5) 내담자를 불행하게 만드는 근본적인 원인인 사고의 탐색

상담자: 지난번 이야기를 계속해 볼까?

내담자: 네.

상담자: 친구들이 널 괴롭히고 놀릴 때 속으로 무슨 생각이 들었니?

내담자: 형이 있으면 좋겠다고 생각했어요.

상담자: 왜?

내담자: 형한테 이르고 그 애들을 혼내달라고 하면 좋겠어요. 그래서 형 있는 애들이 부러워요.

상담자: 또 무슨 생각을 했니?

내담자: "내가 왜 썩었는데? 너네들은 뭐가 그렇게 잘났니?" 이렇게 말하고 싶었어요.

상담자: 그런데 왜 그렇게 말하지 못했을까?

내담자: 엄마가 속상해하실까 봐요. 옛날에……. 3학년 때는 화내고 주먹으로 쳐 봤는데 제가 더 맞았어요. 엄마가 속상해하셨어요. 그리고 싸우지 말랬어요. 싸우는 건 나쁘다고.

상담자: 그래서 그다음부터는 아예 애들한테 말도 하지 않았구나.

내담자: 네. 그냥 뭐라고 하든 말든 무시했는데, 그런다고 또 뭐라고 하고. 그래도 그냥 무시하고 넘어갔는데 그래서 애들이 더 괴롭힌 것 같아요.

상담자: 꼭 화내고 주먹으로 치지 않아도 네 생각을 나타낼 수 있지 않을까?

내담자: 그게 잘 안 돼요. 말이 잘 안 나와요.

상담자: 말이 잘 안 나온다구? 무슨 뜻이지?

내담자: 자꾸 더듬게 되구 느리구.

상담자: 선생님하고 얘기할 때는 별로 안 그러는데……. 맞다, 목소리가 좀 작고 웅얼거리듯이 해서 잘 안 들릴 때가 있긴 하단다.

내담자: 네. 고치려고 해도 잘 안 돼요. 그거 때문에도 애들이 막 놀렸어요.

상담자: 진환이가 부당한 일을 당해도 참는 건 싸우고 화내는 게 안 좋은 거라는 생각도 있고, 네가 화가 나서 말을 할 때 오히려 아이들이 더 놀리고 비웃을 거라는 생각도 있는 거 아니니?

내담자: (머뭇거리다가) 네.

상담자: 그 생각들이 바뀌었으면 좋겠니?

내담자: 네.

상담자: 그렇구나. 그럼 다음 시간에는 선생님과 이야기를 하면서 그 두 가지 생각을 바꾸어 보도록 하자.

소감 내담자와 상담을 나누면서 내담자의 또 다른 비합리적 사고를 찾아내게 되었다. "말을 유창하게 잘하지 못하면 놀림을 받을 수 있기 때문에 아예 따지거나 말을 하지 않는 게 낫다."는 생각이었다. 오히려 이런 생각 때문에 표현에 자신감이 없어지고 자꾸만 상황을 회피하다보니 아이들에게 더욱 무시당하고 놀림받는 악순환이 반복된다는 사실을 인지하게 해 줄 필요를 느꼈다.

6) 탐색된 사고의 체계를 논박을 통해서 바꿈

상담자: 오늘은 4교시인데 집에 일찍 가지 못해서 어쩌지?

내담자: 괜찮아요.

상담자: 선생님이 며칠 동안 진환이를 괴롭히는 또다른 생각이 무엇일까 하고 생각해 보았어. "나는 말을 잘못 하니까 내가 발표하거나 화가 났을 때 잘못 말했다가는 애들이 더 놀리고 웃을 거다."라는 생각이 있단다. 너도 그렇게 생각하니?

내담자: 네.

상담자: 그런 생각 때문에 네 마음을 잘 표현할 수 없어서 억울할 때도 많고 속상할 때도 많을 거야. 못된 애들은 그것 때문에 널 또 놀려대고. 그렇지?

내담자: 네.

상담자: 그런 생각을 어떻게 바꿀 수 있을까?

내담자: 잘 모르겠어요.

상담자: 헬렌 켈러 알지?

내담자: 네.

상담자: 헬렌 켈러가 듣지도 보지도 못했던 건 알고 있지? 두 살 때 열병을 앓고는 시각과 청각을 잃어버렸단다. 듣지 못하면 말도 할 수가 없

어. 인간이 말을 하는 건 다른 사람의 말소리를 듣고 따라 하기 때문이거든. 다른 사람의 말소리를 들을 수 없고 말을 제대로 할 수 없었지만 헬렌 켈러는 실망하지 않고 설리번 선생님의 가르침을 따르며 선생님의 목과 입술 모양, 혀의 움직임 등을 만져 보고 따라 하며 말을 할 수 있게 되었단다. 그리고는 이곳 저곳을 다니며 강연회도 열고 글도 쓰며 어려운 사람들을 위해 헌신했지. 물론 말을 했었지만 그 소리는 우리처럼 자연스럽지는 않았을 거야. 그래서 놀림도 많이 당하고 무시도 많이 당했었단다. 그때 헬렌 켈러의 기분은 어땠을까?(은유적 논박)

내담자: 속상하고 슬펐을 거예요. 자기가 일부러 그러는 것도 아닌데.

상담자: 그렇지? 헬렌 켈러가 일부러 그러는 것도 아닌데 무시하고 놀리는 사람이 오히려 더 부끄러워 해야 하지 않을까?

내담자: 맞아요. 정말 그래요.

상담자: 그런데 만약에 헬렌 켈러가 말도 잘 못하고 볼 수도 없는 자신이 너무 창피하고 사람들한테 놀림받는 게 두려워서 그냥 모든 걸 포기하고 집 안에서만 생활하고 새로운 것을 배우거나 계속 노력하지 않았다면 어떻게 되었을까?

내담자: 지금처럼 유명해지지도 않았겠죠.

상담자: 진환아, 친구들 앞에서 네 생각을 말할 때 '나는 말을 잘 못해. 내가 얘기하면 애들이 웃을 거야. 어차피 싸우는 것도 나쁜데 괜히 말해서 더 놀림받는 것보다는 말을 안 하는 게 나아.' 라고 생각하는 게 너에게 도움이 되니?(실용적 논박)

내담자: 아니요. 말을 안 하니까 애들이 더 놀렸나 봐요.

상담자: 그렇다면 말을 잘 못하면 애들이 놀릴 것이고, 놀림받지 않으려면 말을 안 하는 게 낫다는 생각을 어떻게 하는 게 좋겠니?

내담자: 바꾸면 좋겠어요.

상담자: 진환아, 선생님이 숙제를 내 줄게. 다음 시간까지 해 오자. 너희 모둠 아이들에게 "여러 사람 앞에서 말하는 것에 자신감이 있나요? 여러 사람 앞에서 말을 잘 못했을 때는 어떤 생각이 드나요?"에 대해서 조사해 오고 교과서에 있는 동시를 한 편 외워서 거울 보고 10번 낭송해 오자.

소감 내담자를 놀리고 집단으로 괴롭힌 아이들을 전혀 알지 못하고 만날 수 없는 상황에서 상담을 진행하다보니 상담의 방향을 종종 잃어버리고 막막함을 느낄 때가 있었다. 내담자의 비합리적인 생각도 처음에는 '싸우고 화내는 건 나쁜 행동이니 무조건 참아야 한다.'는 것에 중점을 두고 진행하려고 했으나 그것과 함께 '남 앞에서, 특히 곤란한 상황에서 말하는 것이 두렵다. 내가 말하면 분명히 아이들이 나를 놀리고 비웃을 것이다.'라는 생각이 집단 괴롭힘과 그로 인한 속상함의 근본 원인인 것 같아서 잠시 혼란스럽기도 했다. 그러나 진환이의 경우에는 두 가지 생각이 함께 교정되어 가는 것이 필요할 것 같다는 생각에 두 가지 비합리적 사고의 교정에 계속 초점을 두고 상담을 진행해 나가기로 했다.

7) 논박의 인지적 기법과 행동적 기법 및 정서적 기법을 활용

상담자: 숙제는 해 왔니? 어렵지 않았어?

내담자: 좀 어려웠는데요. 애들이 얘기해 줬어요.

상담자: 뭐라고 하든?

내담자: 남 앞에서 말하는 게 자신 있다는 애는 채미정뿐이고요. 나머지 4명은 별로 자신이 없대요. 보람이도 그렇다고 해서 좀 놀랐어요.

상담자: 그래? 보람이는 왜?

내담자: 보람이는 회장이고, 공부도 잘 하잖아요. 그런데 그런 애도 발표하

거나 여러 사람 앞에서 말하는 게 좀 자신이 없다고 해서요. 그런 애들은 하나도 안 떨려할 줄 알았거든요.

상담자: 말을 잘 못하고 실수하거나 했을 때는 어떤 기분이 들었다고 했니?

내담자: (웃으면서) 다음엔 절대로 발표 같은 거 안 하고 싶었대요. 근데, 미정이는 아니에요. 그 앤 틀려도 '뭐, 어때? 괜찮아.'라고 생각한대요. 대단해요.

상담자: 정말 대단하네. 진환이도 그럴 수 있으면 좋겠지?

내담자: 네.

상담자: 거울 보고 동시는 외워 봤니? 지금 한 번 해 볼래?

내담자: 아뇨. 다음에요.

상담자: 알았다. 이번에 조사하면서 어떤 생각을 했니?

내담자: 다른 애들도 남 앞에서 말하는 걸 자신없어 하는지 잘 몰랐는데 몇몇 애들 빼고는 저 같은 애들이 많은가 봐요.

상담자: 그래. 사실 선생님도 그럴 때가 있단다. 지금은 많이 나아졌어. 자꾸 연습하고 또 나 스스로 '괜찮아. 틀리면 어때. 한 번 해 보자.' 이런 생각을 자꾸 해 본단다. 그리고 어떤 사람이 부당하게 나에게 못되게 굴면 왜 그러냐고 말하는 연습도 하고 말야.

내담자: 선생님도요?

상담자: 그래. 우리 역할 놀이 한 번 해 볼래?(역할 연기)

내담자: 네?

상담자: 선생님이 널 괴롭히던 아이 역할을 할게. 네가 하고 싶은 얘기를 해 봐. 야, 전진환, 너 썩었어.

내담자: …….

상담자: 이 자식, 너 썩었다니까? 아유 냄새.

내담자: …….

상담자: 진환아, 날 선생님으로 보지 말고 그 애라고 생각하고 하고 싶은

말을 해 봐. 야, 이 자식아 넌 입도 없냐? 말도 못해? 응 바보 같은 게 말도 못하는구나.

내담자: (기어들어가는 목소리로) 내가 왜 썩었어? 나 만날 샤워한다. 근데 무슨 냄새가 난다는 거야, 응?

상담자: 뭐라고 하는 거야? 하나도 안 들리는데, 뭐라고 지껄이냐?

내담자: (목소리를 높이며) 나 매일 샤워한다. 넌 얼마나 깨끗하길래 그런 말 하냐? 너 자꾸 그런 말하지 마. 니가 그런 말할 때마다 기분 나빠. 친구 자꾸 놀리면 좋으냐? 응? 다른 애가 너한테도 자꾸 그러면 너 좋겠냐?

상담자: 진환아, 잘했어. 기분이 어떠니?

내담자: 좀 시원해진 것 같아요.

상담자: 진환이는 친구들이 아무리 놀리고 때리며 괴롭히더라도 참아야 한다는 생각으로 지내 왔고 그 아이들에게 네 마음을 제대로 표현하지 못해서 억울하고 속상한 마음을 갖고 있었어. 처음엔 참고 모른 척 하는 게 편했겠지만 점점 더 네 마음은 어떻게 변해 갔니?

내담자: 속상해서 죽고 싶었어요. 학교 가기도 싫고요.

상담자: 그래. 아무 일에나 화내고 따지려 드는 것은 올바르지 않지만 다른 사람의 약점을 함부로 놀려 대고 여럿이 괴롭히고 때리기까지 하는 건 올바른 행동이 아니기 때문에 그런 행동까지 무조건 참을 필요는 없단다.

내담자: 이제 좀 알 것 같아요.

상담자: 아이들이 널 괴롭히고 때린 것보다도 어떤 상황에서도 항상 참아야 한다는 생각이 널 더 괴롭히고 우울하게 만들고 속상하게 만든 거란다.

내담자: 네. 만날 답답했어요.

상담자: 그리고 무조건 참지 않는다는 게 화내고 싸우려 하고 욕을 하는 것

만을 말하는 게 아니야. 화내지 않고서도 자기 생각을 분명하게 말한다면 그것으로도 어느 정도는 충분하단다. 그리고 진환이는 네가 말을 잘 못한다고 생각하고 네가 말을 하면 아이들이 놀릴 거라고 생각하지만 그 생각도 너를 속상하고 답답하게 만드는 거야. 진환이, 너 편식 좀 하지?

내담자: 네. 근데 그건 왜요?

상담자: 네가 좋아하는 반찬과 싫어하는 반찬을 두 개씩 말해 볼래?

내담자: 음, 돈가스나 튀김 같은 거는 좋은데, 나물 무친 거나 김치는 좀 별로예요.

상담자: 그런 줄 알았어. 너 급식 시간에 보면 나물 같은 거 다 먹느라 애쓰더라. 돈가스나 튀김류는 소스도 끼얹고 화려하지? 맛있고. 나물이나 김치는 요즘 아이들은 잘 안 먹기도 하지. 냄새 난다고 하고. 맛도 자극적이지 않아서 무슨 맛인지 잘 모르겠고 말이야.

내담자: 네. 좀 그래요. 몸에는 좋다고 하지만 사실 저는 좀 별로예요.

상담자: 사람도 그래. 여러 가지 반찬의 모양이나 맛처럼 각양각색이지. 하지만 모든 사람이 너처럼 돈가스나 튀김을 좋아하고 나물이나 김치를 싫어하는 건 아니야. 나물의 향과 씹는 느낌을 돈가스보다 좋아하는 사람이 있고, 김치의 매운 맛과 시큼한 냄새를 튀김보다 좋아하는 사람이 있잖니?

내담자: 네. 저희 아빠는 튀긴 음식을 안 좋아하세요. 할머니가 해 주신 된장국이랑 나물 반찬이 맛있으시대요.

상담자: 그래. 그런데 어떤 애들은 김치가 싫다고 몰래 쓰레기통에 버리거나 바닥에 흘리는 척 해서 안 먹는 애들이 있지?

내담자: 사실, 저도 전에 그런 적 있어요.

상담자: 그랬구나. 김치를 버리고 일부러 바닥에 흘리는 사람들에게 진환이는 김치와 같은 존재였던 거야.

내담자: (웃음)

상담자: 어떤 사람들이 김치가 맛없고 냄새 난다고 함부로 하고 버린다고 해서 김치의 영양가나 맛이 나쁜 거라고 할 수 있을까?

내담자: 아니요. 세계적으로 김치의 좋은 점이 알려졌잖아요.

상담자: 그렇지. 김치를 싫어하는 사람들이 아무리 김치를 버리고 욕하더라도 김치의 우수성이나 독특한 맛을 사랑하는 사람들이 모두 사라지는 건 아니란다. 또 김치의 우수성이 사라지는 것도 아니야.

내담자: 제가 김치만큼 우수한 것도 아닌데요.

상담자: 그렇지 않아. 진환이는 너의 부모님이나 동생, 할아버지, 할머니, 선생님, 너를 좋아하는 친구들에게는 김치보다도 더욱 소중하고 꼭 필요한 사람이란다. 너를 좋아하지 않는 아이들이 너를 놀리고 괴롭힌다고 해서 그 사실이 달라지는 건 아니야.

내담자: (웃음)

상담자: 또 하나 알려 줄 게 있어. 김치에게는 약점이 있지. 무엇일까?

내담자: 국물이 흐르고 냄새 나는거요.

상담자: 그래. 김치의 국물이 흐르고 냄새가 나는 약점을 진환이가 여러 사람 앞에서 말을 잘 못하는 것이라고 바꾸어 생각해 보자. 김치의 약점 때문에 김치의 우수성이 가려지니?(은유적 논박)

내담자: 아니요.

상담자: 진환이가 여러 사람 앞에서 말을 멋지게 잘 못한다고 해서 너라는 존재가 형편없고 가치가 없는 걸까?

내담자: 아니요.

상담자: 김치의 약점이 강점으로 변하는 경우도 있지. 진환이 김치찌개는 좋아하니?

내담자: 네. 참치나 햄 넣고 끓인 김치찌개는 맛있어요.

상담자: 그래. 김치찌개가 맛있는 이유는 국물도 적당히 있고 독특한 냄새

가 끓으면서 동시에 맛있는 냄새로 변화되기 때문이야. 진환이가 여러 사람 앞에서 말을 잘 못하는 것도 어떤 때 보면 겸손해 보이고 더 인간적으로 보이기도 하거든.

내담자: 정말요? 전 그런 생각 한 번도 해 보지 않았는데.

상담자: 그래. 똑같은 상황이라고 해서 누구나 똑같이 느끼는 건 아니야. 하지만 그렇다고 해서 네가 계속 여러 사람 앞에서 자신 있게 말하지 못하는 게 좋다는 뜻도 아니지.

내담자: (웃으며) 저도 알아요.

상담자: 친구들이 예전에 널 괴롭혔던 게 생각날 때마다 마음 속으로 무슨 생각을 하고 싶니?(자기 언어의 사용)

내담자: 난 그렇게 형편없는 사람이 아니야. 난 소중한 사람이라구.

상담자: 특별한 이유 없이 널 놀리고 괴롭히는 아이들이 또 생긴다면 그 애들에게 뭐라고 말하고 싶니?

내담자: 똑같이요. 난 그렇게 형편없는 사람이 아니야. 난 소중한 사람이라구.

상담자: 사람들 앞에서 이야기를 해야 할 때 말을 잘 못할까봐 두렵고 떨릴 때는 어떤 생각을 하면 좋겠니?

내담자: 모든 사람이 다 말을 잘하는 건 아니야. 내가 말을 잘 못해도 괜찮아. 말 안하고 억울한 것보다는 나아.

상담자: 잘했어. 오늘부터 선생님이 숙제를 하나 더 내줄 거야.(숙제 제시) 매일 거울을 보고 연습할 것이 있어. 여기에 '자기 진술문'이라고 써 볼래?(합리적 자기 진술문)

내담자: 범죄자들이 쓰는 뭐 그런 거예요?

상담자: 하하. 자기 진술문은 다른 사람이 나를 괴롭힐 때나 여러 사람 앞에서 내가 말해야 하는 떨리는 순간에 나한테 스스로 이야기를 하는 걸 말해. 진환이가 아까 얘기한 것들이야. 선생님이 앞부분을 말

해 볼테니 네가 뒷부분을 맞춰 볼래?

내담자: 네.

상담자: 사람들이 내 약점을 이용해서 나를 놀리고 괴롭히고 때렸을 때 말도 안 하고 무조건 가만히 있지…….

내담자: 이제부터는 그러지 않을래요.

상담자: 또, 사람들이 내가 싫다고 괴롭히더라도 나는 어떤 사람?

내담자: 난 형편없지 않아. 난 소중한 사람이야.

상담자: 여러 사람 앞에서 발표하거나 말을 해야 할 때 잘 못하더라도?

내담자: 괜찮아. 누구나 말을 잘하는 건 아니야. 말을 잘 못하는 게 아예 안 해서 속상한 것보다는 나아.

상담자: 잘하네. 진환이가 말을 이렇게 잘하는데 뭐가 부끄럽니?

내담자: (웃음) 선생님한테는 좀 괜찮아요.

상담자: 오늘부터 생각날 때마다 거울 앞에서 이렇게 말하는 거야. 어때, 할 수 있겠지?

내담자: 네. 해 볼게요.

소감 내담자가 6학년이고 영리한 편이어서 그런지 상담의 효과가 비교적 빠르게 나타나는 것 같았다. 자기 언어를 만들어 내고 자기 진술문을 만들어 보게 한 것이 아이에게 효과적으로 작용할 것으로 기대되었다. 진환이와 상담하는 것을 눈여겨 보던 몇몇 아이들이 상담을 요청해 오는 것을 보며 진작 이런 시도를 해 보지 못했던 것이 미안하기도 하고 지금부터라도 이런 상담을 할 수 있는 이론을 조금이나마 갖추게 된 것에 감사한 마음이 들기도 했다.

8) 생각이 바뀜에 따라 나타나는 정서적 · 행동적 효과를 알게 함

상담자: 집에서 '자기 진술문'을 읽어 봤니?

내담자: 네.

상담자: 앞으로 아이들이 널 괴롭혔던 생각이 나면 넌 마음속으로 무슨 생각을 할 것 같니?

내담자: 애들이 여럿이 때리고 괴롭힐 만큼 난 형편없는 사람이 아니야.

상담자: 내가 말을 잘 못하고 만날 참아서 애들이 날 괴롭혔지만…….

내담자: 괜찮아. 난 소중해. 그리고 너희 나한테 그러지 마.

상담자: 여러 사람 앞에서 말해야 할 때 잘 못할 것 같아서 두려우면……?

내담자: 누구나 말을 잘하는 건 아니야. 말을 좀 못하면 어때? 안 하고 참고 억울한 것보단 나아.

상담자: 잘했어. 정말 잘했어. 어때? 요즘도 옛날 생각 많이 나니?

내담자: 요샌 별로 생각 안 나요.

상담자: 다행이네. 우리 반 아이들은 놀리고 그런 애 지금도 없니?

내담자: 네. 없어요. 상훈이하고도 좀 친해졌어요. 며칠 전에 상훈이가 저희 집에 놀러 왔었어요.

상담자: 정말이야? 잘 됐네. 계속 친하게 지내 봐. 그런데 아직 발표는 별로 안 하더라.

내담자: (웃으며) 아직 잘 안 돼요.

상담자: 그래, 조금씩 나아질 거야. 기대할게.

소감 '합리적 자기 진술문' 숙제를 내 주었고 '합리적 자기 진술문'을 반복해서 연습해 보게 한 것이 내담자의 생각을 변화시키는 데 좋은 작용을 하고 있는 것 같았다. 시간을 두고 계속 반복해 나가다 보면 행동도 곧 변할 것으로 기대된다.

9) 실천적 노력의 강조

상담을 통해 바뀐 자신의 생각이나 행동이 내재화될 수 있도록 '자기 진술문'을 자기 방 거울에 붙여 놓고 하루에 3번 읽기로 하였다.

상담자: 앞으로 아이들이 너를 집단으로 괴롭히면 무슨 생각을 할래?

내담자: 난 집단 괴롭힘을 받을 만큼 형편없지 않아.

상담자: 너의 약점을 잡아 계속 놀려대고 괴롭히면?

내담자: 나한테 그러지 마. 너희는 얼마나 잘나서 그러니?

상담자: 그렇게 할 수 있겠어?

내담자: 조금요.

상담자: 앞으로 1주일 동안 매일 자기 진술문을 3번씩 읽어 봐. 더 많이 읽어도 돼.

소감 — 상담자는 내담자를 향한 꾸준한 관심이 필요하다. 매일 아침에 등교하면 한 번씩 진환이를 불러서 요즘 기분이 어떤지를 물어보았다. 아이의 과장된 말투나 동작이 조금씩 사라지고 자연스러워지고 있었다.

10) 고양 회기의 계획

다시 옛날 생각에 속상하고 억울한 마음이 들면 선생님에게 상담을 요청하라고 이야기했다.

상담자: 앞으로도 자꾸 옛날 생각이 나서 속상하고 집중이 잘 안 되면 선생

님한테 오거라.

내담자: 네. 선생님, 그런데요, 보람이하고 이따가 놀기로 했어요.

상담자: 좋겠네. 보람이하고 친해지고 싶다더니. 빨리 가 봐.

내담자: 네. 안녕히 계세요.

소감 상담 후 다시 만날 수 있다는 이야기로 여지를 남겨 주었지만 어쩐지 진환이는 이제 당분간 상담을 받지 않아도 될 것처럼 보인다. 사람에게서 받은 상처는 사람을 통해서 치유될 수 있다는 말이 있듯이 새로 사귄 친구들하고 놀 생각으로 옛날 기억은 조금씩 잊고 있는 것 같았다.

4. 상담 후기

상담을 끝내고 나서 내담자가 과장된 말투나 행동을 별로 하지 않게 되고 수업 시간에 멍한 모습도 덜 보이는 모습을 발견하면서 나름대로 위안이 되었고 작은 성취감도 느낄 수 있었다. 내담자의 지적 수준이 또래 아이들에 비해 낮지 않고 6학년이기 때문에 비교적 어휘 선택에 큰 어려움이 없었고 비교적 내가 원하는 방향으로 대답이 나와 주어서 상담을 주도해 나가기가 수월했던 것 같다.

내담자의 문제가 되었던 사건이 집단 괴롭힘이라는 다소 무겁고 심각한 문제와 연관되어 있고, 가해 아이들을 전혀 모르는 상황에서 인지치료로 접근하는 것이 쉽지만은 않았다. '이 문제가 과연 인지치료만으로 해결이 가능한 문제인가'라는 점도 걱정이 되었으며, 상담을 끝낸 지금도 제대로 잘해 낸 것인지에 대한 자신감은 들지 않는다. 단지 그동안 전혀 알지 못했던 REBT 상담기법이라는 것을 적용하여 내 생애 처음 제대로 된 상담다운 상담을 진행해 보았으며, 내담자인 아이의 표정이나 행동이 그 전에 비해 많이 자연스러워지고 밝아진 모습을 보면서 뿌듯함과 보람을 감출 수는 없다.

5. 사례의 해설

담임교사가 집단 따돌림에 대한 두려움에 휩싸여 있는 학생을 상담한 사례다.

학생은 이전 학교에서 집단 따돌림으로 학교생활의 적응이 어려웠기 때문에 이사를 해서 전학을 오게 되었고, 학생과 면담 중에 이 사실을 알게 되어 상담이 시작되었다. 이러한 문제를 REBT 상담 과정에 따라 어떻게 도와줄 수 있는지를 잘 보여 주고 있다. 특히 형식적 조작기로 진입하는 과정에 있는 초등학교 6학년 내담자에게 예화나 비유를 활용하며 비합리적 생각을 탐색하고 논박하는 과정이 잘 드러나 있다. 상담자가 담임교사로 교육대학원에서 상담심리를 전공하고 있는 상황, 즉 상담자로서의 풍부한 경험은 없지만 이론을 제대로 공부했을 때의 그 실력이 상담자에게 얼마나 좋은 결과를 산출하게 하는가를 극명하게 보여 주는 사례다.

1) 진행 과정의 좋은 점

(1) 심리적 문제의 탐색

상담자가 호소 문제인 집단 따돌림의 배경으로 내담자의 비합리적 생각인 "자신이 어떤 상황을 당하더라도 욕을 하거나 상대방에게 화를 내거나 싸움을 하면 안 된다."를 찾아낸 것은 REBT 상담을 하게 하는 결정적인 단서가 될 수 있다. 집단 따돌림을 당한 아이들이 대개 자신의 의사를 분명하게 표현하지 못하는 특성이 있는데, 이것은 바로 이러한 신념에서 기인하기 때문이다. 집단 따돌림이라는 큰 문제로 억울하거나 화가 나는 등의 정서적 문제와 수업 시간에 집중을 못하고, 발표를 잘하지 못하는 행동적 문제로 분류한 것은 REBT 식의 문제 분류로 볼 수 있다.

(2) 정서적 결과와 행동적 결과 그리고 사고 간의 관계에 대한 교육

이 부분에서 상담자는 '임금님 귀는 당나귀 귀'라는 예화를 이야기해 준 후 "화내고 싸우는 건 무조건 나쁘다는 것은 네 생각이야. 이 세상에 많은 사람들이 살고 있단다. 모습도 다르고 생각도 다 다르지. 모두가 착하고 올바르지만은 않아. 더구나 아이들은 더 그렇단다. 아직 옳고 그름을 잘 구별할 줄 몰라서 남의 약점을 가지고 놀리기도 하고 괴롭히기도 하지. 그때마다 무조건 참아야 할까?"라는 질문을 시작하여 내담자와 대화를 계속 이어 가면서 비합리적 생각을 탐색하는 하나의 방법인 추론 연쇄(inference chaining) 기법을 잘 활용하고 있는 점이 돋보인다.

(3) 탐색된 사고의 체계를 논박을 통해서 바꿈

여기에서 상담자는 내담자의 또 다른 비합리적인 생각을 찾아냈다. '남 앞에서, 특히 곤란한 상황에서 말하면 아이들이 나를 놀리고 비웃을 것이다.'라는 생각을 찾아내고 '헬렌 켈러'를 도입하여 "'나는 말을 잘 못해. 내가 얘기하면 애들이 웃을 거야. 어차피 싸우는 것도 나쁜데 괜히 말해서 더 놀림받는 것보다는 말을 안 하는 게 나아.'라고 생각하는 것이 너에게 도움이 되니?"라는 질문을 통해 비합리적 생각의 비실용성을 논박하는 것도 내담자의 생각을 쉽게 바꾸게 하는 데 도움이 된 것으로 보인다.

(4) 논박의 인지적 기법과 행동적 기법 및 정서적 기법을 활용

상담자는 여기에서 논박의 다양한 기법을 잘 활용하고 있는 것으로 드러난다. 내담자와의 역할 연기를 활용하여 행동적 논박을 시도하고 있는데 이는 135~136쪽의 내용에 잘 드러나 있다. 상담자는 또한 음식에 대한 비유를 활용하여 내담자의 비합리적 생각을 교정해 주고, 다른 학생들 앞에서 말을 할 수 있는 용기를 갖게 해 주고 있는 점이 돋보인다.

2) 진행 과정에서 보완해야 할 점

이 사례가 총 몇 회기에 걸쳐서 진행된 것인지에 대한 언급이 전혀 없다. 사례를 기술할 때에 언제, 어디서, 얼마 동안(시간 및 기간) 등의 기본적인 데이터를 꼭 기술해 주어야 한다. 그래야 이 사례에 대한 그림을 좀 더 명료하게 그릴 수 있다. (이후에 나오는 모든 사례에 해당된다.) 그리고 논박의 다양한 기법 중에서 제목과 달리 합리적·정서적 심상법과 같은 정서적 논박을 활용하지 못한 점이 아쉬움으로 남는다. 물론 논박을 할 때 모든 방법을 다 활용해야 하는 것은 아니지만 이 내담자에게 심상법을 사용했어도 작용했을 것 같기 때문이다.

저는 전교 왕따예요

| 집단 따돌림을 당하는 사례 |

1. 내담자의 기본 자료

1) 인적 사항

- 이름: 김은주(가명)
- 학년: 초등학교 6학년
- 성별: 여

2) 상담 경위

실과 교과 전담을 하고 있어 6학년 12개 반을 다 순회하게 되었다. 워낙 학생 수가 많다 보니 특별히 산만하다거나 문제가 발생했다면 모를까 얼굴이나 이름 외우기가 쉽지 않았다. 그러던 5월쯤 모둠별 요리실습을 하게 되었다. 김밥과 샌드위치를 모둠별로 선택하여 재료도 서로 분담하여 준비하면 된다. 내담자가 있는 반의 요리실습 시간, 방법 설명을 마치고 순회를 하던 중 혼자 책상 위에 재료를 잔뜩 올려놓고 앉아 있는 내담자의 모습이 눈에 띄었다. 자신은 왕따를 당하고 있으며 5학년 때도 그랬다는 것이다.

3) 내담자의 인상 특성 및 행동 특성

- **인상 특성**: 내담자는 살이 찌고 키가 큰 편이며 얼굴이 귀엽고 표정으로 봐서는 왕따를 당하고 있는지 파악이 안 된다.
- **행동 특성**: 일주일에 2번 들어가는 교과전담 시간에는 특별히 눈에 띄는 사항이 없었다. 다만 2인 1조로 선반제작 활동을 해야 하는데, 파트너가 내담자랑 하기 싫다고 한다고 도움을 요청해 왔다. 모두 2인 1조로 하는데 너희만 예외일 수는 없다고 각자 역할 분담을 해서 완성하라고 했다. 내담자의 파트너는 마지못해서 대답은 했지만 최소한의 배려만 해 주는 것 같았다.
- **담임교사와의 상담 내용**: 교우 관계가 없고 수업 시간에 집중은 하지 않으나 해야 할 과제는 하는 편이다. 공부에는 관심이 없고, 공부 이야기를 꺼내는 것을 제일 싫어한다. 부모님을 만난 적은 없으며 엄마는 딸의 능력을 과대평가하는 것 같고 상황도 잘 알지 못한다고 했다. 그나마 리코더 연주를 좋아해 학교 합주단 단원으로 활동하고 있다. 합주단 담당 교사의 얘기로는 처음에는 굉장히 산만하고 정신없게 행동하더니 요즘 들어 많이 차분해졌으며 합주반에 있는 1년 하급생 남학생에게 관심을 가져서 편지를 전하곤 했는데 거절당했다고 한다. 리코더는 썩 잘하는 편은 아니나 열심히 하려고 해서 계속 활동하게 되었단다.

2. 상담 문제

1) 문제 발견

공부 외에는 하고자 하는 의욕이 있어 평소에는 별 문제가 없어 보이나 짝을 이루어서, 또는 모둠별 활동을 할 때는 친구들에게 소외당하고 참여하지 못했다.

2) 상담 배경

요리실습 시간 및 선반제작 시간을 통하여 친구들에게서 따돌림을 당하는 것을 알게 되었고 담임 및 다른 교과 선생님께서도 내담자의 문제를 짚고 나왔다. 신체상의 문제는 없는데 공부에 관심이 없고 성적도 최하위라는 것이다. 본인은 별로 대수롭지 않게 생각한다는 점과 스스로 전교 왕따라 말하면서도 별로 속상해하지 않는 게 궁금하기도 하여 상담을 권유하게 되었다.

3. 상담 과정

1) 정서적 · 행동적 결과의 탐색(C)

- 사건: 친구들에게 따돌림을 받는다.
  = 비합리적 생각: 나는 전교 왕따이기 때문에 친구를 사귈 수가 없다.
- 정서적 결과: 자신감이 부족하고 소외감을 느낌

• 행동적 결과: 항상 혼자 행동함

상담자: 은주야, 안녕?

내담자: 안녕하세요.

상담자: 선생님과 함께 상담하는 걸 받아 줘서 고마워.

내담자: 네.

상담자: 왜 선생님이 은주랑 얘기하고 싶었을까?

내담자: 제가 전교 왕따라서요.

상담자: 전교 왕따?

내담자: 네. 친구들이 저하고는 안 놀아 줘요.

상담자: 언제부터 그랬는데?

내담자: 1학년 때부터요. 1학년 때 제 머리에 이가 있었어요. 그때 남자애가 나보고 더럽다고 놀렸어요.

상담자: 그 남자애는 지금 몇 반이야?

내담자: 우리 반이에요. 그래서 소문이 다 나서 저하고 반 친구들이 놀아 주질 않아요.

상담자: 그래서 은주의 마음은 어떤데?

내담자: 별로, 아무렇지도 않아요. 이제는 너무 익숙해서 그러려니 해요.

상담자: 정말 아무렇지도 않아?

내담자: 처음에는 많이 울기도 하고 집에 가서 엄마에게 얘기도 하고 했는데 엄마가 놀린 친구에게 전화해서 막 혼내고 그래서 이제는 말도 하지 않아요.

상담자: 많이 속상했겠구나.

내담자: 전에는요.

상담자: 친구들이 놀린다고 선생님께 말씀드려봤어?

내담자: 몇 번 해 보았는데요, 나중에 친구들이 더 나를 힘들게 해서 이제는 말도 하지 않아요.

소감 ─○ 회사원이신 아버지와 전업주부이신 어머니, 그리고 중학교 3학년 언니와 평범한 가정으로 가정에서의 문제는 없어 보인다. 엄마와 언니와는 이야기를 잘 나누고 있으며 방과 후 학원에도 다닌다고 한다. 단지 학교에서 친구들이 놀린다는 말을 하면 엄마가 문제를 만들어서 그 이야기는 잘 하지 않는다고 했다.

2) 상담 목표의 설정

- 결과적 목표
  - 정서적 결과 목표: 적극적인 마음과 자신감 회복하기
  - 행동적 결과 목표: 친구 사귀기

상담자: 기분이 어떠니?

내담자: 아무렇지도 않아요.

상담자: 지금처럼 지내는 것이 좋아?

내담자: 별로 힘들지도 않아요.

상담자: 앞으로 중학교, 고등학교를 가야 하는데 계속 친구가 없으면 힘들지 않을까?

내담자: (대답이 없음)

상담자: 학원 다닌다고 했지? 학원에서도 친구가 한 명도 없니?

내담자: 친하지는 않지만 조금 말하는 친구는 있어요.

상담자: 다른 친구들처럼 쉬는 시간, 점심 시간에 같이 어울리고 싶지 않니?

내담자: 처음에는 혜인, 주미랑 조금 친하기도 했는데요. 다른 친구들이 나를 놀리니까 점점 멀어졌어요.

상담자: 뭐라고 놀리는데?

내담자: 제가 뚱뚱하다고 돼지라고 놀리고요, 더럽다고 하고 공부도 못한다고 해요.

상담자: 그러면 이렇게 하자. 일단 친구들이 놀리면 가만히 있는다고 했잖아? 그런데 선생님 생각은 반응을 보였으면 좋겠어. 예를 들어 살이 찐 게 뭐가 어때서? 공부를 못하는 게 잘못이냐? 내가 얼마나 깨끗하게 하고 다니는데 더럽다고 하냐?

내담자: 때릴지도 몰라요.

상담자: 때리면 선생님께 말씀드려. 은주가 가만히 있으니까 더 놀리는지도 모르잖아?

내담자: 네.

상담자: 다음 시간에 올 때까지 몇 번 놀림을 받았고, 은주가 어떻게 반응했는지 말해 줘야 해?

내담자: 네.

상담자: 그럼 다음 시간에 만나자. 안녕

소감 오랫동안 친구들과의 교류가 없었고 워낙 놀림을 받다 보니 그러려니 하고 지낸다고 했다. 자칭 전교 왕따라고 스스럼없이 말하는 게 이해가 되지는 않았지만 그래도 속상해하는 것보다는 좋아 보였다. 하지만 스치는 표정에서 외로움을 읽을 수 있었고, 자신감을 갖고 친구에게 다가가 남들처럼 친구들과 어울리는 모습을 만들어 주고 싶다.

3) 선행사건의 탐색(A)과 명료화

1학년 때 우연히 머리에 이가 있는 것을 친구에게 들켜 버렸고 그로 인해 놀림을 받기 시작하면서 친구들에게 소외되기 시작하였다. 그러다 보니 스트레스로 살도 찌고 공부에도 흥미를 잃어 점점 스스로 마음의 문을 닫아버리게 되었다.

상담자: 오랜만에 보는 것 같구나! 잘 지냈니?

내담자: 네.

상담자: 리코더 발표회는 잘 끝났어?

내담자: 잘 했어요.

상담자: 리코더 연주를 잘해서 좋구나. 선생님도 리코더 연주를 잘하는데. 언제 같이 한번 해 봐야겠구나.

내담자: 선생님도요?

상담자: 그건 그렇고, 선생님이 지난번에 친구들에게 반응 한 번 해 보라고 했는데, 어떻게 했어?

내담자: 선생님이 말씀하신 대로 해 봤어요.

상담자: 몇 번 정도.

내담자: 많이요.

상담자: 그랬더니.

내담자: 그림 그리고 있는데 짝꿍이 싸인인 줄 알고 네 싸인 받아 줄 사람 아무도 없다고 해서 "싸인 아니거든, 참견하지 마."라고 했더니 왜 나대냐고 했어요. 그리고 더 심하게 대했어요.

상담자: 그래서 포기할 거야.

내담자: 아니요. 짝꿍이 또 내가 너하고 벌써 세 번째나 짝꿍이 되었다고 말해서 "내 마음대로 한 것도 아닌데 왜 그러는데?" 했더니 아무말

도 안했어요.

상담자: 그래, 자신감을 가지렴.

내담자: 네.

상담자: 다시 얘기해 보자. 1학년 때 머리에 이가 있어서 놀림을 받기 시작했고, 그 후에 뚱뚱하고 공부도 못한다고 놀림을 받으면서 왕따가 됐다는 것이지.

내담자: 네.

상담자: 선생님이 복도에서 가끔 쳐다보면 항상 혼자 앉아 있던데 머릿속에 항상 나는 왕따라는 생각 때문에 친구들한테 가까이 가지 못하는 거니?

상담자: 네.

소감 두 번째 만남이었는데 적극적이고 말도 참 잘했다. 1학년 때 머리에 이가 있는 것을 안 친구의 놀림으로 많이 괴로워했고 엄마나 언니한테도 도움을 많이 청했으나 지금은 모두 포기하다시피 받아들이는 상황이었다. 엄마도 속상해도 참으라고 하고 언니도 처음에는 학교까지 찾아와 도와주었는데 지금은 네가 깨끗하게 다니고 공부도 잘하면 놀리지 않을 거라고 스스로 알아서 하라고 했다고 한다.

4) 정서적 · 행동적 결과와 사고 간의 관계 교육(B–C)

사고와 정서 간의 관계에 대한 교육이 필수적으로 REBT 상담 과정 중에 일어나야 하므로 여기서는 예화의 방법을 활용하여 외부조건이나 환경이 내담자의 정서적 · 행동적 결과를 일으키는 것이 아니고 내담자가 지닌 신념 때문에 일어난다는 것을 교육하려고 하였다.

상담자: 기분이 어떠니?

내담자: 그냥 그래요.

상담자: 기분 좋은 것도 아니고 안 좋은 것도 아니고 그런 기분?

내담자: 네.

상담자: 은주가 '나는 행복해'하고 느낀 적은 없어?

내담자: 별로요.

상담자: 지난번 올림픽 때 박태환 기억나니? 왜, 금메달 땄잖아?

내담자: 알아요.

상담자: 어떻게 생각해? 지난번에 은주가 나는 1학년부터 왕따고 그래서 지금까지 왕따라고 했잖아? 박태환 선수는 지난번 올림픽에도 국가대표로 출전했었어. 그런데 출발 신호를 알리기 전에 먼저 뛰어드는 바람에 실격을 당했거든. 그래서 어린 박태환 선수는 굉장히 힘들어했대. 그때 박태환 선수가 힘들어서 수영을 포기했다면 오늘 같은 날은 오지 않았겠지? 더구나 아시아 사람들은 키가 작고 실력이 부족해서 아무리 노력해도 수영에서는 금메달을 딸 수 없다고 믿고 있었어. 그걸 박태환 선수가 깨 버린 거야. 아시아에서 최초로 말이야. 은주도 만일 '나는 왕따야.'하고 계속 생각하고 있으면 어떻게 될까? 계속 왕따라고 혼자 지낼 거야?

내담자: (대답이 없음)

상담자: 박태환 선수가 좋은 생각으로 열심히 노력해서 세계 최고가 된 것처럼 은주도 한 번 좋은 생각으로 바꾸어 보는 것이 어때?

내담자: 좋은 생각으로요?

상담자: 그래, 다음 시간에 자세히 얘기해 보자.

소감 만날수록 정이 많고 밝은 성격이라는 것을 알게 되었다. 왕따라는 생각이 점점 자신감을 잃게 만들고 친구들에게도 가까이 가지 못하고 항상 혼자 행동하는 것이 익숙해 있었다. 새로운 사실은 다른 반에 마음에 맞는 친구가 있다는 사실을 알게 된 것이다. 왕따이기 때문에 학교에서는 거의 만나지 않고 집에서 가끔 만난다고 했다. 그래서 왕따라는 생각을 버리고 그 친구와도 적극적으로 만나도록 권유하였다.

5) 생각의 탐색(B)과 상담의 과정적 목표 설정

내담자의 역기능적 스키마는 '나는 1학년 때부터 왕따였으며 지금도 왕따이고 앞으로도 계속 왕따가 될 것이다.'였으며 '나는 왕따이기 때문에 친구들이 나를 싫어하고 친구를 사귈 수도 없다.'는 비합리적인 생각을 가지고 있었다.

상담자: 지난번 말했던 친구와는 만났었니?

내담자: 네. 그 친구는 내가 눈도 예쁘고 살만 좀 빼면 미스코리아처럼 예뻐질 수 있다고 했어요.

상담자: 그렇게 좋은 친구가 있으면서도 왜 외톨이라고 생각할까?

내담자: 그냥. 1학년 때 나를 놀렸던 기현이가 우리 반에 있다는 것이 속상해요.

상담자: 왜?

내담자: 친구들에게 나에 대해서 다 말을 하고 다니니까 다른 애들도 나를 멀리 하거든요.

상담자: 그렇구나. 그 친구가 은주의 나쁜 점만 얘기하니까 은주도 속상하겠구나.

내담자: 네.

상담자: 아직도 은주를 놀리니?

내담자: 아직도 이가 있다고, 더럽다고 놀려요. 다른 친구들한테도 막 얘기

하고 다녀요.

상담자: 그래, 속상해?

내담자: 처음에는 속상했는데요. 계속 놀리니까 이제는 아무렇지 않아요.

상담자: 그래, 다행이다. 은주가 속상하게 생각하지 않으니까.

내담자: 오늘도 비행기를 접어 날리다가 제가 맞았거든요? 그런데 제 몸에 맞았다고 막 더럽다고 했어요.

상담자: 한마디 해 주지 그랬니?

내담자: 그러면 다른 친구들도 같이 더 놀릴 거예요.

상담자: 놀림받는 것이 싫지? 그럼 자신 있게 행동해 보면 어떨까?

내담자: 제가 싸움을 잘하거든요. 그런데 잘못 때렸다가 치료비를 물어 줘야 할지도 모르잖아요?

상담자: 그렇게 심하게는 말고. 그냥 네 의견을 말하라는 거야. 놀리지 말라고. 지금은 머릿니도 없고 나보다 더 뚱뚱한 친구도 많은데 왜 나만 놀리냐고.

내담자: (웃음)

상담자: 1학년 때 머릿니가 있는 걸 가지고 지금도 놀림을 받는 것은 말도 안 되는 일이야. 그 일 때문에 왕따당하고 친구도 사귈 수 없다는 것은 더더욱 비합리적이거든.

내담자: 네.

상담자: 용기를 내서 자신 있게 행동해 보자. 모든 친구들이 은주를 싫어하지는 않을 거야. 생각을 바꾸면서 친구들에게 가까이 가는 연습을 해 보자.

내담자: (계속 자신이 없는 표정이다.)

6) 생각(B)의 심층적 탐구와 기법

비합리적 신념의 탐색기법 중 귀납적 자각과 귀납적 해석의 방법을 사용하여 내담자의 비합리적인 생각을 찾아내는 데 노력하였다.

상담자: 은주가 전교 왕따라고 말했는데, 정말 그런지 보자. 우리 학교 6학년에 12반이 있어. 480명 정도 되는데 다 은주가 왕따라는 것을 알고 있을까?

내담자: 아니요.

상담자: 그런데 왜 전교 왕따라고 생각해?

내담자: 다른 반에도 아는 친구들이 많이 있고, 그 애들이 다 말했을 것 같아요.

상담자: 그것은 은주의 생각이지. 선생님이 보기에 다른 반에도 놀림을 당하는 친구들이 있거든. 그렇다고 그 애들이 다 전교 왕따라고 생각하고 있을까? (추론적 수준의 논박)

내담자: 그건.

상담자: 선생님이 보기에 은주는 좋은 점을 많이 갖고 있는 것 같아. 얼굴도 예쁘지, 리코더도 잘 불지, 말도 잘하고. 스스로 자신감을 갖고 지내도 될 것 같은데 왜 자꾸 움츠려드는 건지 모르겠구나.

내담자: (대답이 없음)

상담자: 은주야, 자존감이란 단어 알아?

내담자: 아니요.

상담자: 자신을 사랑하고 존중하는 거야. 이 세상에서 나보다 더 소중한 사람은 없거든. 누가 뭐라고 해도 은주는 은주 자신을 믿고 사랑할 필요가 있어. 은주보다 더 뚱뚱하고 몸이 불편해도 즐겁게 지내는

친구들이 많아. 은주는 살이 좀 찌기는 했지만 키가 커서 비만도 아니야. 자신감을 가지고 은주가 하고 싶은 일을 찾아서 해 보면 좋겠어. 참 엄마가 플루트를 가르쳐 준다고 했지. 음악 선생님도 은주가 단소를 참 잘 분다고 칭찬해 주셨어. 용기를 가져 보자.

내담자: 네.

상담자: 용기가 생기면 자신감이 생기고 친구들의 놀림에도 당당히 맞설 수 있을 거야. 다른 친구들처럼 똑같이 지낼 수 있다는 얘기야.

내담자: 해 볼게요.

상담자: 어떻게?

내담자: 친구들이 놀리면 놀리지 말라고 얘기하고 플루트도 배우고 선생님 말씀처럼 내 할 일을 열심히 하면서 자신 있게 지내고 싶어요.

상담자: 다음 시간에는 좀 더 은주의 생각을 다지는 시간을 가져 보도록 하자. 그리고 선생님이 숙제를 하나 내줄 테니 다음 시간까지 해 가지고 오렴.

소감 오늘은 귀납적 자각 및 귀납적 해석에 맞는 질문을 통해 비합리적인 생각을 탐색해 봄으로써 내담자의 비합리적인 생각을 더욱 확인하게 되었다. 내담자는 1학년 때부터 왕따였으며 지금도 왕따고 앞으로도 계속 왕따가 될 것이다. '나는 왕따이기 때문에 친구들이 나를 싫어하고 친구를 사귈 수도 없다.'는 비합리적인 생각을 가지고 있었으며 자신감이 없고 늘 혼자 행동하였다. 5학년 때는 담임선생님의 지도로 학급 어린이들에게 내담자에게 반성의 편지를 쓰라고 해서인지 놀림을 덜 받았다고 한다. 반성 편지는 지금도 가지고 있었으며, 내용을 보면 내담자도 다른 아이들의 마음을 상하게 하는 말을 하기도 했었다. 자신을 사랑하는 마음을 갖는 것이 중요함을 일러 주었다.

7) 논박(D)의 수행

논박의 인지적 기법 중 비합리적 생각의 비논리성과 비실용성을 사용하여 내담자가 자신이 지닌 비합리적인 생각을 변화시키고 논박의 정서적 기법과 행동기법을 활용하여 합리적인 사고를 할 수 있도록 도왔다.

상담자: 안녕.

내담자: 네. 안녕하세요.

상담자: 오늘은 은주랑 가장 중요한 만남이 될 것 같네. 지난 시간의 이야기를 이어가 볼까? 숙제는 해 왔니?(여론조사)

순서	이름	은주에 대해 어떤 말을 해 주었나요?	그 말을 들었을 때 마음이 어땠나요?
1	영어 선생님	착하고 인사를 잘한다고 함	별 생각이 없음
2	음악 선생님	리코더를 참 잘한다고 함	별 생각이 없음
3	엄마	예쁘고 미래가 충만하다고 함	별 생각이 없음
4	아빠	자기가 할 수 있는 일에 열심히 노력한다고 함	별 생각이 없음
5	언니	예쁘다고 함	별 생각이 없음
6	혜영	좋은 친구라고 함	기분이 좋아짐
7	연정	살만 빼면 예쁘다고 함	그냥 나쁘지 않음
8	담임선생님	관악기를 잘 다루며 할 일에 책임감을 갖고 잘한다고 함	담임선생님의 말씀을 듣고 나니 기분이 좋고 자신감이 생김

내담자: 네.

상담자: 어디 보자. 역시 선생님의 말이 맞았네. 은주가 이렇게 좋은 점이 많다는 것을 선생님은 처음부터 알았는데. 기분이 어때?

내담자: 나쁘지 않아요.

상담자: 아직도 왕따라고 생각이 드니?

내담자: 조금은요.

상담자: 그래, 은주를 이렇게 생각해 주는 사람들도 많은데 왕따라니?

상담자: '나는 1학년 때부터 왕따였고, 지금도 왕따이며, 앞으로도 왕따이기 때문에 나는 친구가 없다.'라는 생각이 어디에 써 있니?(논리성)

내담자: 아니요.

상담자: '나는 1학년 때부터 왕따였고, 지금도 왕따이며, 앞으로도 왕따이기 때문에 나는 친구가 없다.'라고 계속 생각하고 있으면 그 생각이 너에게 도움이될까?(실용성)

내담자: 아니요.

상담자: 그래. 나는 전교 왕따이기 때문에 친구들이 놀리는 것이 당연하고 속상해도 그대로 받아들인다는 생각은 바람직하지 않아. 친구들이 놀리면 왜 놀리는지 물어보고 은주의 생각을 말해야지.

내담자: 그러면 더 놀릴지도 몰라요.

상담자: 처음에는 더 놀릴지도 모르지만 은주의 생각을 진심으로 전하고자 노력한다면 친구들도 달라지지 않을까?

내담자: 네.

상담자: 은주야, 지금부터 선생님 말 잘 들어봐. 선생님이 어떻게 은주의 마음을 바꿀 수 있을까 고민하다가 네이버에 물어봤어. 왕따를 당하고도 훌륭한 사람이 된 위인이 누구였나 하고. 그랬더니 대표적으로 나폴레옹, 에디슨, 장영실, 뉴턴 이렇게나 많더라. 다 들어본 분들이지? 나폴레옹은 키가 작아서 놀림을 받았는데 독서를 통해서 이겨냈다고 했어. 부모님이 안 계셔서 할머니와 자란 뉴턴은 친구가 없어 늘 혼자였대. 하지만 그분들은 모두 큰일을 이루어 내셨잖아?(좋은 본보기의 인물 찾기)

내담자: 정말 그분들도 놀림을 받았어요?

상담자: 그분들도 놀림을 받았지만 독서를 하거나 좋은 생각을 통해서 이겨내서 훌륭한 사람이 될 수 있었던 거야.

내담자: 네.

상담자: 놀림을 받으면 속상하고 우울해서 주눅이 들기도 하겠지만 '나는 이제 머리에 이도 없고 나보다 뚱뚱한 사람이 더 많아. 놀린다고 기죽지 말고 은주가 좋아하는 악기 연주를 더 열심히 하면서 자신을 가졌으면 좋겠구나. 어때, 자신 있어?

내담자: 노력해 볼게요.

상담자: 자, '친구들에게 놀림을 받는다 해도 나를 좋아하는 사람도 많이 있어. 나는 내가 좋아하는 악기 연주를 더 열심히 하면서 미래를 위한 꿈을 키워 나갈 거야.'하고 자꾸 머릿속에서 반복해서 말을 하는 거야. 그러면 정말 네 꿈이 이루어질 거라 선생님은 믿는다.

내담자: 네.

상담자: 참, 지난번 1학년 때부터 너를 놀렸던 그 애 말이야.

내담자: 기현이요?

상담자: 그래, 오늘은 선생님이 기현이가 될 거야.(합리적 역할 바꾸기)

내담자: (궁금한 표정을 짓는다.)

상담자: 선생님이 기현이라고 생각하고 하고 싶은 말이 있으면 다 해 봐.

내담자: 지금은 머리에 이도 없고 더럽지도 않은데 자꾸 놀리지 마. 그리고 모르는 친구들에게 그 이야기를 하고 다니는 것을 보면 너무 속상해.

상담자: 속상한 마음을 좀 풀어봐. 어디 은주도 기현이를 한번 놀려볼까? 뭐라고 놀리고 싶니?

내담자: 깜둥이요.

상담자: 왜?

내담자: 피부가 좀 까매서요.

상담자: 실컷 놀려봐.

내담자: 깜둥이~, 쑥스러워요.

상담자: 그래, 그럼 내가 은주 할게. 은주가 기현이가 되고.

내담자: 야, 돼지야. 아우, 더러워.

상담자: 돼지가 뭐 더럽냐. 돼지가 우리한테 얼마나 소중한 동물인데. 너도 실과 시간에 배웠잖아. 좋은 생산품을 많이 제공해 준다고. 그리고 미니 피그 사진 봤잖아. 나는 집에서 키우고 싶던데.

내담자: (웃음)

상담자: 은주야! 은주가 놀렸는데 선생님이 어떻게 했어?

내담자: 별로 기분 나빠 하지 않았어요.

상담자: 별로 반응을 하지 않으니까 놀리는 게 재미없지?

내담자: 네.

상담자: 그래, 속상해하지도 말고 관심 없는 척 넘어가. 하고 싶은 말이 있으면 하고 말이야. 신경을 쓰지 않으면 친구들이 재미없어 해.

내담자: 네.

상담자: 우리는 나 때문이 아니고 친구 때문에 문제가 생긴다고 생각하기 쉬운데 곰곰이 생각해 보면 문제는 나에게 있는 경우가 많다고 해. 자신감을 가지고 친구에게 다가가는 연습을 해 보렴. 그러면 언젠가는 친구도 마음을 열고 은주한테 다가올 거야. (자신에 대한 무조건적 수용)

내담자: 네.

상담자: 은주야, 매일 아침 거울을 보잖아? 거울을 볼 때마다 마음속으로 '오늘 나는 학교에 가면 친구들이 나를 놀리고 따돌리겠지? 그런다 해도 나는 기죽지 않고 내 할 일을 열심히 할 거야. 놀리는 친구가 있으면 놀리지 않았으면 좋겠다고 말하고 친구들하고 함께하는 모둠 활동에도 열심히 참여할 거야.'라고 자신에게 큰소리로 말해 보

렴.(합리적 자기 진술 및 대화)

내담자: 매일 아침에요?

상담자: 그래. 학교 오기 전에 꼭 한 번씩 큰소리로 낭송하는 거야.

내담자: 네.

상담자: 놀림을 받았어도 훌륭한 사람이 된 나폴레옹이나 에디슨을 잊지 말고. 다음에 만나면 은주의 생각이 어떻게 바뀌었는지 물어볼 거야.

내담자: 네.

소감 논박을 통해 비합리적인 생각을 깨기 위하여 인지적 기법(논리적 일치성과 실용적 가치), 정서적 기법(자신에 대한 무조건적 수용, 합리적 자기진술 및 대화), 행동적 기법(여론조사, 합리적 역할 바꾸기, 좋은 본보기의 인물 찾기)을 적용해 보았는데 아직 초등학생이라 인지적 기법 및 정서적 기법보다 행동적 기법이 더 효과적임을 알게 되었다. 여론조사를 통해 모든 사람이 다 내담자를 싫어하는 것이 아니라는 사실을 알게 되었고 역할 바꾸기를 통하여 '나는 놀림을 받는 것이 당연하고 반응을 해서도 안 된다.'는 생각이 조금씩 변화를 보이기 시작하였다. 합리적인 자기 진술 및 대화를 사용하여 매일 아침 낭송함으로써 자신에게 용기를 북돋아주고 긍정적인 생각을 할 수 있도록 유도하였다. 상담을 하는 동안 자기에게 관심을 가져 주는 선생님이 있다는 사실이 좋았는지 표정이 많이 밝아졌고 스스럼없이 얘기도 잘 하며 조금씩 자신감도 가지게 되었다. 계속 내담자 자신의 소중함을 일깨워 주었고 자신감을 가지고 행동할 것을 강조하였다. 다행히 6학년이라 중학교 배정에 신경을 써서 좋은 친구가 많이 생겼으면 좋겠다는 얘기도 덧붙였다.

8) 정서적·행동적 효과 알기(E)

상담자: 아침마다 거울을 보면서 지난번에 연습했던 말을 거울 속의 은주

랑 이야기하니?

내담자: 매일은 아니고 몇 번 했어요.

상담자: 할 때랑 안 할 때랑 생각이 똑같니?

내담자: 아니요. 하는 날은 잘하겠다는 생각이 들고 자신감도 조금 생기는 것 같아요.

상담자: 그래, 바로 그거야. 네 생각이 어떠냐에 따라 네 행동도 달라질 수 있는 거야.

내담자: 네.

상담자: 앞으로 중학교에 가서도 너를 놀리는 친구들이 생겨날 거야. 그러면 선생님하고 상담하면서 주고받았던 말을 떠올려봐. 친구들이 놀리면 속상해하지 말고 자신감을 가지고 은주의 생각을 말하자. 받아들여지지 않는다 해도 항상 자신감을 가지고 생활하자.

내담자: 네.

상담자: 짧은 시간이었는데도 은주의 생각이 많이 바뀌어서 다행이야. 계속 긍정적인 생각을 가지고 은주가 좋아하는 악기 연습을 열심히 하렴. 참, 요즘 '베토벤 바이러스'라는 드라마 보니?

내담자: 몇 번 봤어요.

상담자: 그 드라마를 보면 악기를 좋아하는 은주에게 도움이 좀 되겠더라. 늦은 시간이지만 볼 수 있으면 좋겠구나.

내담자: 네. 열심히 해서 훌륭한 음악가가 되고 싶어요.

상담자: 오늘 선생님이 제일 듣고 싶은 말을 듣는구나!

9) 내담자의 적극적 참여를 통한 상담 목표의 달성: 숙제의 활용

상담을 통해 바뀐 합리적인 생각이나 행동이 내재화될 수 있도록 '자기 진술문'을 계속해서 낭송하게 하고 독서 및 일기 쓰기를 숙제로 제시하였다.

상담자: 얼굴이 많이 밝아졌네?

내담자: (웃음)

상담자: 자, 그러면 지난번 얘기했던 거울 속의 은주하고의 대화는 계속 했으면 좋겠고. 음, 은주야, 책도 좀 읽어 보면 어떨까?

내담자: 책이요?

상담자: 응, 지난번 놀림받아도 이겨냈던 위인들이 누가 있다고 했지?

내담자: 나폴레옹, 에디슨, 장영실…….

상담자: 그래, 그 분들의 전기를 은주가 읽어 보았으면 좋겠어. 그러면 은주에게 더욱 더 자신감을 키워 주는 답이 있을 것 같거든.

내담자: 전부 다요?

상담자: 일단 에디슨부터 읽어 볼까? 선생님이 상담 기념으로 선물해 줄게.

내담자: 네.

상담자: 읽고 난 다음에는 독서 일기도 간단히 써 봐.

내담자: 일기도요?

상담자: 그리고 선생님 보여 줘.

내담자: 네. 해 볼게요.

상담자: 은주는 잘할 수 있을 거야. 앞으로 나는 왕따라는 생각을 버리고 자신감을 가지고 학교생활을 하기를 바래.

내담자: 네.

상담자: 네 마음이 많이 편안해졌구나. 항상 지금처럼 즐거운 마음으로 지

내도록 해라.

내담자: 네.

상담자: 우리는 나 때문이 아니고 친구 때문에 문제가 생긴다고 생각하기 쉬워요. 하지만 곰곰이 생각해 보면 문제는 나에게 있는 경우가 많다고 해요. 친구에게 다가가는 연습을 해요. 그러면 언젠가는 친구도 마음을 열고 은주한테 다가올 거예요. 어때, 선생님의 말 기억하지?

내담자: 네. 감사합니다.

4. 상담 후기

자칭 전교 왕따라는 은주. 1학년 때 머리에 이가 있는 것을 남자아이에게 들켜서 그때부터 놀림을 당하고 공교롭게도 6학년이 돼서도 그 남자아이가 같은 반이 되면서 놀림의 딱지는 떨어지기는커녕 더욱 더 커져 전교 왕따라는 꼬리표를 스스로 붙이게 되었다. 상담을 하는 중 내담자 자신도 친구를 사귀는 방법을 잘 모르고 이기적인 면도 있음을 알게 됐는데, 너무 오래 소외를 당한 결과인지도 모른다. 1학년 때부터 쭉 놀림 받고 따돌림을 받았다는데 그동안 얼마나 마음 고생이 많았을까? 아예 마음을 접고 항상 혼자 행동하는 것에 익숙해 있었다. 상담을 하면서 내담자에게 많은 외로움이 묻어 있음을 알았고 자신을 점점 왜소한 모습으로 포장해 간다는 생각이 들었다. 다행히 내담자는 담임이 아닌데도 나를 잘 따라 주었고 스스럼없이 이야기도 잘했다. 은주는 '나는 왕따이기 때문에 놀려도 반응을 하지 말아야 하고 모든 일을 혼자 해결해야 하며 모든 사람들이 나를 싫어한다.'는 비합리적인 생각을 가지고 있었다. 여기에 대해서 상담자는 모든 사람이 다 은주를 싫어하는 것은 아니다. 놀림을 당하는 것을 당연하게 생각하지 말고 자신감을 가지고 반응을 보이고 '은주 자신을 사랑하라.'라는 합리적인 생각으로 바꾸게 하였다.

여론조사를 하는 중 친구들보다 주변 어른들에게 많이 다가간 점이 좀 아쉽기는 하지만 마지막으로 담임선생님께 꼭 해야겠다는 생각을 갖고 있었고, 담임선생님의 말이 굉장히 위안이 되었다고 한다.

숙제의 양이 조금 많다는 생각이 들었지만 초등학생에게는 독서보다 더 좋은 기법이 없는 것 같다. 아직 어려서 자가치료는 힘들다는 생각이 들었기 때문에 책을 통해서 합리적인 생각을 더욱 고양시키고 스스로 긍정적인 생각을 할 수 있기를 바랬다.

추후 지도로는 알토 리코더를 배우고 싶어 하여 1주일에 1회 정도 리코더를 배우면서 자연스럽게 얘기를 나누는 시간을 졸업 때까지 갖기로 했다.

중학교 가기 전에 살도 빼고 새로운 마음으로 친구를 많이 사귄다고 하였는데, 생각이 많이 긍정적으로 변화된 것을 표정만 봐도 알 수 있었다.

인지행동치료를 배우면서 내 자신도 많이 변화되었다. 항상 비합리적인 생각보다 합리적인 생각을 더 많이 떠올려 보고 스스로 어떤 기법이 적당할지 찾아 보는 습관이 생긴 것이다. 아직 첫걸음을 내디딘 것에 불과하지만 앞으로 계속 관심을 가져서 적용해 보고자 한다. "어쩜 그렇게 건강하세요?"라는 물음에 어떤 분이 그러셨다. 항상 긍정적인 생각을 하면서 사신다고. 그분이 말씀하셨다. "선생님, 제가 대학원을 2년 다니고 있는데요. 2년 동안 배운 것이 그거랍니다. 항상 긍정적인 생각을 하며 스스로 행복을 만들어가며 살아야 한다는 진리를 배웠어요."

아직도 부족함이 많다. 내 도움을 필요로 하는 아동들이 있기에 더 많은 발전이 있으리라 믿는다.

5. 사례의 해설

이 사례는 실과 교사가 모둠 활동을 하면서 다른 학생들과 어울리지 못하고 집단 따돌림을 당하는 내담자를 발견하여 상담을 권유하여 수행한 사례다. 1학년 때부터 따돌림을 경험한 학생으로, "나는 전교 왕따이기 때문에 친구를 사귈 수 없다."라는 생각에 사로잡혀 있었고 이는 내담자를 무기력한 상태로 만들었다. 이러한 생각을 상담자가 REBT에서 활용하는 여러 가지 기법을 통해 찾아내고 논박을 수행한 과정이 드러나 있다. 이 상담자는 교육대학원에서 상담을 전공하는 교사로서, 상담 업무에 초심자였지만 한 이론을 심층적으로 이해하고 적용한 결과를 잘 보여 주고 있다.

1) 진행 과정의 좋은 점

내담자는 친구도 없었지만 자신의 마음 상태를 잘 읽어 주고 정신의 근육이 잘 움직일 수 있도록 도와준 어른에 대한 경험도 없는 듯 보인다. 상담자가 고백하였듯이 상담하는 동안에 자기에게 관심을 가져 주는 선생님이 있다는 사실이 학생에게 정서적으로 안정된 환경으로 작용한 것 같다. 상담자는 수영 선수 박태환의 예를 활용하여 내담자에게 생각을 바꾸는 것이 얼마나 좋은 결과를 초래하는지를 생생하게 깨닫게 하고 있다. 또한 상담의 보조 전략으로 나폴레옹, 에디슨, 장영실 등의 역사적인 인물의 전기를 읽게 하는 독서치료법을 도입하여 그들이 놀림을 받았을 때에 어떤 자세를 취했는지를 알게 하여 내담자의 사회 학습이 간접적으로나마 일어날 수 있도록 도운 것은 돋보이는 부분이다.

2) 진행 과정에서 보완해야 할 점

상담자는 상담의 목표를 설정한 후에 소감에서 내담자가 자신감을 갖고 친구에게 다가가 남들처럼 친구들과 어울리는 모습을 만들어 주고 싶다고 고백하고 있는데, 상담은 상담자가 내담자를 어떻게 해 주는 것이 아니다. 내담자가 스스로 잘할 수 있도록, 즉 내담자가 친구들과 잘 어울리는 행동을 하도록 조력하거나 코치를 하는 과정임을 유념해야 한다.

내담자에게 숙제를 내주는 것은 좋으나 상담자가 일방적으로 지시하기보다 내담자에게 언제, 어디서, 어떤 방식으로 몇 번이나 할 수 있는지를 묻고 내담자와 합의하여 숙제를 내주는 것이 더 좋을 수 있었다.

상담 후기에서 상담자는 내담자가 자신이 담임이 아님에도 잘 따라주었다고 고백하고 있는데, 사실상 상담에서는 담임교사의 역할도 하고 상담교사의 역할도 하는 이른바 이중 관계(dual relationship)를 피하라고 가르치고 있다. 그것은 담임으로서의 역할과 상담자로서의 역할이 다르기 때문에 본연의 역할을 수행하는데 서로 방해가 될 수 있기 때문이다. 한국의 상황에서 어쩔 수 없이 담임교사나 이 사례에서처럼 교과 교사 등이 상담을 하고 있지만 향후 전문상담 교사가 학교마다 배치되어 이중 관계를 피하는 것이 가장 이상적이다.

상담자는 또한 상담 후기 말미에서 긍정적 생각을 하며 스스로 행복을 만들어가야 한다는 것을 고백하고 있는데, 사실 REBT 상담은 긍정적 사고를 강조하는 이론이 아니다. REBT 상담은 긍정적 사고를 넘어선 합리적 사고를 강조한다. 긍정적 사고는 어떤 점에서는 현실을 왜곡시킬 수 있는 위험이 있지만 합리적 사고는 현실을 있는 그대로 정확하게 볼 것을 강조한다는 점을 유념해야 한다. 무릇 모든 문제 해결의 출발점은 문제를 과장하거나 축소하지 말고 있는 그대로 보는 것이라는 사실은 아무리 강조해도 지나치지 않다.

2부

중등학생 사례

엄마는 엄마 인생을 살아도 돼요

| 어머니의 재혼을 걱정하는 사례 |

1. 내담자의 기본 자료

1) 인적 사항

- 이름: 김선경(가명)
- 학년: 중학교 3학년
- 성별: 여

2) 상담 경위

내담자는 평소에도 무척 잘 따르고 의지를 많이 하는 학생이다. 수업을 다 마친 후 근심 어린 표정으로 교무실까지 따라오면서 요즘 집에 들어가기 싫다고 했다. 엄마도 싫고 아빠도 싫고 동생도 싫고 모두 싫다고 했다. 어디 혼자 살 데가 있다면 혼자 살고 싶다고 했다. 그러면서 눈물이 핑 돌았다. '뭔가 도움을 구하는구나.' 하는 생각이 들어 상담을 시작하게 되었다.

3) 내담자의 인상 특성 및 행동 특성

- **인상 특성**: 내담자는 자그마하며 야무지고 귀엽게 생겼다.
- **행동 특성**: 밝고 명랑하며 때로는 산만하다 싶을 정도로 나서기를 좋아했다. 그러다가 때로는 잠에 취해서 정신없이 지낼 때도 있었다. 친구들과 사이좋게 지내기는 하는데 때로는 서로의 말 때문에 다투기도 하였다. 웃음소리가 크며 과장된 몸짓을 잘한다. 가끔 친구들과 채팅을 하다가 밤을 새는 경우가 종종 있어 주의를 주고 하루에 한 시간씩 시간을 정해 놓고 하라고 했더니 비교적 잘 실천하여 이후는 학교에서 잠에 취한 모습을 보이지 않는 기특한 학생이다.

4) 학부모와의 상담 내용

아버지가 결혼 초부터 폭력을 휘둘러 아이들 때문에 참고 살다가 결국 내담자의 적극적인 권유로 이혼하였다. 이혼할 때 양육비와 위자료도 전혀 받지 못하여 경제적으로 생계유지가 어려워 어머니가 대리운전을 하여 생계를 유지한다. 주로 밤에 일을 하므로 밤 시간에 아이들(중1 남동생 하나)만 집에 있게 되어 문제가 많지만 어쩔 수 없다.

5) 내담자의 강점과 약점

- **강점**: 상담자에게 자신의 감정을 솔직하게 표현하고 학급 일에 열심히 활동하며 한 번 한 약속은 지키려고 최선을 다한다.
- **약점**: 말이 많아서 수다를 떠느라고 시간을 많이 허비하며, 겉으로는 명랑한 듯 연기를 하는 듯이 생활한다.

아이들을 아빠에게 보내려 했으나 아들은 동의하여 가게 되고, 선경이는 강하게 갈등 중이다. 강하게 아버지를 거부한다.

2. 상담 문제

1) 호소 문제

집에 들어가기 싫다. 엄마도 싫고, 아빠도 싫고, 동생도 싫고 모두 싫다. 집에 들어가면 엄마는 없고 동생하고만 있어야 하는 것도 싫지만, 엄마가 아저씨와 재혼하려 한다. 또 내담자와 동생을 아빠에게 보내려 한다. 내담자는 아빠가 너무나 싫어서 이혼한 지금이 오히려 더 좋은데.

엄마가 재혼하는 것도 싫다. 재혼하지 않고 그냥 지금처럼 살았으면 좋겠다. 집에 들어가면 바로 짐을 싸서 아빠에게 보내 버릴 것만 같다. 그래서 가출해서 차라리 혼자 살 수 있으면 좋겠다.

2) 호소 문제의 배경

현재 사는 상황이 너무나 힘들어서 엄마는 동생과 내담자를 아빠에게 보내고 재혼하려 한다. 그래서 내담자와 계속 갈등을 빚는 중이다. 아빠와 사는 것보다는 차라리 가출해서 혼자 힘으로 살고 싶은데, 현실적으로 너무나 어렵다. 집에 들어가면 짐을 싸서 아빠에게 강제로 보내 버릴 것 같아서 집에 들어가기 싫다. 그런데 남동생은 아빠에게 가겠다고 한다. 어차피 밤에도 엄마가 없이 지하방에서 이렇게 힘들게 살 바에는 아빠에게 가는 것이 낫겠다고 가겠단다. 내담자와 생각이 다른 동생도 밉고, 부모도 밉고 모두 다 미운데 어떻게 해야 할지 몰라 상담을 해서 도움을 받고 싶다.

솔직한 속내는 엄마가 재혼을 하지 않고 현재처럼 그냥 살았으면 좋겠는데, 상담자의 도움을 받고 싶은 것 같다.

3. 상담 과정

1) 심리적 문제의 탐색(11월 8일 15:30~16:30)

- 정서적 문제: 힘들고 속상하다. 우울하다. 슬프다.
- 행동적 문제: 집에 들어가기 싫다. 눈물이 난다. 가출하고 싶다.

상담자: 집에 가기 싫다고?

내담자: 네.

상담자: 요새 뭔가 힘든 일이 있니?

내담자: 너무 힘들고 속상해요. (눈물)

상담자: 어떤 것이 선경이를 이렇게 많이 힘들고 속상하게 할까?

내담자: (흐느끼면서) 엄마가 아저씨랑 결혼한대요. 집에 들어가기도 싫어요.

상담자: 음. 엄마가 결혼하신다고?

내담자: 네.

상담자: 그래. 많이 힘들고 속상하겠구나.

내담자: 네. 저는 엄마의 사랑을 아저씨와 나누기 싫어요. 가출이라도 해서 저의 마음을 표현하고 싶어요.

소감 처음 일부러 상담자를 따라오며 집에 가기 싫다고 할 때 좀 당황스러웠다. 가정환경과 무관하게 참 밝게 잘 지내 왔었는데 많이 힘든 게 있구나 하는 생각이 들어서이다. 상담을 시작하고 많은 이야기를 솔직하게 이야기해 주어서 참 다행이고 고마웠다. 혼자서 끙끙거리다가 가출하거나 하지 않고 상담자에게 손을 내밀었다는 게 오히려 고마웠다. 그런데 REBT의 이론에 입각해서 상담을 하려고 하니 조금은 힘들었다.

2) 상담 목표의 설정

- 결과적 목표(내담자와의 대화를 통해 얻은 목표)
  - 정서적 결과 목표: 엄마가 결혼해도 속상하지 않아요.
  - 행동적 결과 목표: 집에 들어가기, 엄마와 대화 많이 하기, 엄마의 결혼 받아들이기
- 과정적 목표
  - 비합리적인 생각 교정하기

상담자: 음. 엄마가 결혼하지 않았으면 좋겠구나.

내담자: 네. 솔직히 엄마가 결혼하면 아저씨만 좋아할 테고, 또 아이를 낳으면 우리는 찬밥 신세 아니겠어요?

상담자: 그럼, 선생님과 상담을 다 하고 나면 선경이 마음이 어떻게 변했으면 좋겠니?

내담자: 엄마가 아저씨랑 결혼을 하지 않아서 속상하고 마음이 아프지 않고, 엄마와 전처럼 다정하게 지냈으면 좋겠어요.

- 내담자는 어머니가 결혼을 하면 자신과 동생을 버리는 것이라고 생각하니까 너무나 슬프고 우울했다.

• 어머니가 결혼하려면 자신과 동생이 아버지에게 가야 하는 것이 끔찍하게 싫다.

소감 단지 선경이의 마음 상태만이 아니라 엄마가 결혼하려 하는 상황까지도 바꾸어야 하는 목표라 부담이 되긴 했다. 상담자가 결혼하려 하는 상황을 바꿀 수는 없는 것이고 선경이가 편한 마음으로 결혼을 받아들이도록 마음을 바꾸도록 해야겠다. 참 어렵다.

3) 반응유발사건의 탐색과 명료화

상담자: 엄마가 아저씨랑 결혼을 하면 지금 당장 선경이가 힘든 것이 뭘까?

내담자: 아저씨는 진주에 살고 할머니랑 같이 살고 있어서 우리가 같이 살 수가 없어요. 같이 살고 싶지도 않지만요.

상담자: 그러면 어떻게 하라고 하시니?

내담자: 아빠에게 우리 둘이 다 가래요. 제가 아빠를 얼마나 싫어하는지 선생님은 다 아시잖아요.

내담자의 현재 상황

아버지의 음주 폭력으로 가정이 파괴되어 내담자의 적극적인 지지로 3년 전에 부모가 겨우 이혼했다. 당시 위자료, 양육비, 생활비 어느 것 하나 받지 못한 상황에서 이혼만 겨우 했다. 이혼 후 어머니와 남동생과 함께 단칸지하 방에서 어렵게 살고 있다. 어머니는 대리운전으로 겨우 연명하고 있으나 교통사고 후유증으로 일하는 것을 무척 힘들어한다. 현재 아저씨는 진주에서 꽤 부유한 편이며 어머니와 잘 맞는 것 같다. 선경이와 동생도 그 진주집까지 가서 할머니, 또 아저씨의 아들인 초등학생 두 명도 만나보고 왔다. 음주 폭력만 일삼던 아버지보다는 차라리 현재의 아저씨가 더 낫다고 한다.

상담자: 아빠에게 가라는 것 때문에 엄마의 결혼이 더 받아들이기 힘든 것이구나.

내담자: 네. 아빠에게 가느니 차라리 죽는 게 나아요. (진저리를 치며)

상담자: 그러면 아빠에게 가지 않으려고 엄마의 결혼을 못 받아들이는 거니?

내담자: 아뇨. 꼭 그런 것만은 아니고요. 엄마가 결혼을 하면 아저씨와 엄마의 사랑을 나누어야 하고, 또 (이런 말 하기도 싫지만요.) 동생이 태어나면 우리는 완전 구박덩이일 것 아니에요.

상담자: 엄마가 결혼하면 너희를 사랑하지 않을까 봐 두려운 거구나.

내담자: 네. 우리를 귀찮아하고 잊어 버릴거예요. 아마. (눈물을 흘린다.)

상담자: 그러면 엄마는 어떻게 하면 좋을까?

내담자: 아저씨와 결혼을 하지 않고 그냥 우리랑 살아요.

상담자: 엄마가 건강이 안 좋은 상태라면서?

내담자: 네. 얼마 전에도 누워서 꼼짝을 하지 않아서 119를 불렀어요. (흐느낀다.)

상담자: 많이 놀랐겠구나.

내담자: 네. 그때는 정말 무서웠어요. 엄마가 죽은 줄 알았어요.

상담자: 보호자도 없는데 어떻게 했니?

내담자: 이모가 가까이 살아서 이모를 불렀어요.

상담자: 다행이구나.

내담자: 엄마가 결혼하면 차라리 이모랑 살면 좋겠어요.

상담자: 이모네는 자주 가니?

내담자: 네. 이모네는 언니가 둘이나 있는데 잘해 줘요. 그래서 저는 좋아요.

상담자: 동생은 어떠니?

내담자: 동생은 아빠에게 가고 싶대요.

상담자: 그럼, 동생은 아빠에게 가고 선경이는 이모네 가면 될까?

내담자: 네. 그러면 지금보다 더 좋을 것 같아요. 솔직히 쌀도 없어서 이모네가 가져다주기도 했거든요.

상담자: 그래. 그러면 문제가 다 해결되었네?

내담자: (한참 생각하더니) 아니에요. 그건 차선책이고요.

상담자: 그럼 뭐가 문제일까?

내담자: 엄마가 결혼한다는 것 자체가 싫어요. 엄마의 사랑을 빼앗길 거니까요.

상담자: 엄마가 결혼하면 너희를 사랑하지 않을 거라고 생각하니?

내담자: 네. 우리를 사랑하지 않을 거예요.

상담자: 왜 그렇게 생각하지?

내담자: 아저씨는 아빠보다 자상하고 돈도 많고 잘해 줘요. 엄마도 아저씨랑 있으면 너무나 행복해해요.

상담자: 그러면 좋지 않니?

내담자: 엄마가 행복한 건 좋긴 한데 …… (한참 망설이다가) 아저씨랑 너무 행복하면 우리를 잊을 거고…… 그러면 우리는…….

상담자: 그래. 엄마가 결혼하면 너희에 대한 마음이 달라진다고 확신하는 거고, 그것이 염려가 된다는 거지?

내담자: 네.

소감 지금 내담자가 가장 슬프고 괴로운 건 어머니가 결혼한다는 것이다. 어머니가 결혼하면 사랑을 빼앗길 것 같아 두렵고, 또 끔찍하게 싫어하는 아버지와 살게 될까 봐 싫은 것이다. 그래서 결혼을 하지 않았으면 좋겠다는 것이다.

또 한편으로는 아저씨가 어머니에게 잘해 주고, 어머니가 행복해하는 걸 보면서 좋은 마음도 드는, 조금은 갈등 상태다.

어린 나이에 이러한 갈등을 겪어야 하는 선경이의 상태가 마음이 아프다. 한편으로는 민감한 남의 가정사까지 관여해야 하는 상황이라 마음이 무겁다.

4) 정서적 결과와 행동적 결과 그리고 사고 간의 관계에 대한 교육

상담자는 정서적 결과와 행동적 결과 그리고 사고 간의 관계에 대한 교육을 위해 예화를 사용하였다.(두 아이의 경우 예화)

상담자: 힘들고 속상하고 우울하고 슬픈 것이 다 무엇 때문이라고 생각해?

내담자: 엄마의 결혼요.

상담자: 그런데 선경이가 힘들고 속상하고 우울하고 슬픈 것은 꼭 엄마의 결혼 때문만일까? 엄마의 결혼 때문에 네가 우울해지는 것만은 아니야. 진짜 이유가 있어. 그것이 뭔지 아니?

내담자: 몰라요.

상담자: 알고 싶니?

내담자: 네.

상담자: 선생님이 예를 들어줄 테니까 잘 들어봐. 예가 끝난 다음에 선생님이 묻는 말에 잘 대답해 봐.

내담자: 네.

상담자: 중 3인 아이 두 명이 있어. 가 양과 나 양이라고 하자. 두 아이의 어머니가 다 이혼하고 아이를 돌보고 있었는데 재혼을 하려고 하는 거야. 그런데 가 양은 '그래, 이제 나도 이만큼 컸으니까 엄마도 엄마 인생을 찾아야지. 전에 아빠랑 살 때는 항상 싸우고 맞고 울고

지옥이었는데 저 아저씨랑 같이 계시는 엄마를 보니까 너무나 행복해 보인다. 내가 조금 서운하긴 하지만 엄마도 행복하셔야 하니까 내가 조금 사랑을 나누지 뭐.'라고 생각을 하고 재혼을 축하해 줬어. 그래서 가 양의 어머니는 너무나 행복하게 재혼을 했고 행복해하시는 엄마를 보며 가 양도 더불어 행복하고 아저씨가 고맙기까지 했어. 반면에 나 양은 '아니 엄마면 끝까지 자식을 책임을 져야지. 무슨 소리야. 자식을 두고 재혼을 하겠다니. 엄마는 나를 분명히 사랑하지 않는 거야. 재혼하면 나는 버림받을 텐데 뭐.'라고 생각하여 화를 내며 반대를 해서 결국 재혼을 못했어. 엄마는 항상 우울한 기분으로 지내며 힘들게 사시는데, 그 모습을 보면 또 나 양은 마음이 좋지가 않아. 자신 때문인 것도 같고. 그럼 여기서 가 양과 나 양 둘에게 무슨 일이 일어났니?

내담자: 엄마에게 사랑하는 아저씨가 생겼어요.

상담자: 그때 나 양은 무슨 생각을 했니?

내담자: 엄마면 끝까지 자식을 책임을 져야 하고, 재혼을 하면 나는 버림받을 것이라고 생각했어요.

상담자: 가 양은 무슨 생각을 했니?

내담자: 조금 서운하긴 하지만 엄마도 행복하셔야 하니까 사랑을 조금 나누자고 생각했어요.

상담자: 그래, 맞아. 엄마도 행복하셔야 하니까 사랑을 조금 나누자고 이해했어. 똑같이 엄마가 재혼을 하려고 하는데 가 양은 약간 서운하긴 하지만 화가 나지는 않았고, 나 양은 화가 나고 버림받을 거라는 생각이 들었어. 둘이 마음이 다른 이유는 무엇일까?

내담자: 음. 생각의 차이?

상담자: 그래. 똑같이 엄마가 재혼한다고 하는 상황에서 생각이 달랐지?

내담자: 네.

상담자: 그랬더니 뭐가 달라졌지?

내담자: 결과가 달라졌어요.

상담자: 그렇지. 어느 경우의 결과가 더 나은 것 같애?

내담자: 가 양의 경우요.

상담자: 그럼 나 양도 어떻게 하면 마음이 편하고 엄마와 모두 행복해질 수 있을까?

내담자: 나 양의 생각을 바꾸면요.

상담자: 그래. 어떻게 바꾸면 될까?

내담자: 엄마를 나 양 혼자만 차지하려 하지 말고, 엄마의 인생도 좀 생각해서 사랑을 좀 나눠도 된다고요.

상담자: 오, 맞아. 선경이는 영리해서 정말 잘 아는구나. 그리고 또?

내담자: 엄마가 재혼한다고 해도 반드시 나를 버리는 것은 아니라고 생각해요.

상담자: 그렇지. 엄마가 재혼을 하셔도 선경이의 엄마인 건 변해? 안 변해?

내담자: 안 변해요.

상담자: 그래. 그렇지. 그러면 현재 상황에서 무엇만 바꾸면 될까?

내담자: 저의 생각이요.

상담자: 그래. 금방 쉽게 바뀌진 않을지 모르지만 노력해 보자. 다르게 생각하고 바라보는 걸…….

내담자: (아무 말이 없다.)

상담자: 조금은 마음이 편해졌니?

내담자: 네.

상담자: 그래. 다행이다. 그럼 오늘은 시간이 많이 되었으니까 오늘 상담 내용을 잘 생각해 보고 그동안 생각 바꾸기 노력을 해서 다음 시간에 만나자.

내담자: 네. 고맙습니다. 안녕히 계세요.

소감 REBT 상담을 배우지 못한 사람들은 내담자가 속상하고 우울한 생각이 드는 것은 반응유발사건 때문이라고 보지만, REBT를 배운 사람들은 내담자의 비합리적 사고가 속상하고 우울한 감정을 유발한다고 본다. 따라서 상담자는 정서적 결과와 행동적 결과, 그리고 사고 간의 관계에 대한 교육을 예화를 통하여 실시하였다. 예화를 들려주기 전 내담자의 흥미를 돋우기 위해서 궁금증을 유발하는 방법을 사용하였고, 예화의 대상이 되는 아이의 또래와 상황을 내담자와 같은 상황으로 설정하여 더 공감대를 형성하려 하였다. 예가 적절하였는지 좀 의문이 들긴 하지만, 내담자가 생각의 변화가 핵심인 걸 이해는 한 듯하여 소기의 목적은 달성한 듯하다. 그러나 사춘기 소녀에게 엄마의 재혼을 이해하라고 하는 것 자체가 무리인 듯도 해서 마음이 좋진 않다. 그러나 현실이 그럴 수밖에 없는 상황이라 받아들이는 게 내담자에게 더 나은 상황을 만들 것 같아 유도하였다.

이후 다행히 어머니와 통화해 본 결과, 내담자가 원하는 대로 내담자는 이모네서 지내기로 하고, 동생은 아버지에게 가기로 했다고 한다.

5) 생각의 탐색(B): 내담자를 불행하게 만드는 근본적인 원인 사고의 탐색(11월 9일 15:30~16:00)

- 내담자의 비합리적 생각을 찾아서 비합리적 요소가 무엇인지 파악한다.

상담자: 기분이 어떠니?

내담자: 마음이 복잡해요.

상담자: 생각이 많구나.

내담자: 네.

상담자: 엄마랑은 이야기를 좀 해 봤니?

내담자: 네. 어제 엄마가 아파서 일을 못 나가셔서 솔직히 이야기를 했어요. 둘 다 많이 울었어요. (눈물이 핑 돈다.)

상담자: 음. 대화를 많이 해 보니까 엄마의 마음을 알게 되었니?

내담자: 잘 모르겠어요. 엄마 말씀은 엄마가 재혼을 하는 것은 동생과 저를 사랑하기 때문이래요. 교육비도 아저씨가 다 대 주기로 했다고 하고 우리한테도 아저씨가 잘해 줘요. 또 엄마도 아저씨가 좋고 아저씨도 엄마에게 잘해 줘서 좋대요.

상담자: 선경이는 그럼 지금 마음이 어떠니?

내담자: 엄마와 이야기한 후 더 혼란스러워요.

상담자: 어떤 것이 더 혼란스러운 거지?

내담자: 정말 선생님의 말씀처럼 엄마의 행복까지도 생각해야 하는 건지, 또 우리를 사랑하기 때문에 재혼을 하시는 건지. 재혼을 하면 우리를 버리지 않을 건지.

상담자: 그래. 지금 선경이가 가장 괴로워하는 것 중에 하나가 아버지에게 가는 것이었는데, 그건 잘 해결되었니? 어제 엄마랑 통화했는데…….

내담자: 네. 아빠보다는 이모네가 훨씬 좋고요. 동생은 아빠를 좋아해서 아빠에게 가겠다고 했어요.

상담자: 그래. 그럼 여전히 지금 선경이 마음을 괴롭히는 건 뭐지?

내담자: 엄마가 자식을 버리고 재혼을 하려고 한다는 것이요. 엄마의 행복을 위해서.

상담자: 엄마는 반드시 자식을 위해서 희생만 해야 한다고 생각하니?

내담자: 네. 그게 엄마잖아요. 엄마면 당연히 그래야죠.

상담자: 그래. 그러면 다음 시간에 선생님과 다시 만나 좀 더 이야기를 해 보자.

소감 예민한 사춘기 소녀라 더더욱 받아들이기 힘든 것 같다. 내담자의 비합리적 사고와 비합리적 요소를 탐색하였다.

- **비합리적 사고:** 엄마는 반드시 자식을 위해서 희생을 하여야 하며, 끝까지 자식을 위해서 살아야만 한다. 엄마가 재혼을 하면 우리는 버림을 받는다. 그것은 끔찍하다.
- **비합리적 요소:** 당위성, 과장성

6) 논박의 수행 – 탐색된 사고의 체계를 논박을 통해 바꿈

비합리적 사고를 합리적 사고로 바꾼다.

- **비합리적 사고:** 엄마는 반드시 자식을 위해서 희생을 하여야 하며, 끝까지 자식을 위해서 살아야만 한다. 엄마가 재혼을 하면 우리는 버림을 받는다. 그것은 끔찍하다.
- **합리적 사고:** 부모라고 해서 반드시 자식을 위해서 희생을 해야 하는 것은 아니다. 엄마도 행복을 찾을 권리가 있다. 엄마의 사랑은 영원하다.

상담자: 오늘은 기분이 좀 좋아 보이네?

내담자: 네. 다 잊고 주말에 이모네 가서 놀다 왔어요. 언니들이랑 놀면 마음이 편해져요.

상담자: 좋겠다. 선경이는. 좋은 이모랑 언니들이 있어서.

내담자: 네. 너무 좋아요. (웃음)

상담자: 지난 시간에 선경이의 마음을 계속 힘들게 하는 생각을 찾아봤었지? '엄마는 반드시 우리를 위해서 희생을 해야만 한다. 재혼을 하면 우리는 버림받을 것이다.' 라는 생각이었지? 맞니?

내담자: 네.

상담자: 선경이를 바꿀 수 있는 생각을 어떻게 바꿀 수 있을까?

내담자: 안 바뀌어요.

상담자: 음. 선생님이 한 가지 이야기를 들려 줄테니 잘 들어볼래?

내담자: 네.

상담자: 하느님이 어느 날 천사 세 명에게, "인간 세상에 가서 가장 아름다운 것을 한 가지씩 가져 오너라."라고 하셨대.

내담자: …….

상담자: 선경이는 이 세상에서 가장 아름다운 것이 뭐라고 생각하니?

내담자: 음. 꽃이요.

상담자: 그래? 무슨 꽃?

내담자: 빨간 장미꽃이요. 제가 가장 좋아해요.

상담자: 그래. 천사 한 명도 선경이랑 같은 생각을 했나 봐. 빨간 장미꽃을 한 바구니 가지고 갔어.

내담자: 또 다른 천사는요?

상담자: 응. 두 번째 천사는 지상에 내려와 가장 아름다운 것을 찾아다니는데 까르르 까르르 웃는 아기가 보였어. 세상에 그렇게 아름다울 수가 없는 거야. 그래서 바로 까르르 까르르 웃는 아기의 미소를 가지고 갔어.

내담자: 아. 아기의 미소도 예쁘겠다.

상담자: 그렇지?

내담자: 네.

상담자: 세 번째 천사는 이 세상에서 가장 아름다운 것을 찾아다니다가 아이를 사랑하는 엄마를 본 것이야. 그 어머니의 마음이야말로 세상에서 가장 아름다운 것이라고 생각하고 가지고 올라갔지.

내담자: 엄마의 마음을요?

상담자: 응. 그런데 천사들은 하늘나라로 순식간에 갈 수 있지만, 우리 인간

에게는 너무나 긴 시간에 해당되는 시간이란다.

내담자: 네에~.

상담자: 천사들은 하느님 앞에 가지고 간 세상에서 가장 아름다운 것을 하나씩 꺼내 놓았대.

내담자: 네.

상담자: 선경이는 무엇이 가장 예뻤겠니?

내담자: 장미꽃이요.

상담자: 그래~. 첫 번째 천사가 자신 있게 장미꽃을 한 바구니 내려놓았는데, 어땠겠니? 아까 하늘나라까지는 인간 시간으로는 긴 시간에 해당된다고 했지?

내담자: 아. 다 시들었겠어요. 안타깝다.

상담자: 그래. 맞아. 아름답던 장미꽃도 시간이 지나니까 너무나 추하게 시들어 버렸어.

내담자: 네.

상담자: 그다음 두 번째 천사는 뭘 가지고 갔다고 했지?

내담자: 아기의 웃음이요.

상담자: 그래. 어땠을까?

내담자: 여전히 아름다웠을 것 같아요.

상담자: 그래. 그랬으면 좋겠는데, 하늘나라로 가는 시간이 워낙 오래 걸려서 아름다웠던 아기의 웃음은 나이가 많은 욕심 가득찬 어른의 얼굴로 변해 있더래. 그 얼굴이 아름다웠을까?

내담자: 아니요.

상담자: 이제 뭐가 남았지?

내담자: 자식을 사랑하는 엄마의 마음이요.

상담자: 그래. 세 번째 천사가 가져갔지?

내담자: 네.

상담자: 엄마의 마음을 가지고 온 상자를 딱 연 순간, 젊었던 엄마는 나이가 들어 할머니가 되어 있었대. 그렇지만 자식을 사랑하는 엄마의 마음은 옛날이나 지금이나 똑같더라는 거야. 여전히 그대로 사랑하더래.

내담자: (눈물이 핑 돌며) 네…….

상담자: 어떠니? 공감이 되니?

내담자: 네.

상담자: 이 이야기에서 보면 가장 변하지 않는 것이 무엇인 것 같니?

내담자: 엄마의 사랑이요.

상담자: 그래. 선경이도 그렇게 생각하니?

내담자: 네. 맞아요.

상담자: 언제 느꼈지?

내담자: 제가 밤에 채팅하느라고 안 자고 학교에서 잠자다가 선생님께 혼나고 할 때도 속상해서 화내시면서도 사랑하는 게 느껴졌고요.

상담자: 또?

내담자: 제가 아플 때면 엄마가 더 아파하시면서 어쩔 줄 몰라 하세요. 제가 아픈 게 너무 미안해요.

상담자: 그래. 재혼하신다고 하신 후로 요즘은 어때?

내담자: 더 사랑해 주시는 것 같아요.

상담자: 그래. 엄마가 재혼을 하면 엄마의 사랑이 변할 것 같니?

내담자: (망설이다가) 아뇨.

상담자: 선경이는 그럼 이제 엄마가 재혼을 하시더라도 너희를 사랑하지 않는다고 생각 안 하겠지?

내담자: 네.

상담자: 지금도 버림받을 거라고 생각하니?

내담자: 아니요. 혹시 해서 불안했었는데 이제 조금 편안해졌어요.

상담자: 그래. 엄마가 너희에게 사랑을 주지 않고 변하는 게 아니라 무엇이 선경이에게 그렇게 믿도록 했을까?

내담자: 저의 마음이요.

상담자: 그렇지. 선경이의 마음, 즉 생각이 그렇게 될 것이라고 봤던 거지?

내담자: 네.

상담자: 그러면 선경이의 마음이 편해지기 위해서는 어떻게 하면 될까?

내담자: 생각을 바꾸면 되요.

상담자: 어떻게 바꾸면 될까?

내담자: 엄마는 항상 우리를 사랑하신다. 재혼하시는 것이 우리를 버리는 것은 아니다. 우리를 버리지 않는다.

상담자: 그렇지. 그러니까 한결 마음이 편안해졌니?

내담자: 조금은 그런 것 같기도 하고, 잘 모르겠어요.

상담자: 여전히 '엄마는 반드시 너희를 위해서 희생을 해야만 한다.'고 생각하니?

내담자: (기어 들어가는 목소리로) 잘 모르겠어요.

상담자: 엄마도 사람이잖아. 그리고 엄마이기 이전에 여자이고. 이 말은 네가 이해를 할 수 있을지 모르겠다만. 이제 선경이가 많이 컸으니까 잘 생각해 봐. 엄마도 행복할 권리는 있지?

내담자: 네.

상담자: 그런데 엄마가 행복한 상황을 만났어. 그러면 어떻게 해야 할까?

내담자: 그 상황을 잡아야죠.

상담자: 그래. 그러려면 엄마는 어떤 상황일까?

내담자: …….

상담자: 그래. 금방 생각 바꾸기가 좀 힘드니?

내담자: 네. 머릿속으로는 이해하는데, 마음은 힘들어요. '소라도 미진이도 이랬을까?' (혼자말로 중얼거림)

상담자: 소라, 미진이? (엄마가 재혼한 가정으로 상황이 비슷한 걸 알고 있으나 모르는 척 물어봄) 선경이랑 친하잖니.

내담자: 네. 상황이 저랑 비슷하잖아요. 부모님이 이혼 후 엄마랑 살다가 재혼하고…….

상담자: 그렇구나. 그럼 선경이가 염려하는 것을 물어볼 수 있겠다. 그렇지?

내담자: 네.

상담자: 그럼 그걸 숙제로 하자.

내담자: 무얼요?

상담자: 소라, 미진에게 네가 염려하는 것을 물어 오는 것……, 어떠니?

내담자: 네.

상담자: 그럼 다음에 또 이야기하기로 하자.

내담자: 네.

소감 짧은 시간에 금방 생각을 바꾼다는 것이 쉽지 않다는 걸 알지만, 엄마가 당장 재혼을 한다고 하시니까 그 안에 생각을 바꿔 보려고 한다. 좀 무리가 있는 것 같긴 하다. 다행히도 선경이가 솔직하게 감정을 이야기해 주고 상담자를 믿고 잘 따라 주어서 조금은 기대가 된다.

7) 숙제의 이용

상담자: 이야기해 봤니?

내담자: 네.

상담자: 한 번 보자꾸나.

내담자: (조사한 내용은 다음과 같음)

상황	소라의 마음이 어땠나?	미진의 마음이 어땠나?
처음 엄마가 재혼을 한다고 했을 때	엄마의 사랑을 아저씨에게 빼앗길까 봐 속상했다. 화나고 짜증나고 슬펐다.	아저씨와 자주 만나며 친해진 다음이라 좋았다. 엄마가 혼자인 것이 너무나 안돼 보였는데 잘됐다.
엄마가 재혼하고 난 후	아저씨는 나에게 잘해 주지만 아직은 내 마음이 완전히 좋지는 않다. 그래도 엄마가 행복해하니까 다행이다. 엄마도 예전처럼 사랑해 주신다.	아저씨도 선물도 많이 주고 잘해 주신다. 엄마가 행복해하니까 참 좋다. 아빠랑 살 때는 맨날 술냄새와 싸우는 소리, 엄마가 우는 소리만 들었는데, 지금이 훨씬 좋다.

상담자: 조사하면서 무엇을 느꼈니?

내담자: 소라를 보며 나와 똑같았구나. 나만 힘든 게 아니구나.

상담자: 그렇구나. 선경이가 세상에서 가장 힘든 줄 알았었는데 아니라는 걸 알았다는 거지?

내담자: 네.

상담자: 또? 엄마의 재혼 결과는 어땠대?

내담자: 엄마의 재혼이 전보다 더 좋았대요. 소라는 아직 완전히는 아니지만…….

상담자: 선경이가 염려하는 것처럼 엄마가 사랑이 변했거나 자식을 버렸대?

내담자: 아뇨. 똑같대요. 아저씨가 잘해 줘서 더 좋은 면도 있대요. 또 엄마가 행복해하니까 너무 좋대요.

상담자: 그래. 지난번 이야기와 계속 반복되니까 선생님의 이야기는 그만해도 되겠다. 선경이가 워낙 영리해서 스스로 정답을 다 찾아왔어요. (웃음)

내담자: (따라 웃으며 한결 밝은 표정으로) 마음이 조금은 편안해졌어요.

상담자: 다행이구나. 정말. 엄마와는 어떠니?

내담자: 엄마랑 대화도 많이 해요. 훨씬 사이가 부드러워졌어요. 예전만큼은 아니지만.

상담자: 그래. 차차 대화를 많이 하면 예전처럼 좋아지겠지.

내담자: 네.

상담자: 그럼 숙제를 하나만 내고 오늘은 이야기를 그만 할까?

내담자: 네.

상담자: 매일 아침 일어나서 두 번씩, 자기 전에 두 번씩 자기 암시문을 소리 내서 읽는거야.

내담자: 네.

상담자: 지금 한 번 읽어 볼래?

내담자: 네.

"부모라고 해서 반드시 자식을 위해서 희생을 해야 하는 것은 아니다. 엄마도 행복을 찾을 권리가 있다. 엄마의 사랑은 영원하다."

소감 조금씩 비합리적 사고를 찾아내 합리적 사고로 전환시키려는 과정이었는데, 적절한 예화가 떠오르지 않아서 절친한 친구 사이의 경우를 조사해 오게 한 다음 그것을 이용하였다. 오히려 먼 이야기 같은 예화를 소개하는 것보다 친한 친구의 예를 드는 것이 선경이에겐 더 피부에 와 닿은 것 같다. 많이 밝아지고 마음의 안정을 찾은 것 같아 뿌듯하다.

8) 생각의 변화를 지속시키기 위한 노력

상담자: 아침에 일어나서, 저녁에 잠자기 전에 자기 암시문을 읽어 봤니?

내담자: 네.

상담자: 저번에 상담할 때와 비교해 마음이 어떠니?

내담자: 비슷해요.

상담자: 오. 그래. 훌륭하다.

내담자: 자기 암시문을 소리 내어 읽고 나면 다시 제 마음이 더 흔들리지 않아요.

상담자: 그래. 선경이의 마음도 편안했어?

내담자: 네. 엄마가 많이 놀라워하세요.

상담자: 음. 다행이다. 정말. 계속 자기 암시문을 되뇌면 더 좋아질 거야.

내담자: 네.

소감 자기 암시문의 효과가 무척 좋은 것 같아 다행이다. 선경이가 상담자의 요구대로 잘 따라 주어서 효과가 좋은 것 같다.

9) 상담을 통해 바뀐 태도와 행동의 변화에 대한 점검

상담자: 엄마가 선경이의 어떤 모습에 가장 놀라시니?

내담자: 엄마가 재혼한다고 하신 이후로, 상담하기 전에는 엄마랑 대화도 안 했어요. 그런데 요즘은 제가 전처럼 엄마랑 대화도 많이 하고, 또 엄마가 행복하다면 재혼을 하시라고 했더니 눈물을 흘렸어요.

상담자: 그랬니? 정말 잘했다. 역시 선경이는 선생님이 본 것처럼 영리하고 이해력이 뛰어나.

내담자: 히히.

상담자: 이제 예전의 선경이로 완전히 돌아간 거니?

내담자: 네. 사실 만날 술만 먹고 싸우고 때리던 아빠보다는 잘해 주는 아저씨가 더 좋아요. 그리고 엄마가 아저씨랑 계시면 소녀 같아져요. 억센 아줌마가 아니라.

상담자: 그래. 선경이 정말 대견하다.

내담자: 이번 일요일에는 아저씨가 서울에 오시기로 했어요. 저 졸업 선물로 디카 사 주신대요. 동생은 아저씨보다는 아빠를 더 좋아하나 봐요. 곧 아빠에게 가요. 저는 이모네로 가고요. 엄마는 진주로 가고요.

상담자: 그래. 선경이도 이제 미용고등학교에 진학하니까 곧 독립할 수 있을 거야.

내담자: 네. 아저씨가 학비를 대 주신다는데, 제가 미용실에서 아르바이트하면서 기술도 익히고 돈도 벌고 할래요. 저도 다 컸잖아요?

상담자: 아이고. 우리 선경이가 정말 대견하구나. 선생님보다 더 어른스럽네. 한 번 안아 줄게.

내담자: 네.

상담자: 지금의 마음처럼 항상 씩씩하게 지내자. 그리고 엄마에 대한 생각이 바뀌려고 하면 자기 암시문을 외는 거야. 알았지?

내담자: 네.

상담자: 비단 엄마에 대한 생각만이 아니라 모든 데 다 적용을 하면 되는 거야. 예를 들어 소라가 선경이와 친하다가 미진이와 더 친하게 지내면 전에는 속상했지?

내담자: 네. 이제는 알아요. 어떻게 자기 암시를 하는지.

상담자: 그래. 어떻게 하면 될까?

내담자: '소라는 나와만 반드시 친하게 지내지 않아도 돼. 미진이도 친구인데 더 친할 수도 있지 뭐. 나도 꼭 친구랑 같이 다녀야 하는 것은 아니야. 때로는 혼자 다녀도 돼.' 이렇게요.

상담자: 아이고. 정말 우리 선경이 영리하고 대단하다. 선생님보다 낫네? 선생님은 이런 내용을 배울 때 여러 번 훈련한 다음 선경이처럼 깨쳤는데…….

내담자: (쑥스러워하며) 에이. 선생님도…….

상담자: 그래. 그동안 선생님과 상담하면서 효과가 있었다고 생각하니?

내담자: 네. 완전요.

상담자: 그래. 그럼 앞으로도 힘들 때 있으면 상담하러 찾아오고. 선경이가 생각한 대로 고등학교 가서도 열심히 잘해. 장학금도 타고.

내담자: 네. 고맙습니다.

상담자: 참. 엄마는 언제 가시니? 너희는?

내담자: 12월 초에 각자 다 가요.

상담자: 그래. 씩씩하게 지내렴.

소감 상담 결과가 효과가 있다고 내담자가 이야기를 하고 상담자가 보기에도 효과가 있어 보여서 참 뿌듯하다. 또다시 상담하러 찾아와도 된다고 문을 열어 두어서 내담자에게 심리적 안정감을 더 준 것 같다.

4. 상담 후기

7반에 담임선생님을 무척 싫어하는 아이도 상담을 하긴 했는데, 평소 내 방법대로 두서없이 해 버렸다. REBT 이론을 적용하다가 보면 순서도 없이 뒤죽박죽이었다.

또 유난히 수학 선생님을 싫어하고 전반적으로 학교에 흥미가 없는 아이와 담임선생님께 거의 히스테릭한 반응을 보이는 아이도 상담을 하긴 했지만 마찬가지 이유로 기록이 어려웠다. 그래서 선경이 상담 내용을 과제로 했는데, 많이 미흡하다. 공부를 하면서 하긴 했는데 아직 나 스스로 이론을 완전하게 깨치지 못한 것 같아 속상하다.

5. 사례의 해설

중학교 3학년인 내담자의 어머니는 내담자 아버지의 폭력으로 인해 이혼하고 혼자 어렵게 가정을 꾸려가던 중에 새로운 남자를 만나서 재혼을 하려는 계획을 세우고 있다. 내담자는 어머니가 재혼을 하는 것은 자신과 동생을 버리는 것이라는 생각에 괴로워하다가 상담을 청하게 된 사례다. 이 사례는 중학교에서 교과담임인 상담자에 의해서 수행되었으며 상담자는 교육대학원에서 상담심리를 전공하고 있다. 상담자는 REBT 상담(인지정서행동치료) 방법에 의해서 내담자의 사례를 개념화하고 REBT 방식과 절차에 따라 총 2회기 동안의 상담을 진행하였다. 초단기 사례이지만 비교적 REBT의 구조화된 절차가 잘 드러나고 있고 내담자의 문제를 REBT적 관점에 따라 정확하게 진단하고 그에 따른 문제를 잘 조준하였기 때문에 비교적 좋은 결과를 산출한 것으로 보인다.

1) 진행 과정의 좋은 점

내담자의 호소 문제인 우울과 슬픔은 '어머니는 반드시 우리를 위해서 희생해야만 한다.' '어머니가 재혼을 하는 것은 자신과 동생을 버리는 것'이라는 추론적 수준의 생각에서 기인한 점이라는 원인을 파악하여 내담자에게 예화를 활용하여 생각과 정서의 관계를 설명하고 있는데, 내담자는 이를 비교적 잘 이해하고 있는 듯이 보인다. 인지발달 단계가 아직 형식적 조작기에 들어가지 못한 내담자와 같은 수준의 청소년들은 추상적 사고나 가설적 사고가 어렵기 때문에 비유를 활용한 설명을 통해 이해를 돕는 것이 바람직하다. 상담자는 또한 논박의 과정에서 또 다른 예화를 활용하여 내담자의 생각이 건강한 삶에 도움이 안 된다는 것을 재빨리 파악하도록 돕고 있다. 숙제를 활용하여 내담자가 처한 상황과 유사한 상황에 처한 친구들에게 엄마의 재혼으로 인한 심경의 변화를 물어보게 한 것도 내담자가 자신의 생각을 바꾸는 데 기여를 한 것으로 보인다.

학부모와 언제 어떻게 상담이 이뤄졌는지는 드러나지 않으나 학부모를 상담하여 내담자를 통합적으로 이해하려는 시도는 좋은 점으로 판단된다.

2) 진행 과정에서 보완해야 할 점

상담자는 내담자의 문제에 대한 반응유발사건의 탐색과 명료화를 한 후에 상담자의 소감에서 민감한 남의 가정사까지 관여해야 하는 상황이 마음이 무겁다고 고백하고 있다. 상담자는 이러한 유형의 문제보다 더 민감하고 어두운 문제까지 다루어야 하는 사례가 비근하다. 스탠퍼드 대학의 명예교수이며 정신과 의사로 상담을 하고 있는 상담의 대가 얄롬(Irvin Yalom) 박사는 이렇게 고백하고 있다.

> "매일 환자들은 그들의 비밀, 전에는 한 번도 다른 사람과 공유하지 못했던 비밀을 상담자에게 털어놓는 식으로 나를 영광스럽게 만든다. 그런 비밀을 받아들이는 것은 아무나 가질 수 있는 특권이 아니다. 그 비밀은 사회적인 장식이나 역할극이나 허세나 연기 따위가 없는 인간의 조건의 뒷모습을 보게 한다. 그래서 나는 인간 조건의 진실과 비극을 제대로 명백하게 알게 되는 축복을 알고 있다."
>
> – 이혜성 역, 『심리치료와 인간의 조건』 중에서

상담자는 이제부터 내담자의 가정사를 관여하는 것이 상담자의 호기심을 충족하기 위한 것이 아니고 내담자를 잘 돕기 위해서 이루어져야만 하는 치료적 차원의 개입이라는 점을 인식해야 할 것이다.

생각의 탐색 과정에서 내담자는 "정말 선생님 말씀처럼 엄마의 행복까지도 생각해야 되는 건지. 또 우리를 사랑하기 때문에 재혼을 하시는 건지. 재혼을 하면 우리를 버리지는 않을 건지"라고 말하고 있다. 상담자는 이 반응에 대해서 구체적으로 더 질문을 해야 한다. 예를 들면 엄마가 재혼하는 것을 바로 너희를 버리는 것이라고 생각하는데 재혼을 한다고 해서 엄마가 너를 버리는 증거가 무엇인가? 엄마가 너에게 더 잘해 주기 위해서 재혼을 할 수도 있지 않은가? 등으로 질문을 계속하면서 내담자의 비합리적 신념의 세계를 더 탐색해 들어가지 못한 점이 아쉽다. 상담자는 최종적으로 "부모라고 해서 반드시 자식을 위해서 희생해야 하는 것은 아니다. 엄마도 행복을 찾을 권리가 있다. 엄마의 사랑은 영원하다."는 신념을 대안적으로 제시하고 있는데, 이것보다는 "엄마가 재혼을 하는 것이 엄마가 자식을 위한 희생을 포기하는 것이 아니다. 엄마의 자식 사랑과 엄마의 재혼은 연장선상에서 볼 수 있는 것이 아니다."라는 생각이 대안 신념으로 더 적절해 보인다. 왜냐하면 엄마가 재혼을 하는 것은 바로 자녀를 위한 희생을 포기하는 것으로 보는 것은 단선적이기 때문이다. 엄마가 재혼을 하더라도 엄마는 엄마로서 얼마든지 자신의 분신인 자녀를 위해서 희생할 수 있는 방법이 있다. 또 엄마는 자녀를 위해서 희생을 해야만 자녀에 대한 위대한 사랑을 베푸는 것처럼 비춰지는 것도 위험하다. 엄마가 희생이라는 이름을 걸지 않더라도 엄마는 얼마든지 자녀를 사랑할 수 있기 때문이다. 독자들은 이처럼 상담 과정에서 내담자의 인지 구조를 다루는 것은 단순한 것은 아니라는 점을 기억하기 바란다.

마지막으로 아쉬운 점은 본 회기를 통해 바뀐 내담자의 생각이 유지되고 궁극적으로 내담자의 인지 구조 속에 편입되었는지를 추수 회기를 통해 확인할 방법을 마련해 두지 않은 점이다.

나는 모든 사람에게 사랑받고, 인정받고 싶어요

| 지나친 인정욕구 호소 사례 |

1. 내담자의 기본 자료

1) 인적 사항

- 이름: 김수현(가명)
- 학년: 중학교 3학년
- 성별: 남

2) 상담 경위

2년 전 담당 학급의 학생으로 상담을 하다가 방학 중 봉사활동을 계기로 다시 상담이 이루어졌다. 다른 사람들이 이상하게 보는 것 같아 화가 난다고 하여 3회에 걸쳐 상담이 이뤄졌고, 학년이 올라가면서 상담이 이루어지지 못하다가 3학년이 되면서 학교생활과 교회 생활에서 스트레스를 받아서 다시 찾아왔다.

3) 내담자의 인상 및 행동 특성

165센티 정도의 키에 준수하며 수줍음을 많이 타고, 다소 구부정한 자세로 시선 마주치는 것을 어려워한다.

4) 이전 상담 경험

1학년 때 담임 학급의 부반장을 맡은 학생으로 학급 업무(출석부 챙기기, 이동 수업 시에 교실 문 잠그기, 수행평가 걷기 등)를 야무지게 했다. 방과 후에 간단한 먹을거리를 사 주고 이야기를 한 것이 상담의 시작이었다.

5) 내담자의 호소 문제

평소에는 별로 어려움을 겪지 않지만 아이들과 같이 하는 일(수행평가, 교회 일)에 너무 집착하고 그 일이 잘 되지 않았을 때에는 폭발할 것 같은 분노와 자신에 대한 좌절과 우울 증상이 나타난다. 다른 사람들과 잘 지내고 싶은데, 어울리기가 어렵다.

6) 가족 관계

- 아버지(49): 초등학교 졸업, 농사를 짓고 계시며, 책임이 강하시고, 보수적이시고, 무척 엄하심.
- 어머니(49): 초등학교 졸업, 노는 것을 무척 좋아하시고, 집안 정리를 너무 못해서 아버지에게 핀잔을 듣는다.
- 큰누나(23): 직장인, 직장 관계로 서울에 거주.
- 작은누나(21): 직장인, 직장 관계로 서울 근교 거주.

2. 상담 과정

1) 치료적 관계의 구축

내담자의 주요 호소 문제를 들으면서 내담자의 감정에 대해 충분히 공감해 주었다. 가정 내에서 독자이다 보니 부모님의 기대가 크고 특히 아버지와는 감정적인 교류를 거의 하지 못한 채 일방적인 지시와 복종의 관계가 이어져서 불만을 가지고 있었다. 누나들 역시 이미 성인이 되어 집에서 같이 생활하지 않아서 이런 심정을 토해 낼 곳이 없었다. 그나마 심적으로 기댈 수 있는 존재가 작은누나라고 했다. 작은누나의 부재를 많이 아쉬워했다. 학교생활에서도 아이들과 지내기가 어렵다고 하여 여러 가지 불만을 상담을 통해 잘 해결하고 도와주겠다고 약속했다.

2) 내담자의 현재 상태

- 학업: 상위권에 속해 있음.
- 친구 관계: 사람들을 좋아하기는 하나, 친해지는 것을 어려워하고 친한 친구도 거의 없음. 교회 동아리에서 회장을 맡기는 했으나 회원들과도 서먹서먹한 상태임.
- 가족 관계: 누나들과 친하게 지내고 있으나 아버지는 너무 무서워서 거의 대화가 어려움. 어머니와는 관계가 좋음.
- 진로 영역: 사대나 교대에 진학해서 선생님이 되려고 함.

3) 상담자가 본 내담자의 문제

(1) 대인 관계 시 원만한 의사소통 부적절

동아리 회장이나 교회 회장을 맡았을 때 회원들과의 원만한 의사소통 없이 독자적인 생각과 행동으로 오해하고 좌절하는 상황을 반복하고 구성원의 요구를 모두 들어주어야 한다고 생각한다.

(2) 절제된 감정 표현

학교생활이나 집에서 보여 주는 모습이 교류되는 모습이 아닌 일방적으로 지시되고 순응하는 생활양식 속에서 적절한 감정 표현을 하지 못한다. 교우 관계에서도 이와 같은 긴장불안이 계속 이어지고 관계가 원만하지 못하면 나에게 문제가 있는 것이 아닌지 스스로를 자책하며 자기 비하에 빠진다.

(3) 정서적인 불안한 행동양식

농사를 지으시는 부모님의 과대한 기대치와 부모님 간의 갈등으로 기질적으로 약한 내담자가 책임감에 대한 억압으로 불안한 행동양식을 보인다.

(4) 억압된 감정이 많다

적절한 시기에 표현하지 못하여 억압된 감정이 많고 그로 인해 순간적으로 폭발하는 경향이 있다.

3. 상담 목표 및 전략

- **상담 목표**: 신뢰할 수 있는 상담 관계를 형성해서 내담자가 자신을 이해하고 드러낼 수 있도록 돕는다.

- 전략
  - 자신이 가지고 있는 장점을 인식하고 자신감을 회복하도록 한다.
  - 진로 선택이 갈등의 어려움을 다루고 학교생활에 잘 적응할 수 있도록 돕는다.
  - 적절한 상황에서 적절하게 감정을 표현하고 의사소통하는 법을 습득하도록 돕는다.

1) 상담의 진행 과정

(1) 초기 상담 과정(1~2회): 내담자의 호소 문제에 대한 개념화와 상담의 목표 설정

 **1회 상담**

성격 문제와 진로에 대한 상담을 했으면 좋겠다. 중학교 3년 동안 많이 외로웠고, 힘들었다. 앞으로는 달라진 모습으로 활기차게 생활하고 싶다. 다른 교과목 선생님들에게도 "너무 집착이 강하다."라는 얘기를 듣는다. 요즘 컴퓨터 학원에 다니고 있는데, 여자 친구를 만나기 위해서다. 학원에서 배우는 것에는 마음이 없고, 여자 친구에게 마음이 있는데 학원에 가도 별로 얘기할 수도 없고, 그 친구는 묻는 말에만 짧게 대답할 뿐이다. 나만 좋아하는 게 아닌지 바보 같은 생각이 든다. 그러면서도 여자 친구에게 신경 쓰고 있으면 안 된다는 생각이 자꾸 든다고 한다.

- 숙제
  - 내담자의 장점 기록해 오기

 2회 상담(숙제 점검)

• 강점

- 끈기가 있다.
- 성실하다.
- 신뢰하는 사람의 말을 잘 듣고 실천하려고 한다.
- 학교 성적이 좋다.

• 상담 내용(축어록)

상담자: 이제 우리가 상담을 시작하면 녹음을 하려고 하거든. 괜찮겠니? 녹음을 하면 상담이 더 잘 이뤄지고 정리도 될 것 같아서…….

내담자: 이거 산 이유가 있군요.

상담자: 아니야. 이건 그냥 음악 들으려고 산 거야. 원래 이거 말고 조그마한 것으로 녹음해야 잘 들려. '1학년 때 중간고사에서 수학을 5점을 받았던 게 큰 충격이었다.'라고 했는데, 그 문제에 대해 이야기해 볼래?

내담자: 1학년 때는 그래도 반에서 5등 안에는 든다고 막 공부한다고 했는데…….

상담자: 음~.

내담자: 쪼심이라고 할까 조금 저를 생각하게 되더라고요. 그다음부터는 공부를 진짜 열심히 했어요. 2학년 때부터 성과가 나타났거든요. 반에서 3등도 해 보고.

상담자: 열심히 노력해서 성과가 나타나니 기뻤겠구나.

내담자: 네, 조금씩요. 문제를 많이 풀었어요. 수학도 책에 있는 연습 문제도 다 풀고 영어도 다 풀었고. 샀으니까 본전이라도 뽑으려고 그렇게 계속했는데요. 조금씩 성과가 나타나더라고요. 그리고 누나들이

공부 열심히 하라고. 제가 남의 말을 좀 잘 듣기 때문에. 조금 비판력이 없다고 해야 하나. 조금 괜찮게 생각하는 사람이 있잖아요. 뭐라고 표현해야 하지? 제가 좋게 본 사람, 그런 사람들이 저한테 "뭐뭐 해라." 하면 그냥 슬슬 받아들이거든요. 근데 조금 나쁘게 본 사람들이 하는 말은 받아들이지 않아요.

상담자: 그래, 모든 사람의 말을 다 받아들일 수는 없지.

내담자: 전에 TV를 보니까 KBS1에서 10대들에 관한 내용을 방송했거든요. 자기네 놀이 공간이 부족하네, 어쩌네, 그러는 거예요. 그래서 그걸 보면서 제가 "야, 있는 집 자식들이나 놀이 공간이 부족하네 그런 소리하지. 없는 집 자식들은 돈 없어서 그런 데도 못간다." 그랬어요. 누구는 가기 싫어서 안 가냐고.

상담자: 놀이 공간이 있어도 돈 없는 사람은 못 간다. 배부른 소리라고 생각했구나.

내담자: 그래서 보기 싫어지더라고요. 그래서 텔레비전 꺼 버리고 잤어요.

상담자: 그러면 계기가 되었던 게 1학년 때 중간고사에서 수학 5점을 맞았던 게 그동안에 나를 좀……. 그게 계기가 되었던 거야?

내담자: 그렇기는 한데, 꼭 그렇지는 않아요.

상담자: 그러면 큰 계기는 ?

내담자: 큰 계기는 2학년 때죠.

상담자: 2학년 때?

내담자: 청소년 드라마 있잖아요. 드라마처럼 뭔가 좋은 일이 생길 것 같아서 동아리에 들었거든요. 풍물 동아리요. 내가 회장은 아니어도 그냥 막 열심히 하니까 재미있기도 했고, 사람들이랑 같이 있으니까 재미있었어요. 그러고 나서 1학년 말에 회장 선거를 했거든요. 애들이 저보고 하래요. 선배들도 그러고. 그래서 했지요. 2학년 올라와서는 동아리 활동 진짜 멋지게 하겠다고 했는데 신입생 뽑을 때부

터 무엇인가 조금 삐걱거렸어요. 한 8명인가 10명 정도 뽑았어요.

상담자: 그 동아리 회장이 언제 된 거야?

내담자: 2월달 겨울이죠. 2학년 올라갈 때.

상담자: 그때 회장이 된 거야?

내담자: 2학년 저희 동료들이 있잖아요. 잘하는 애들이 2학년 올라갈 때 탈퇴를 해 버리더라고요. 2명 있었는데. 1명은 피아노 작곡 배운다고 활동이 어렵다니까 탈퇴나 마찬가지고, 1명은 아예 나간다고 그러고. 그래서 막 거의 혼자 하다시피 했어요.

상담자: 그러면 2학년 중에서는 거의 너 혼자 하다시피 하고 새로 뽑은 1학년들 아이들은 무엇을 했니?

내담자: 새로 뽑은 아이들이 10명이잖아요. 그런데 거의 저 혼자 하다시피 하니까 1명이 10명을……. 갈수록 힘들어지니 내가 이상해서 이런 게 아닌가 그런 생각이 자꾸 자꾸 들어요. 비관이라고 해야 하나?

상담자: 내가 부족한 거 아닌가 하는?

내담자: 예. 또 교회 회장도 했었어요. 그런데 교회 회장보다 동아리 회장하면서 더 그랬던 거 같아요.

상담자: 그러면 선생님 찾아왔었을 때, 그때가 어떨 때였어?

내담자: 맨 처음이요?

상담자: 처음에 여름엔가 찾아왔지. 7월 달쯤. 그때가 그 동아리 회장 되었을 때인 것 같은데 어땠니?

내담자: 방황이라고 해야 하나.

상담자: 그땐 참 힘들었겠네.

내담자: ……. (침묵)

상담자: 자꾸 안으로 파고들었겠구나.

내담자: 네. 집에 가다가 막 차 안에서 울고.

상담자: 울다가?

내담자: 교회도 이상하게 막 무엇인가 작년하고 비교해서 무엇인가 이상한 거 같아요. 분위기 같은 게.

상담자: 네가 회장이 되니까?

내담자: 네. 저 혼자 생각인지는 모르겠는데요. 이상하게 뭔가 조금 묘해요.

상담자: 알 수 없는데. 그럼 그거를 애들한테 한 번 물어보지 않았어?

내담자: 아니요.

상담자: 너 혼자만 생각한 거야?

내담자: 네.

상담자: 음…….

내담자: 그래서 내가 교회 회장도 잘 못하나 보다 자꾸 죄책감이 느껴지더라고요.

상담자: 그래서 교회에도 안 나가기 시작했니?

내담자: 네……. 안 나갔어요. 그러니까 왜 안 오냐고 사람들이 묻더라고요. 이상하게 그러고 나서 차츰차츰 교회가 싫어지더라고요. 나는 마음 편하려고 다니는 건데 이상하게 성가대 같은 것도 하게 되고, 점점 하기 싫어지더라고요. 그런데 억지로 계속하는 거 같지만 막상 하기 싫다고 말할 수도 없고, 안 나가면 땡이지만…… 성가대도 하기 싫고 목사님 말씀하시는 것도 이상하게 조금 지겹더라고요. 그러면서 죄책감이 무의식중에 있었나 봐요.

상담자: 어떤 죄책감?

내담자: 거기 가면 교회 회장도 잘해야 하는데, 교회도 잘 안 나가고 하면서 더 기분이 나빠져서 집에 와요.

상담자: 아! 교회에 가면 죄책감이 막 드는 거야?

내담자: 네.

상담자: 네가 교회 회장 역할을 잘 못해서?

내담자: 네. 그래서 교회가 싫어지더라고요. 회장 딱 마치고. 크리스마스

끝나면 딱 회장 교체하거든요. 그때…… 그때도 맞아요. 저 혼자였어요.

상담자: 그때도 학년 중에 다른 아이들은 다 떨어져 나가고 너 혼자만 남은 거야?

내담자: 네.

상담자: 어…….

내담자: 임원이라고 있었는데, 서기도 안 하고.

상담자: 그럼 동시에 네가 두 개를 맡은 거네. 교회 회장도 하고, 동아리 회장도 하고. 어떻게 뽑히게 됐어. 뽑히게 된 절차는 ?

내담자: 뭐라고 해야 하나, 그건 제가 하고 싶어서 했다고 생각하시면 돼요. 처음에는 임원들이 많이 도와줄 줄 알았어요. 교회도 마찬가지고, 동아리도 마찬가지고, 친구들이 도와줄 줄 알았어요……. 그런 게 없더라고요. 막상 내가 다가가서 "야, 이것 좀 도와줘." 그런 말 하기가 진짜 어려웠어요. 동아리에서 걔네 처음에 두 명이요. A, B라고 해요. 걔네 둘이가 또 C, D를 데리고 오더니, 2학년이죠. 저 2학년 때 C, D를 데리고 오더니, 얘네도 같이 하재요……. 그래서 같이 했지요. 저는 몰랐어요. 저한테는 아무 얘기도 않고, 선생님한테 가서 얘네 둘이 2학년인데 같이 하면 안 될까요. 선생님이야 "좋지." 그러잖아요. 저는 하나도 몰랐어요. 근데, 왜 나한테 한마디도 안 했냐고 그러니까.

상담자: 네가 회장인데?

내담자: 네. 한마디도 않고 그랬냐고, 미안하대요……. 그래서 어떻게 해요. 그래서 그냥 했거든요. 차츰 얘네 둘이 빠져 나가더라고요.

상담자: A, B가?

내담자: 네. A, B가. C, D는 계속하는데.

상담자: A, B만?

내담자: 네. C, D도 저를 도와줄 줄 알았어요. 그냥 이 C, D는 1학년 애들하고 막 깔깔대면서 노는 거예요. 모이라고 해도 잘 안 나오고, 막 모이라고 하면 제 시간에 가도 애들은 10분이나 20분 뒤에 다 모여요. 제가 성질이 급해서 그런지 몰라도 환장하겠어요.

상담자: 그렇지. 열심히 일하려고 하는데 아이들이 따라오지 않으니 답답했겠구나.

내담자: 오라고 해도 안 오고, 이래도 안 되고, 저래도 안 되고, 리더십이 없어서 그러나 그런 생각도 들고, 그리고 A, B는 자기네 풍물 못한다고, 잘 못한다고 A는 나간대요. 선생님이 억지로 막았거든요.

상담자: 나간다는 거?

내담자: 네. B는 조금 우유부단하다고 해야 하나?

상담자: 덩달아 나간다고 그러니?

내담자: 덩달아 나가진 않았는데요.

상담자: 신입생들이 협조를 안 하니까 우유부단한 B가 또 나간다고 그래?

내담자: 네. 아이고, 미치지요. 내가 이것들을 믿고 회장을 했는데……. 처음에 믿지는 않았지만 도와주리라 기대하고 있었는데, 나가버린다고 하니까……. 배신자들. 모든 면에서 너희 능가해서 보란 듯이 잘난 모습을 보여 주겠다. 그런 생각을 하면서 더 잘하려고 열심히 했거든요. 기능을 더 많이 알려 주려고, 문화원에도 가 봤고.

상담자: 정말 노력을 많이 했구나.

내담자: (약간 울먹) 갔다 와서 새로운 기술을 알아 와서 이것 좀 해 볼래 하고 말해도 안 들어요. 듣는 듯 마는 듯해요. 그러니까 더 미치지요. 여름방학 되면서부터 이제 싫어지더라고요. 이제.

상담자: 동아리도 싫고, 교회도 싫고.

내담자: 네. 포기해 버리고 싶다. 이제 나도 더 이상 하기 싫다……. 그런 와중에 교회 수련회를 갔어요. 그런데 이미 아니다, 싫다 그런 느낌이

들었는데, 간들 무슨 소용이 있겠어요. 가서도 다른 애들은 재미있게 노는데, 노는 애들이랑 이야기하는 게 조금 어려웠어요. 어려워서 말도 잘 안하고, 그냥 말 붙이기도 어렵고, 같이 놀자니 조금 이상하고…… 그러니까 그냥 풍물 칠 때나 그냥…….

상담자: 매번 부딪치고?

내담자: 네. 그것 때문에 끝날 쯤해서 얘기를 많이 해 보았었는데, 애들이랑.

상담자: 해 보았구나?

내담자: 아, 맞다. 제가 그런 얘기 했거든요. 제가 진짜 너무 부족해서 1년 동안 잘해 준 것도 없고, 동아리 운영도 개떡으로 하고, 너희에게 정말 미안하다. 너희랑 얘기하기도 어렵고, 그래서 1년 동안 무지 힘들었다. 그렇게 이야기했거든요. 애들은 아니에요. 아니, 잘했는데, 무슨 소리냐고, 저한테 막 그래요. 그 당시에는 감동했거든요. 그러고 나서는 얘들이 잘 듣고 그럴 줄 알았어요. 여전하더라고요. 에이씨!

상담자: 음…….

내담자: (침묵)

상담자: (침묵)

내담자: 그래서 교회 선생님이랑 이야기 많이 했거든요.

상담자: 선생님이 어떻게 생각해?

내담자: 선생님도 너는 잘하고 있는데, 애들이 조금 말을 안 듣고, 그러는 거는 원래 어디에나 있는 거다. 그러니까 그런데 신경 쓰지 말고 더욱더 열심히 하래요……. 저 괜히 고민되는 것도 많고, 선생님한테 얘기하면 잘 들어주시고요.

상담자: 그러면 그런 거였네. 어떤 문제가 있는 것에 대해서 수현이가 자신한테 문제가 있어서 애들이 저러나 보다 했고, 애들이 또 저런 거는 수현이한테 문제가 있는 것보다는 애들이 원래 그런 애들이거

나 애들은 그런 것에 대해 문제의식 못 느낀 거네?

내담자: 네.

상담자: 그런데 자꾸만 그런 것에 대해 초점을 내가 문제가 있어서 이런 상황이 생기는 거야. 애들이 반항하는 게 나한테 반항하는 거라고 그렇게 생각을 했나 보다.

내담자: 수련회 갔다 오고요. 애들도 안 나와요. 그러면서 안 나오고요.

상담자: 수련회 갔다 와서?

내담자: 네. 안 나와요. 그 애들은 이제 풍물이 지겨워졌나 봐요. 저만 혼자서 신나서 치고 있어요.

상담자: (웃음)

내담자: 애들이 힘들어서 다 집에 가자고, 막상 보니까 이상하더라고요. 저도 그때 동아리에 싫증나서……. 싫어진 상태이기도 하고……. 이상하게 끝까진 가긴 했는데요. 겨울 수련회 때 2학년 애들끼리 1학년 싸가지 없다고, 그랬던 것 같았어요. 그래서 선생님이 눈치를 채셨나 봐요. 그래서 1, 2학년 수련회를 꼭 같이 가게 할 테니까 꼭 한 명도 빠지지 말고 나오라고, 그래서 가기 싫었어요. 그때 마침 또 운이 좋게도 가는 날 감기 들었어요. (웃음)

상담자: 감기 들게 만든 거 아니야?

내담자: 아녜요. 진짜 편도선이 붓고, 감기 들어서 하루 종일 방구석에서 뒹굴뒹굴했거든요. 아침에 떠나기 전에 한 8시쯤 선생님한테 전화해서 "선생님, 저 아파서 못가요." 그랬어요. 근데요, 그때 겨울 수련회 다녀오고 2월이잖아요. 2학년들이 저한테 말을 자주 거는 거예요.

상담자: 너는 3학년 됐고?

내담자: 아니, 2학년 2월이라 아직이요. 더 말을 자주 걸고, 그러더라고요. 얘네가 미쳤나. 갑자기 안 하던 짓을 하고……. 근데 말 안 듣는 건

여전하더라고요. 귀담아들으려고 안 하는 것 같아요. 제가 말하는 것은 들어 보면요. 뻔히 아는 얘기만 한대요. 자기들도 뻔히 아는 얘기만 하니까 당연히 지루할 수밖에 없지 않냐고, 제 입장에서는 '너희들이 그것을 했을 때나 내가 말하는 것을 확실하게 나한테 보여 주었을 때 그런 얘기해라.' 그런 생각이 들었어요. 3학년 되면서 이제 신경 쓰기도 싫고, 더 신경 쓰기도 싫고, 그러니까 딱 말았지요.

상담자: 음…….

내담자: (침묵)

상담자: 그런데 수련회 갔던 게 2월이면 3학년 올라가기 전 2월이야, 아니면 2학년 올라가는 2월이야?

내담자: 맞다. 그 수련회가요, 겨울방학이 아니라 봄방학 수련회였어요. 그러니까 올해 2월 말.

상담자: 올해. 그러면은 3월은 네가 3학년 되는 거였네.

내담자: 네. 3학년. 후배 뽑을 그때 애들이 말을 잘 걸고, 그러더라고요.

상담자: 그 전에는 잘 안 걸다가.

내담자: 네.

상담자: 그러면 지금 그 동아리는 잘 꾸려나가는 것 같애?

내담자: 2학년 애들이 하는데요. 동아리 집착이라고 해야 하나요? 제가 그런 게 많았나 봐요. 제가 동아리 맨 처음 시작할 때 들어갔으니까 자꾸 집착하게 되더라고요. 이상하게 그렇게 되더라고요……. 그래서 혼낼 일도 아닌데 아이들을 더 혼내고. 분위기는 여전하더라고요. 제가 볼 때는 따로 놀아요. 이렇게 동그랗게 앉아서 얘기하는 게 아니라 따로 놀아요.

상담자: 따로 따로 따로.

내담자: 1학년은 1학년끼리, 2학년은 2학년끼리. 제가 그거 가지고 계속 뭐

라고 했거든요. 그래도 별로 나아지는 것은 없더라고요. 신입생 뽑을 때도 제가 분명히 2학년 회장한테 조금만 뽑으라고 했는데 7~8명이면 적당할 것을 그 두 배인 16명이나 뽑았어요. 제가 그랬어요. 네가 어떻게 감당하려고, 그 많은 애들을 뽑았냐고, 작년에 나 못 봤냐고. 문제없대요. 어디 잘 하나 보자 했더니 걔 역시 저처럼 똑같은 절차를 밟더라고요. 2학년들은 한 10명되니까, 애들을 같이 가르치는데, 6명이 빠져 나갔어요. 그러니까 2학년 4명이서 1학년 16명을 상대하려면 어렵잖아요. 그 4명도 가끔씩 안 오고. 그러니까 회장은 미치겠다고 하고. 제가 2학년들한테도 물어봤거든요. 안 오려고 하는 애들, 나가려고 하는 애들한테 물어봤거든요. 1학년 때는 그래도 재미있었는데, 이제 1학년이 많으니까 우리는 악기를 만지지도 못하고, 그냥 와서 멀뚱멀뚱 서 있다가 가고⋯⋯ 그런 얘기를 하더라고요. 그때 알았지요. 아~ 얘네들이 2학년 들어와서 하기 싫은 이유가 다 있었구나. 저는 2학년 때 생각나는 것이 무조건 풍물이었거든요. 단합대회 같은 다른 활동은 하나도 안 하고 풍물 연습만 했어요. 그러니까 아이들은 지겨워 죽죠. 내가 부족하기는 부족했구나.

상담자: 수현이 자체가 노는 것에 대해서 꼭 필요하다고 느끼지 않았나 보지. '풍물 모임이니까 풍물만 치면 되지. 단합이 뭐 필요 있냐?'라고 생각했나 보다. 너는 그렇게 해도 풍물이 충분히 즐거웠는데, 남들은 '풍물과 겸비된 즐거운 오락도 같이 했으면 좋았겠다.' 이렇게 느꼈나 봐. 그러면 그 이야기 들으면서 수현이도 무엇인가 느꼈겠네. 그럼 교회에서도 그런 식으로 진행했겠다. 교회도 뭐 단합이 중요하냐? 교회에서 같이 예배만 잘 참석하고 기도 열심히 드리고.

내담자: 네. 예배 열심히 드리고 찬송 열심히 부르고⋯⋯. 그래서 그때부터 나름대로 속으로 많이 생각해 봤어요. 지도자가 되면 남들보다 사

전에 더 철저히 준비하고, 지도자다운 행동도 필요하구나.

상담자: 성공적인 리더십에 대한 생각을 많이 했나 봐?

내담자: 네.

상담자: 조금 아픈 기억이기는 하지만, 많은 경험이 되었겠어?

내담자: 네. 좀 어려운 일이잖아요. 보통 어려운 일이 아니더라고요. 또 사람을 통제하고 조절해야 하는 일은 엄청 어렵다고 생각하거든요. 공부보다 더 어려워요. 진짜로.

상담자: 그렇지.

내담자: 내가 1년 동안 어려운 일 겪으면서 나름대로 많이 생각해 보고 경험도 많이 해 보고 조금이나마 밝아지려고 노력도 해 보고 제 뜻대로는 안 되었지만 그래서 선생님이랑 또 돈독하게 얘기도 많이 나누고, 배울 거 많이 배웠고, 또 정신적으로도 내실 있잖아요. 마음도 많이 성숙해지고.

상담자: 그러면 그때 나한테 문제가 있었던 거라고 생각을 해?

내담자: 2학년 때요.

상담자: 지금 생각해 보니?

내담자: 네.

상담자: 나한테 문제가 있다. 그게 나의 성격적인 면보다는 리더십 면에서 좀 부족했다. 테크닉이 없었다. 이런 생각이 드는 거야?

내담자: 네.

상담자: 그럼 자신감은 그렇게 많이 잃지는 않았겠구나. 자신감이 그때보다는 높아졌겠다.

내담자: 네.

상담자: 그렇구나.

내담자: 처음에 회장을 했던 친구는 정말 리더십이 강했어요. 사람들 앞에서 말도 잘하고, 애들 통솔도 잘했어요. 전 그때는 풍물만 열심히

치면 된다고 생각했어요. 그러니까 그 친구가 대단해 보이지 않았어요. 풍물 실력이 부족하다는 생각만 들었어요. 막상 회장보고 뭐라고 할 수 없어 가만히 있었는데 지금 만나면 그때 이야기 가끔 하거든요. 근데 제가 그 말 들으면서 아쉬운 생각이 들었어요.

상담자: 음. 서로가 같이 힘을 합쳐서 했으면 참 좋은 만남이 되었을 텐데.

내담자: 예.

상담자: 걔는 오락을 추구하고, 너는 풍물을 추구하니까 섞이면 아이들한테 참 좋았을 텐데.

내담자: 예.

상담자: 그렇구나. 오늘 동아리 얘기를 많이 나누었네. 동아리를 이끌면서 스스로 아이들과의 소통 문제에서 어려움을 느꼈지만 내 생각에는 수현이가 그런 경험을 통해서 오히려 큰 것을 배웠다고 생각해. 잃은 것이 있다면 얻은 것이 있겠지?

내담자: 네.

상담자: 그리고 우선 선생님의 입장에서 수현이가 동아리를 잘 이끌려고 그렇게 노력한 점은 정말 칭찬해 주고 싶구나. 인간관계가 다 마음먹은 대로 되지는 않지. 사실 어른인 선생님도 그 문제가 늘 어렵단다. 문제가 생기면 도망가기는 쉽지만 그러면 문제는 해결되지 않은 상태로 그대로 남아 있거든. 살다 보면 그 문제가 다시 되살아나고. 그런 점에서 너는 값진 경험을 했고…… 그건 공부보다 더 중요한 거야. 나는 참 네가 대견하구나. 동아리 이야기는 여기서 끝내고 다음 시간에 만나자.

초기 상담 과정 요약

내담자는 보수적인 집안의 외아들로 부모님의 기대와 관심을 한 몸에 받으며 항상 열심히 최선을 다해야 한다는 생각이 지나쳐 모든 방면에 우수해야 하고, 리더가 되어야 한다는 비합리적 신념을 가지고 있었다. 기질적으로 온순하고 내성적인 성격이라 학교 안팎에 아이들과 부딪히는 문제에 대한 스트레스가 많았다. 항상 친구들은 내 의견을 잘 따라 주어야 한다. 나는 아이들과 좋은 관계를 유지해야만 한다는 비합리적 신념을 가지고 있는 것으로 여겨진다.

(2) 중기 상담 과정(3~5회): 호소 증상을 유도하는 신념의 변화와 호소 증상의 약화 과정

3회 상담

• 숙제 점검(합리적 신념 암송하기)

나는 항상 우수하고 리더가 될 필요는 없다. 나는 존재하는 자체만으로도 부모님에게 큰 기쁨이 되는 것이다. 친구들이 꼭 내 의견을 잘 따라 주어야 하는 것은 아니다. 때로는 중요한 일을 할 때 내 의견을 따르지 않더라도 실망할 필요는 없다. 나는 내가 옳다고 생각하는 일을 하는 것뿐이다. 무엇보다 나에게는 나를 사랑하는 가족이 있다. 걱정할 필요는 없다고 적은 신념 카드를 잘 암송하였다.

• 숙제 후의 소감: 마음이 편해지고 느긋해진다.

- 상담의 내용 및 개입
  - 동아리 회장과 교회 회장을 하면서 스스로의 능력 부족에 자신감을 잃었다.
  - 자신은 잘해 보려고 하는 일인데, 아이들이 자신의 마음을 너무 몰라주어서 힘들었다.
  - 아이들과의 관계가 자신이 없고 왠지 내 뒤에서 흉을 보고 있다는 생각이 들어서 아이들이 모인 장소에 잘 가지 않게 되었다.
  - 아버지가 자신에게 사내놈이 허약하면 안 된다고 같이 등산을 가자고 했지만 가는 동안 오는 동안 내내 불편했다.

- 그때의 생각은: '나는 능력도 부족하고 대인 관계에 부족한 것이 많다. 앞으로 이렇게 앞에 나서는 일은 절대 하지 않겠다. 아버지는 나에게 기대하는 것이 너무 많다. 답답하다.'라고 느꼈다고 한다. 그래서 너만 그런 일을 겪는 것이 아니다. 인구의 90% 이상이 남 앞에 나서서 일하는 것에 두려움을 느낀다. 그나마 너는 그 역할을 잘 해 보기 위해서 청소년 동아리 경연대회에도 나가고, 풍물을 잘 배우기 위해 시민회관에 가서 직접 배우기까지 했다. 그 점만으로도 너는 정말 훌륭하다. 누구나 대인 관계에 어려움을 겪지만 너처럼 해결책을 찾기 위해 노력하는 사람은 드물다. 내담자 정도의 나이에 이렇게까지 노력한 것을 굉장한 것이라고 칭찬했다.

- 숙제
  - 합리적 신념을 계속 암송하기
  - 일주일 동안 몇 번이나 화가 나는지, 구체적인 상황과 사건, 그때 느끼는 감정에 대해 찾아오기

- **숙제 점검**: 합리적 신념의 암송은 평소와 같이 이루어졌다.

  화가 나는 횟수는 평균 하루에 0.5번이 일어남, 구체적인 상황은 주로 아버지와 식사하거나 수업 중에 아이들이 떠들어서 단체 기합을 받을 때, 담임선생님이 나에게 이것저것 시킬 때 등이라고 했다.

- **상담 내용 및 개입**
  - 아버지와 식사 시간에 주로 훈계와 연설을 듣게 되었다.
  - 원서를 쓰고 나더니 아이들이 수업 시간에 너무 떠들어서 자주 선생님들께 단체 기합을 받았다.
  - 고입 원서를 쓰는 기간 내내 담임선생님이 일을 많이 시키셔서 수업도 듣는 둥 마는 둥 했다.

- **그때의 생각은**: '세상 사람들은 나에게 기대하는 것이 너무 많다. 그래서 화가 나고 짜증이 난다.'라고 생각한다고 하였다. 화가 나고 짜증이 나는 이유를 다시 살펴보기 위해 인지 · 정서 · 행동의 상관관계를 설명하며 '네가 화가 나는 이유는 외부에 있는 것이 아니라 너의 비합리적인 신념에 있음'을 교육했다. 아버지, 담임선생님, 학과목 선생님의 기대를 모두 맞춰야 하는 것은 아니다. 너는 주변 사람들이 너에게 원하는 바를 항상 이루어야 한다고 생각하기 때문에 그것을 맞추지 못하는 상황이 왔을 때 타인이나 네 자신에게 화가 나는 것이다. 그러므로 너는 원하는 것을 하면 된다. 그렇다고 모두를 무시하라는 것은 아니지만 내 삶의 중심은 나이고, 내가 행복해야만 남도 행복하게 해 줄 수 있으므로 모든 사람에게 예스맨이 될 필요는 없다고 상담하였다.

- 숙제
  - 합리적 신념 암송하기
  - 거절하는 말 해 보기(내담자가 도저히 해 줄 수 없는 것이라고 생각할 때 그런 상황이 벌어질 때 거절하는 말을 해 보기)

5회 상담

- **숙제 점검:** 합리적 신념의 암송을 평소와 같이 하였다.

친구가 청소 당번을 대신 해 달라는 부탁에 집에 일이 있다고 거절을 했다. 하지만 거절하고 나서 그 친구 얼굴을 바로 보기가 어렵고 집에 가서도 후회하고 뒤에서 내 흉을 보지 않을까 걱정이 되었다. 아버지가 주말에 등산을 같이 가자고 말한 것에도 시험 공부를 해야 한다고 거절하였다. 그래서 주말 내내 방에만 있었다, 동아리 후배들에게 축제 준비(풍물 축제 공연)에 참여하지 않을 거면 회원에서 빼겠다고 말하였다. 비교적 후련했다.

- **상담 내용 및 개입**
  - 친구(내담자는 별로 좋아하지 않는)가 청소 당번을 대신 해 달라라는 부탁을 거절하였다.
  - 아버지가 주말에 등산을 같이 가자고 하였지만 시험 공부를 해야 한다는 이유로 거절하였다.
  - 풍물 동아리 후배(연습은 하지 않고 수업만 빠지려고 하는)에게 축제 준비를 하지 않으려면 동아리에서 빼겠다고 이야기하였다.

- **그때의 생각은:** 평소에는 청소 당번을 대신 해 달라는 부탁을 하면 하기 싫어도 그냥 친구 관계를 생각해서 해 주거나 내가 필요한 물건이라도 친구가 달라고 하면 주기도 했다. 한편으로는 그 친구가 나를 원망하

지 않을까 걱정도 되지만 다른 한편으로는 시원한 감정을 느꼈다. → 무조건 부탁을 들어주는 것이 좋은 친구 관계를 이루는 것이 아님을 조언함. 아버지는 등산을 하면서 나에게 이런저런 이야기를 많이 하는데, 나는 그 시간이 너무도 싫고 갔다 오는 내내 벌을 서는 기분이었다. → 아버지에게 솔직히 감정을 표현하기를 부탁함. 동아리 후배에게 축제 준비를 하지 않는 잘못을 지적하니 후련한 기분이었다. → 거절이나 훈계도 노력이 필요함. 때로는 미리 준비하고 연습하고 지적하는 것도 하나의 방법임을 제시함.

• 숙제

- 계속적 합리적인 신념을 되뇌이고 묵상하기
- 아버지에게 보내는 자신의 생각을 정리한 편지를 적어 보기

중기 상담 요약

내담자가 호소하는 증상인 울컥 화가 나는 것과 우울해지는 것은 동전의 앞뒷면처럼 상관관계가 있었다. 비합리적 신념인 '다른 사람들에게 나는 항상 좋은 사람으로 인정받아야 한다.'는 것과 '나는 다른 사람들보다 우월한 존재여야 한다.'는 것에서 비롯된 것으로 다른 사람들 사이에서 리더가 되고자 하나 그들과의 관계를 목적 지향성보다 관계 지향성으로 맞춘 것에 모순이 있는 것으로 파악되었다. 따라서 이러한 문제를 해결하기 위해 내가 뭐든 우수할 필요는 없다. 나는 존재만으로 가치 있는 것이다. 설령, 어떤 분야에서 리더를 맡게 되더라도 내담자는 충분히 능력을 발휘할 수 있다. 교회에서 아이들에게 풍물을 가르치기 위해 배우려고 한 것, 리더십에 관한 책을 읽는 것만으로 충분히 노력하고 있는 증거임을 강조하였다. 또, 어느 자리라도 우두머리가 되는 것은 구성원 간의 갈등이 있

을 수 있다. 어느 정도의 갈등을 이겨 나가는 것이 리더의 중요한 자질이므로 때때로 내담자의 생각을 상대방에게 조리 있게 설득시키는 것이 중요함을 강조하였다.

(3) 말기 상담 과정(6~7회): 문제의 해결과 상담의 전 과정의 복습을 통한 자기조력(self-help) 능력의 배양

6회 상담

- **숙제 점검:** 합리적 신념을 계속 암송하고 묵상하였다.
  아버지에게 자신이 평소에 느끼고 생각한 점을 담은 편지를 적어 왔다.
  → 편지의 내용을 보면서 상담자와 같이 아버지가 받아들이기 어려울 것 같은 부분이나 어투 등을 수정하였다.

- **상담 내용 및 개입:** 편지를 같이 읽으며 평소에 아버지에게 느끼는 점을 솔직히 이야기하였다. 집안의 장남인 나에게 아버지의 기대가 너무 커서 부담스럽다. 누나들이 모두 외부에 나가 생활하기 때문에 아버지는 늘 어머니나 나에게 여러 가지 일을 시킨다. 나는 좀 피하고 싶은데 누나들이 집에 없기 때문에 요즘 들어 아버지의 훈계는 거의 내 몫이다.
  → 아버지에게 네 생각을 진솔하게 표현할 수 있는 기회를 마련하는 것이 필요함. 편지의 내용을 보며 같이 이야기함. ('이 편지를 보시면 아버지가 네게 무슨 말을 하실 것 같니?'라고 물으니, 그게 제일 두렵고, 편지를 받고 난 후 아버지가 화를 낼 것이라 생각한다고 했다.) 살면서 마땅히 해결해야 할 일이 있다면 두려워서 피하는 것보다 맞서서 이야기하는 것이 중요함을 강조함. 교회나 동아리에서 일을 할 때 너의 생각을 제때 전달만 했더라도 내담자가 겪는 어려움이 덜했을 것이라고 강조함. 다시 내담

자의 비합리적 신념을 지적하며 '나는 모든 사람과 좋은 관계를 맺어야 한다.' 그러기 위해 '다른 사람의 요구를 모두 들어주어야 한다.'는 것은 바뀌어야 함을 강조함.

• 숙제
- 합리적 신념을 계속해서 낭송하고 그래프 그리기
- 주변 친구들에게 마음을 터놓고 말하기(싫은 것은 싫다고 말하기)
- 아버지에게 편지를 전달하고 아버지와 대화하기

7회 상담

• 숙제 점검
- 합리적 신념의 낭송 및 그래프 그리기(계속 잘 진행하였음)
- 주변 친구들에게 터놓고 말하기(교회와 동아리 활동을 통해서 느끼는 어려운 점, 아버지와의 갈등을 이야기하고 나니 좀 더 후련한 기분임)
- 아버지에게 편지 전달하기(아버지가 편지를 읽으신 후 화를 내실까 두려웠는데 앞으로 아버지에게 말하고 싶은 것이 있다면 말로 하라고 하심. 그렇지만 여전히 등산을 가는 것은 본인과 아들의 건강을 위해서 꼭 해야 하는 것이니까 해야 한다고 하심)

• **상담의 내용 및 개입:** 합리적 신념을 암송하면서 많이 벗어났다고 생각하는데 여전히 다른 사람의 요구에 맞춰 행동하는 자신을 발견하였다. → 쉽게 고쳐지는 것은 아니지만 비합리적 생각을 인식하고 있다는 것만으로도 치료가 시작된 것이므로 더 노력해야 함.(상담자의 예를 들며 상담자 역시 비합리적 신념이 있고 고치려고 노력하지만 아직 못 고친 것이 많음) 주변의 친한 친구에게 아버지와의 관계에 대해 이야기함. 문제가 해결되지는 않았지만 그 친구도 나와 비슷한 문제가 있음을 확인하게 되어 마

음이 가벼워짐. → 때론 또래 친구의 눈에서 내 문제를 객관적으로 볼 필요도 있고 위로받을 수도 있음. (친구의 중요성을 강조함) 아버지에게 편지를 전달한 후 화를 내실까 봐 두려웠는데 예상 외로 앞으로 말할 것이 있으면 이야기하라고 하셨다. 그러나 일요일 등산은 꼭 해야 한다는 점에서 실망하였음. 결국 편지로 문제가 해결되지 않는다고 호소함. → 편지를 전달한 것은 아버지와 대화의 시작임을 일깨움. 한 번의 시도로 이루어지지 않았다고 해서 포기해서는 안 되고 앞으로도 꾸준히 아버지에게 내담자의 의견을 전달해야 함을 강조함. 한편으로는 아버지 입장에서는 늘 자신의 의견을 내세우지 않던 내담자가 갑자기 변했다고 느낄 수 있으므로 아버지와의 진솔한 대화가 필요함을 다시 인식시킴.(전화 상담을 통해 아버지에게 내담자의 상태에 대해 이야기함)

- 숙제
  - 합리적 신념을 암송하기
  - 자기 주장하기 연습(싫은 것은 싫다고 말하기)
  - 아버지와 하루에 10분 대화하기

말기 상담 요약

내담자의 주 호소 문제는 울컥 화가 나고, 때로는 우울해진다는 것이었다. 이런 정서적인 문제는 행동에도 영향을 미쳐서 학기 초에는 모든 면에서 열중하다가 학기 말이 되거나 방학이 되면 모든 일에 무관심해지고 혼자 고립되는 경향이 있었다. 이런 정서적 · 행동적인 문제는 내담자의 비합리적 신념, 즉 모든 사람에게 인정받아야 가치 있는 사람이다. 나는 모든 사람의 요구를 받아들여서 해야만 한다는 것에서 기인하였다. 이러한 문제를 해결하기 위해 내담자가 가진 비합리적 신념의 비실용성과 비현실성을 지적하고 논박함으로써 합리적 신념으로 변화를 주고자 하였다. 내담자 인생의 주인공은 내담자이고 자신이 기쁘고 즐거워야 다른 사람에게도 기쁨을 줄 수 있는 것이고, 본인이 괴로운데 다른 사람의 요구를 맞추려고 하는 것은 진정한 의미에서 다른 사람을 위하는 것, 특히 아버지를 위하는 것이 아님을 강조하였다. 그럼에도 여전히 아버지에 대해 어려움을 많이 느끼고 있고, 자신의 생각을 표현하는 것을 두려워했다. 내담자가 고심을 한 후 힘들게 보낸 편지에 대해 아버지가 별 반응을 보이지 않아서 더욱 실망을 느꼈다. 상담 과정 중에 벽에 부딪힌 내담자를 위해 한 번의 시도로 모든 것이 이루어지지는 않음을 설득하기 위해 상담자의 경험을 들려주었다.

4. 상담 후기

내담자의 상담을 시작할 때는 비교적 명확하게 정서적 문제와 행동적 문제 그리고 그러한 문제를 발생시킨 비합리적 신념을 찾을 수 있었다. 내담자에게 인지·정서·행동 간의 관계를 설명하고 비합리적 신념을 합리적 신념으로 바꾸기 위해 지속적인 암송을 숙제로 내 주었다. 성실하고 모범적인 내담자는 숙제도 착실히 해 오고 인지와 정서, 행동의 관계도 잘 이해하였다. 그러나 6회부터 자기 의견을 주장하면서 전과 다른 주변 친구와의 갈등, 가족과의 갈등이 일어나자 벽에 부딪히고 다시 후퇴하려고 하는 경향을 보였다. 특히 아버지에게 힘들게 쓴 편지가 영향을 끼치지 못하자 상담의 효과가 없고 역효과가 있다고 생각하는 듯하였다. 아버지에게도 전화 상담을 통해 내담자의 문제를 이야기하였으나 나이가 많고 본인의 세계관이 뚜렷하셔서 크게 도움이 되지는 않았다. 추후 상담을 통해 변화의 과정을 지켜보니 상담

받기 전보다 화가 나는 증상은 덜하다고 하였으나 여전히 아버지와의 갈등 문제는 지속적인 노력이 필요함을 느낄 수 있었다.

비교적 쉽게 문제를 해결할 수 있으리라 생각한 이번 상담은 예상외로 내담자를 많이 변화시킬 수 없었고, 오히려 상담자에게 문제를 전이시키기도 하였다. 그렇지만 내담자에게 계속 강조한 점은 조금씩 밀려오는 파도에 큰 바위가 다듬어지듯이 작은 변화를 통해 큰 변화를 이룰 수 있는 것이었다. 결국에 본인이 행복해야 그 행복을 다른 사람에게도 나눠 줄 수 있는 것이라고 이야기하는 것에 중점을 두었다. 내담자를 위한 조언이기도 하였지만 이것은 상담의 길에 들어선 나에게 하는 말이기도 했다. 부족함이 많았지만 실제 경험을 통해 다양한 시행착오를 경험할 수 있었다. 이러한 시행착오가 앞으로의 상담 활동에 많은 도움이 되리라 생각한다.

5. 사례의 해설

중학교 3학년인 내담자는 상담자의 2년 전 담임반의 학생이었다. 그때에 다른 사람들이 자기를 이상하게 보고 있다는 내용으로 상담을 하게 된 것이 인연이 되어 3학년 때 스트레스를 받으면서 과거의 담임교사였던 본 상담자를 찾게 되어 상담이 시작된 사례다. 내담자의 호소 문제는 다른 아이들과 함께 하는 수행평가나 교회 일을 할 때에 그 일이 잘 되지 않으면 폭발할 것 같은 분노와 좌절 그리고 우울 등의 증상으로 괴롭다는 것이다. 상담자는 REBT 상담기법의 적용을 통해 내담자를 도우려 했으나 그 작업이 그리 수월하게 이루어진 것으로 보기는 어렵다. 상담자가 제시한 자료를 근거로 구체적으로 평가해 보고자 한다.

1) 진행 과정의 좋은 점

REBT 상담의 주요 기법 중의 하나인 합리적 신념을 되뇌이고 낭송하게 한 점, 상담자가 내담자로 하여금 무장해제하고 자신의 이야기를 비교적 편안하게 상담자에게 하고 있는 점을 들 수 있다.

2) 진행 과정에서 보완해야 할 점

(1) 상담의 목표 및 전략

이 상담자는 상담의 목표를 '신뢰할 수 있는 상담 관계의 형성을 통해서 내담자가 자신을 이해하고 드러낼 수 있도록 돕는다.'로 설정하고 있다. 이보다는 오히려 내담자가 호소했던 문제를 중심으로 분노조절하기, 좌절과 우울 등의 증상 벗어나기가 더 적합한 목표로 보인다. 상담의 목표는 상담 과정의 이정표의 역할을 하므로 내담자와 잘 합의하여 설정한다면 내담자를 상담 과정에 더 적극적으로 참여하게 하는 하나의 동력이 될 수 있음을 유념해야 한다. 그리고 상담자가 제시한 전략이 REBT 상담에서 활용하는 상담과는 거리가 멀어 보인다.

(2) 초기 상담의 진행 과정

REBT 상담에서는 상담 초기에 내담자의 호소 문제를 잘 듣고 이를 정서적 문제와 행동적 문제로 분류한다. 이러한 문제를 유도하는 비합리적 생각을 정확하게 찾아내는 것이 무엇보다도 중요하다. 2회 상담을 시작할 때 상담자는 내담자에게 상담하고 싶은 내용을 물어보기보다 곧바로 이야기할 주제를 제시하는 것은 내담자가 정말로 하고 싶은 말을 할 기회를 차단한다는 점을 유념해야 할 것이다. 상담자는 스스로 정리한 초기 상담 과정의 요약에서 내담자가 "열심히 최선을 다해야 한다는 생각이 지나쳐 모든 방면에 우수해야 하고 리더가 되어야 한다."와 "친구들은 내 의견을 항상 따라야만 하고 아이들과 좋은 관계를 유지해야만 한다."라는 비합리적 신념을 가지고 있다고 기술하고 있다. 그러나 상담자가 제시한 상담 과정 어디에도 내담자와 상담하면서 그의 이러한 비합리적 신념을 찾아낸 과정이 보이지 않는다. 내담자가 교회 회장직을 맡아 활동하면서 죄책감과 기분이 나쁘다는 호소, 즉 부적절한 부정적 정서를 이야기할 때에 상담자는 그때에 드는 생각이 무엇인지를 질문하여 찾아내야 한다. 그런 후에 생각과 정서의 관계를 잘 교육하여 내담자로 하여금 자신이 지닌 그러한 생각이나 신념 때문에 기분이 나쁘고 죄책감이 든다는 것을 이해시키고 나서 이러한 생각에 대해서 논박을 해야 한다. 상담자는 내담자가 이러한 생각이 있을 것이라는 가정에 그치지 말고 그런 생각이 실제하는지에 대해서 작업했었어야 했다.

(3) 중기 상담의 진행 과정

상담자는 3회 상담에서 바로 2회 상담에서 상담자가 여겼던 가정을 합리적 대안 신념으로 바꾼 내용을 내담자가에게 암송하게 하였으나 내담자가 자신의 신념이 자신의 정서와 행동을 이끈다는 것을 분명히 알게 하고, 그리고 말을 반복적으로 암송함으로써 그것이 생각으로 내재화된다는 것을 설명한 다음에 숙제를 하게 하였다면 더 좋은 결과가 나왔을 것으로 쉽게 예측할 수 있다. 4회기 상담에서 인지 · 정서 · 행동 간의 관계를 교육하는 것은 총 7회기 상담에서 다소 늦은 감이 있다. 그리고 중기 상담에서 내담자가 호소하는 울컥하는 증상은 우울해지는 것과 관련이 있고 "나는 다른 사람들보다 우월한 존재여야 한다"와 "나는 다른 사람들에게 인정받아야만 한다."는 생각 때문이라고 규정하고 있는데, 이것 역시 초기 상담 과정의 축어록으로 미루어 볼 때 상담자가 막연히 짐작한 것으로 보이고 내담자가 이에 대해 수긍하고 있는지에 대해서는 의문이 든다. 이런 상황에서는 제대로된 논박을 진행하기 어렵다. 논박이 잘 진행되지 않는다면 의미 있는 결과를 산출하기 어렵다.

(4) 상담 후기

상담자가 상담 후기에서 비교적 쉽게 문제를 해결할 수 있으리라 생각한 이번 상담은 예상외로 내담자를 많이 변화시킬 수 없었다는 고백을 하고 있다. 상담자가 내담자가 호소하는 문제의 원인인 비합리적 생각을 찾고 이러한 비합리적 생각이 자신의 문제를 일으킨 주범이라는 것을 인식하게 했을 때에 문제 해결의 시발점이 될 수 있는데, 이러한 것을 생략한 상태에서 진행한 상담이었으므로 이러한 결과를 초래한 것은 어떤 점에는 당연하다.

나는 착한 딸이기 때문에 모든 것을 잘해야 해요

| 강박 증상을 호소하는 사례 |

1. 내담자의 기본 자료

1) 인적 사항

- 이름: 김주희(가명)
- 학년: 중학교 3학년
- 성별: 여

2) 상담 경위

담임선생님이 학교 상담실에 상담을 의뢰하였다. 본인은 자신의 버릇을 알고 있으나 그다지 심각하다고는 생각하지 않고 있다.

3) 내담자의 인상 및 행동 특성

160cm정도의 키와 보통의 몸무게, 예쁘장하게 생긴 얼굴, 중학생답지 않은 순진하고 다소 눈치를 보는듯한 소심하고 조심스러운 말투, 자신감이 결여된 행동을 보이나 자신의 생각을 천천히 잘 이야기하고 있다.

4) 이전 상담 경험

없음

5) 상담 동기 및 호소 문제

담임의 의뢰로 상담이 실시되어서 상담에 대한 동기는 낮았다. 강박적으로 반복되는 만지고, 두드리고, 반복적으로 확인하는 행동을 고치는 것이다.

6) 내담자의 가족 관계

- 아버지: 대졸, 고등학교 교사, 때론 다정하고 때론 엄격하여 너무나 무섭고 말을 다소 함부로 하는 편이다. 자기중심적인 성격이다.
- 어머니: 대졸, 중학교 교사, 고지식하고 규범에 얽매여 있으며 원칙에 충실한 성격이다.
- 여동생: 같은 중학교 1학년생, 명랑 쾌활하고 애교가 많으며 상황 판단을 빠르게 하는 편이다.

2. 상담 과정

1회 상담

담임의 의뢰로 상담을 하게 되어 학교 상담실 지혜의 방에서 만나서 인사를 하였다. 이미 주희는 교과담임으로서 안면이 있는 학생이어서 서로 알고 있는 사이였다. 주희는 공부를 잘하는 학생이고 말을 할 때 조심스럽게 예의 바르게 이야기를 하는 모범적인 학생이라고 알고 있었고 평소에 눈에 띄는 행동이 그렇게 드러나지 않는 착한 학생이었다. 그래서 담임의 의뢰로 상담실에서 만나는 것이 의외였다. 본인도 자신이 상담실에서 상담을 한다는 사실에 대하여 별로 마음에 들어 하지는 않지만 별 저항을 보이지는 않았다.

상담을 오게 된 이유를 물어보니 담임선생님이 자신에게 자꾸 책을 만지고 또 만지고, 책을 덮을 때도 한 번에 덮는 것이 아니라 덮고 또 덮고 또 덮고, 가방을 열 때도 열었다 닫았다를 반복적으로 하는 행동이 있다고 상담을 한 번 받아보라고 하여 왔다고 하였다. "주희야, 너는 그런 행동에 대하여 어떻게 생각하니?"라고 질문을 하니, 주희는 "저는 그런 행동이 불편하지 않은데요."라고 답한다. "그래? 너는 그런 행동이 불편하지는 않지만 선생님은 그렇게 느끼지 않고 고쳐야 할 것 같다고 여겨 상담을 권한 것 같구나. 선생님하고 계속 만날 것인데, 네 생각은 어떠니?" "계속 선생님을 만나 이야기할게요." 주희의 의견대로 상담을 할 것을 약속하고 가정환경에 대하여 탐색을 하였다.

아빠는 고등학교 선생님으로 평소에는 굉장히 자상하고 친구처럼 대하고 장난도 많이 하는 편이어서 어렵지 않다고 한다. 하지만 한 번 화가 나고 본인의 뜻에 반대하면 화를 내고 어렸을 때는 맞기도 하였다고 한다. 그래서 아빠가 무섭고 아빠에게 하고 싶은 말도 잘 하지 못하고 엄마한테만 말을 한다고 한다. 그렇다고 아빠한테 말을 전혀 하지 않는 것은 아니고, 마음을 터놓고 하지 못한다고 한다. 엄마는 중학교 선생님이고 아이들이 엄마를 보면 도덕 선생님 같다고 할 정도로 학교의 규칙과 어른에 대한 예의범절에 대해 잔소리를 많이 하는 편이라고 한다. 몸이 약해서 많이 피곤해하시고 집에 오면 바로 집안일을 하시기 때문에 초등학교 때부터 실내화는 직접 빨아야 한다고 말씀하셨고 중학교에 들어와서는 교복도 빨게 하였다고 한다. 그러면 힘들지만 엄마는 직장 일도 하고 집안일도 하니까 당연히 자신이 해야 한다고 생각하고 하였다고 한다. 상담자가 "그래?" 하고 놀라면서 "요즈음 학생들은 모든 것을 엄마가 다 해 주는데 참 착하구나?"하니 "아니요."라고 쑥스럽게 대답하면서 이야기를 계속 한다. 가끔은 엄마가 해 주셨고 중학교 3학년 때는 엄마가 더 많이 해 주셨지만 본인이 해야 한다는 생각이 많았다고 한다. 엄마는 피곤해서인지 신경질적으로 말씀을 하셨고 짜증을 자꾸 내셔서 힘들었다고 한다.

어렸을 때에 동생하고 싸울 때는 자신이 더 많이 맞았다고 한다. 엄마 말로는 대답도 안 하고 고집을 부려서 동생보다 더 많이 맞았다고 한다. 본인이 생각하기는 동생이 잘못하였을 때도 자신이 더 맞았고, 동생은 엄마, 아빠가 더 예뻐해서 덜 맞았다고 한다. 지금도 자기가 엄마한테 안기면 엄마는 잘 안아 주지 않고 동생이 안길 때는 잘 안아 주었다고 한다. 어렸을 때 엄마는 주희에게 아주 잘해 주었는데 커가면서 차가워지고 무뚝뚝해져 갔다고 한다. 그래서 엄마는 너무나 좋고 안기고 싶고 의지하고 싶은데 지금 그렇게 하지 못하여 속상하고 엄마한테 인정받지 못하여 화가 난다고 한다. "그래, 엄마한테 잘 보이고 싶은데 안 되니까 속상하구나."라고 맞장구를 치니까 더 신이 나서 자신의 이야기를 한다. 이야기를 하면서 가끔은 상담자의 눈치를 보면서 이런 말을 할까 말까 하는 듯 "선생님, 그런데요."라는 말을 반복적으로 하기도 한다. "엄마에 대하여 할 말이 많은가 보구나."하니 조금은 울먹이기도 한다. 자신의 감정에 복받쳐 맺혀 있는 것이 많은 것 같았다. 그래서 잠시 말을 멈추고 기다려 주었다. 본인은 엄마가 너무 좋다는 말을 자주 하고 있다.

여동생에 대하여 말해 보라고 했더니 조금 침묵하고 나서 말을 한다. 동생이 자기를 언니 대접을 해 주지 않고 반말을 하고, 컴퓨터 할 때는 서로 싸우기도 하고 가끔 몸싸움을 하기도 한다고 하였다. 동생이 마음에 안 들고 엄마 아빠가 동생만 예뻐하는 것 같아서 서운하다고 하였다. "그래, 동생이 많이 밉니?" 하고 질문하니 같이 만화책 빌려보는 것은 좋은데 자기를 인정하지 않는 것 같아 밉다고 하였다. 동생 성격을 묻자 명랑하고 쾌활하고 목소리가 커서 자신감 있게 말한다고 한다. "동생의 자신 있게 말하는 것이 혹시 부러운 것 아냐?"라고 질문하니 대답을 하지 않는다. 가족에 대해서 더 할 말이 없냐고 묻자 "현재는 없는데요."라고 답을 한다. "네 이야기를 들어보니, 가족에 대해서 서운하고 속상한 것이 많구나. 특히 엄마와 동생에 대해서 그렇지?"라고 질문하니 자신 없는 목소리로 "예."라고 답을 한다. "속상하고 화나는 것은 알겠는데, 오늘은 처음이니까 가족에 대한 이야기만 하고 다음에는 네 행동이 어떨 때 많이 하게 되는지 생각해 왔으면 좋겠다."라고 말해 주며 1회기 상담을 가족 탐색하는 것으로 끝냈다.

2회 상담

"주희야, 잘 지냈니?"라는 말로 상담을 시작하였다. 그런데 표정이 밝지 않아보여서 "무슨 일이 있었니?"라고 질문하니, 고등학교 진학 문제로 부모님과 이야기가 잘 되지 않아서 기분이 안 좋다는 말을 한다. 원래는 주희의 강박적으로 반복하는 행동에 대한 이야기를 하려고 하였으나 주희의 생각이 고등학교 진학 문제로 집중되어 있어 이야기가 진행되기 어려울 것 같아 고등학교 진학 문제에 대하여 먼저 이야기하기로 하였다. "주희야, 너는 공부를 반에서 몇 등 정도하지?" "저는 반에서 1~2등하고요, 학년에서는 10~20등 사이에 있어요. 어떤 때는 학년 석차가 차이가 많이 나요." "그래, 네가 공부를 잘하잖아. 어느 고등학교를 가려고 생각하는데?" "집에서 가까운 ○○

고등학교, 공부를 잘하는 학생들이 많이 가는 △△고등학교, 기숙사가 있는 ㅁㅁ고등학교 중에서 고민이에요. 부모님은 제가 스스로 공부를 하는 편이 아니기 때문에 분위기에 휩쓸리면 공부를 안 한다고 기숙사 있는 ㅁㅁ고등학교 아니면 △△고등학교로 진학하라고 해요. 저는 가까이 있는 ○○고등학교도 좋다고 생각하는데요." "고민이 많겠구나! 부모님의 의견을 참조해서 주희가 잘 생각해서 결정해야겠지."라고 조언을 하였는데 주희의 표정이 여전히 어두워 보였다. 고등학교 진학에 대한 문제는 더 이상의 조언을 해줄 수가 없어서 이야기를 전환하였다.

"주희야, 지난번 만남에서 선생님이 너의 반복적인 확인하는 행동이 어떤 때 많이 하게 되는지 생각해 오라고 했는데……. 해 왔니?" 한참을 망설이다 자신 없는 목소리로 "네, 생각해 보았는데요……. 엄마의 잔소리가 심할 때, 스트레스 받을 때, 긴장하면 그런 행동을 더 많이 하는 것 같아요." 지난 상담 시간에 엄마가 너무 좋다고 반복적으로 이야기했던 것, 신경질적으로 엄마가 이야기한다는 것이 생각나서 "엄마가 시키는 일은 잘해야 한다고 생각하니?"라고 질문하였다. "네, 어른이 시키는 일은 잘해야 하고 특히 엄마가 시키는 일은 옳은 일이니 잘 따라야 한다고 생각해요." "엄마의 말이 항상 옳은 것은 아니야. 엄마도 사람인데 어떻게 반드시 옳은 일만 이야기하니? 또, 어른이 시키는 일을 항상 잘해야 하는 것도 아니야. 넌 아직 어리고 사람이면 실수를 할 수 있으니 못할 수도 있고 잘할 수도 있어. 어떻게 항상 잘할 수 있니?" "네. 하지만 엄마의 말을 잘 들어야 하잖아요." "엄마의 말을 잘 들어야 하지만 자신이 할 수 있는 데서 최선을 다하여 하는 것이지 자신의 능력 이상으로 완벽하게 해야 한다는 것은 아니라고 생각이 되는데……." "예. 맞아요. 하지만 잘해야 해요."

여기서 이 학생의 반복적이고 확인하며, 자신 없이 행동하는 것이 "나는 착한 딸이어서 엄마의 말을 잘 들어야 하고, 반드시 잘 해야 한다."는 비합리적인 신념에서 긴장하여 나타났다고 생각되었다. 그래서 확인을 하였다. "너는 착한 딸이기 때문에 엄마 말을 반드시 들어야 하고 잘해야 한다고 생각하는 것이지?" "네." 이러한 생각이 비합리적이라는 것을 인식시키기 위해 "네 그런 생각은 생활하는 데 도움이 되니?"라는 인지적인 논박을 시도하였다. 이 학생은 엄마가 교사이고 규범적인 생각을 가지고 바른 자세로 생활하는 모습을 보아왔기 때문에 엄마의 말이 모두 옳은 것이라는 것, 엄마의 말을 어기면 나쁜 딸이라는 비합리적인 신념이 강해 상담자의 논박이 잘 인식되지 않는 것 같았다. 그래서 "네 생각이 바뀌어야 긴장도 덜 하고 그런 반복적이고 확인하는 행동이 사라질 것 같은데……."라면서 엄마의 잔소리 내용이 구체적으로 무엇인지를 물어보았다. "정리정돈을 잘 안하고, 시간에 늦게 일을 한다는 것이요. 그리고 물어보는 말에 대하여 자신의 의견을 명확하게 하지 않고 우물우물 알아듣지 못하게 말한다는 거요. 주로 정리정돈과 시간에 늦게 일을 끝마치는 것을 자주 지적받아요." "그래, 정리정돈도 잘 하고 시간에 늦지 않도록 일을 잘하고 말도 자신감을 가지고 명확하게 하면 좋지. 하지만 그렇게 모든 것을 완벽하게 잘하는 사람이 있을까? 그렇게 잘하는 사람이 별로 많지 않을 거야? 잘하지 못하지만 잘해야 한다고 생각하니까 스트레스를 받고 긴장하는 것이 아니겠니? 네가 생각을 바꿔야만 긴장하지 않고, 긴장하지 않으면 반복적이고 확인하는 강박적인 행동이 줄어들지 않을까?" "예, 그렇다고 생각이 되네요. 선생님."

이 학생이 자신 없이 말하는 것 또한 엄마에게 인정받지 못하는 것으로 인해 자존감이 약해 일어나는 것으로 여겨져 학생에게 자신에게 합리적인 자기 진술문을 하루에 다섯 번씩 읽어 오는 숙제를 내 주었다.

• 합리적인 자기 진술문

"나는 나 자신으로서 가치 있는 것이다. 물론 엄마의 인정을 받으면 좋겠지만 엄마의 인정이 없어도 나는 가치 있다. 나는 모든 일을 잘할 수는 없다. 최선을 다해서 할 뿐이다. 동생하고 비교하지 말자. 동생은 동생이고 나는 나다."

• 숙제 점검

날짜	암송 횟수
11/12	10
11/13	10
11/14	9
11/15	8
11/16	10
11/17	10

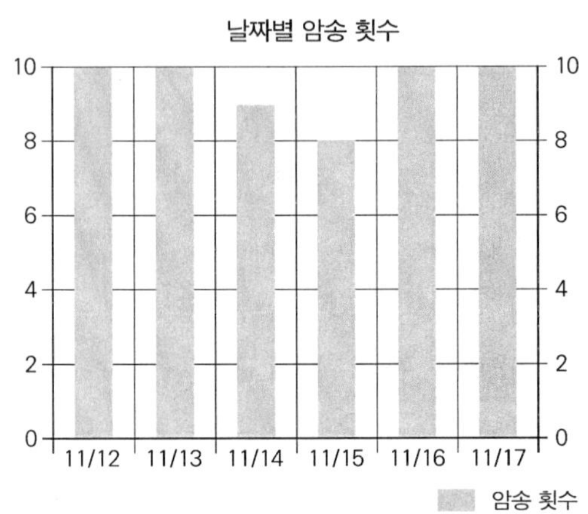

지난 상담에서 내준 합리적 자기 진술을 암송하는 숙제를 점검하였더니 비교적 열심히 해왔다. 합리적 자기 진술문을 암송한 기분이 어떠냐고 질문하였더니, 암송을 하고 난 뒤에 조금씩 기분이 좋아지는 것 같았으나 한순간 '이것을 왜 하지?'하는 생각도 들었다고 한다. 그래서 주희가 상담을 하는 목적이 너의 반복적이고 확인하는 행동을 고치기 위해서 하는 것이라는 목표를 다시 한 번 분명히 하였다. 이러한 목표를 달성하기 위해서 반복적이고 확인하는 행동을 많이 하는 때가 엄마의 잔소리를 들어 스트레스를 받고 긴장감을 느낄 때라는 것을 탐색하였고, 엄마의 잔소리를 들어 스트레스를 받는 것은 나는 착한 딸이기 때문에 엄마의 말을 반드시 잘 들어야하고 지켜야 한다는 비합리적인 신념이 있다는 것을 다시 한 번 이야기하였다. 이 학생은 그 말이 이해가 잘 안 되는 듯한 표정을 보이고 있어, 변화가 쉽게 이루어지기 어렵겠다는 생각이 들었다. 그래서 사람의 생각에 따라 행동과 감정이 이루어진다는 것을 종이에 써 가면서 설명하고, 늦으면 안 되는 중요한

시험을 본다고 가정하면 아침에 일찍 일어나는 행동을 하게 되고 긴장하게 된다는 예를 들어 설명하기도 하였다. 이런 예가 다소 미흡하지만 학생은 이해를 하게 되어 생각에 따라 행동과 감정이 이루어진다는 것을 받아들이게 되었다.

이야기를 전환하고 상담에 집중하기 위해 반복적이고 확인하는 행동에 대한 이야기를 하였다. 이런 행동을 하게 된 것은 초등학교 4~5학년 때부터인 것 같다고 한다. 처음에는 그런 행동을 의식하지 못하였고, 중학교 2학년에 들어와서부터 조금 더 심해졌다고 한다. 본인의 행동이 이상하다고 조금은 느꼈으나, 엄마가 자꾸 그런 행동을 하지 말라고 해서 더욱더 스트레스를 받아 많이 하게 되었다고 한다. 구체적인 행동을 보면, 문을 열고 닫을 때 한 번에 하지 못하고 열고 닫고를 3번 이상씩 하는 행동, 불을 켜고 끌 때 역시 3번 이상씩 하는 행동, 냉장고 문을 열고 닫을 때도, 가방을 열고 닫을 때도, 책이나 볼펜을 꺼낼 때도, 문지르고 완벽하게 되었는가를 3번 이상 반복하는 행동 등 생활에 사소한 행동에서 3번 이상씩 확인하고 반복하는 행동이 이루어진다는 것이다. 이런 행동은 긴장할 때 엄마의 잔소리가 심해질 때 더욱더 심해지는 것으로 보아 엄마에게 인정받지 못하고 엄마가 시키는 일을 잘하지 못하면 안 된다는 비합리적인 신념에서 비롯된 것이라고 인식시키고 이런 생각을 변화시키기 위해 꾸준히 합리적 자기 신념을 하루에 10번씩 암송할 것과 하루에 이런 행동을 언제 몇 번을 했는지 행동 기록표에 기록해 올 것을 숙제로 내주고 상담을 마쳤다.

4회 상담

숙제로 내준 합리적 자기 진술문 암송은 하루에 열 번씩 열심히 하였다고 한다. 또 하나의 과제인 행동 기록표를 점검하였는데, 행동 기록표를 보니까 어떠냐고 질문하니 반복적인 행동이 나아지고 있다고 한다. 확연히 달라지지는 않았지만 기록표상에 나아지고 있는 모습이 보이는데, 네 생각은 어떠

〈행동 기록표(횟수)〉

날짜	강박행동	등교 전 아침	학교 점심 전	학교 오후	하교 후 학원가기	학원 이후 잠자기 전	합계	
11/19	문 열고 닫는 행동	4	3	2	3	3	15	49
	불(물) 켜고 끄는 행동	5	0	0	2	2	9	
	문지르고 두드리는 행동	3	2	1	2	3	11	
	물건을 들었다 놓는 행동	5	2	2	3	2	14	
11/20	문 열고 닫는 행동	3	2	2	3	4	14	41
	불(물) 켜고 끄는 행동	3	0	0	2	3	8	
	문지르고 두드리는 행동	2	1	1	2	3	9	
	물건을 들었다 놓는 행동	3	2	2	1	2	10	
11/21	문 열고 닫는 행동	3	2	2	3	3	13	39
	불(물) 켜고 끄는 행동	3	0	0	2	3	8	
	문지르고 두드리는 행동	2	1	1	2	2	8	
	물건을 들었다 놓는 행동	3	2	2	1	2	10	
11/22	문 열고 닫는 행동	2	1	1	2	3	9	31
	불(물) 켜고 끄는 행동	2	0	0	2	2	6	
	문지르고 두드리는 행동	2	1	1	2	3	9	
	물건을 들었다 놓는 행동	2	1	1	1	2	7	
11/23	문 열고 닫는 행동	1	1	1	2	3	8	33
	불(물) 켜고 끄는 행동	1	0	0	1	3	5	
	문지르고 두드리는 행동	4	2	1	2	2	11	
	물건을 들었다 놓는 행동	2	1	1	2	3	9	
11/24	문 열고 닫는 행동	1	1	1	1	4	8	28
	불(물) 켜고 끄는 행동	1	0	0	1	3	5	
	문지르고 두드리는 행동	2	1	1	1	2	7	
	물건을 들었다 놓는 행동	2	1	1	1	3	8	

냐고 하니 엄마가 요즈음도 잔소리는 여전히 하고 있지만 내 행동이 변화되고 있는 것을 아시는지 잔소리가 줄었고 또 나는 잔소리를 적게 들으니 그런 행동이 줄어드는 것 같다는 답을 한다. "엄마의 잔소리를 적게 들으니 긴

장감과 스트레스가 줄고 반복적인 행동도 적게 하는 것이구나!"라고 다시 한 번 확인하였고 엄마에 대한 생각을 점검하였다.

"엄마가 요즈음도 너를 잘 안 안아 주고 동생과 차별한다고 생각하니?" "아니요, 선생님이 날마다 암송하라고 하신 글을 암송하니까 엄마의 행동이 동생과 나를 대하는 것이 다르지 않았어요. 제가 엄마를 잘못 생각하고 있는 것이 아닌가 하는 생각이 들었어요. 엄마에 대해 서운할 때도 있지만 그전처럼 많이 속상하고 엄마가 무조건 밉지 않아요." 자신감이 있는 목소리는 아니지만 조심스럽게 이야기를 하고 있다. 여전히 자신감이 회복되지 않지만 엄마에 대한 생각이 바뀌고 있는 모습이 보이고 있다. 이 학생은 엄마에게 인정받아야 하고 엄마의 말을 잘 들어야 한다는 생각이 강해 이러한 생각을 바꿔야만 자신감을 회복할 수 있고 반복적인 행동을 그만하게 될 것이다. 이러한 학생의 조그만 변화가 생각을 바꿔야 일어나듯이 행동이 변화되면 생각이 바뀔 것이라는 생각에 자신감 있게 큰소리로 말하는 것을 권하였다. 그래서 합리적 자기 진술문을 조그만 소리로 암송할 것이 아니라 큰소리로 암송할 것을 과제로 내 주었고, 자신의 행동에 대한 기록을 계속할 것을 과제로 내 주었다.

고등학교에 대한 진학은 부모님, 친구들과 상의하고 고민하여 친한 친구들과 함께 기숙사가 있는 □□고등학교로 진학하기로 결정하였다. 진학이 결정되니 마음이 여유가 생기기도 하였고, 장학금을 받기 위해 공부를 열심히 하고 있다고 한다. 동생과 엄마에 대한 생각이 변화되어야 하는데 아직 동생에 대한 문제를 학생과 이야기하지 못하고 있다. 현재 이 학생은 엄마에 대한 생각이 아주 서서히 변화되고 있는 단계다. 얼마 안 남은 고등학교 진학에 따른 공부로 인하여 다른 과제를 내 주는 것을 부담스러워 하였다.

5회 상담

이 학생의 중요한 관심사가 현재는 고등학교 진학 문제여서 가볍게 "공부는 잘 되니?"라는 질문으로 상담을 시작하였다. 그랬더니 공부를 열심히 하는데 주변 아이들이 너무 떠들어서 집중이 잘 되지 않아 초조하다고 한다. 그래서 너는 성실하니까 주변 분위기에 휩쓸리지 않고 노력하고 있으니 잘될 거라고 격려해 주면서 지난 과제를 점검하였다. 성실한 학생이어서 날마다 합리적 자기 진술문은 열 번씩 방에서 큰소리로 낭송하였는데, 행동 기록표는 잘 하지 못하였다고 한다. 본인이 느끼기에 반복적인 행동이 많이 감소하였는지 증가하였는지를 질문하니 많이 감소하였고 합리적 자기 진술문을 낭독하니까 자신감이 다소 생기는 것 같고 엄마에 대한 생각이 조금은 바뀌고 있다고 한다. 여전히 엄마를 좋아하고 많이 의지한다. 속상할 때도 있지만 그때마다 '나는 나이다.'라는 생각을 하려고 노력하고 있다고 한다. 그래서 엄마는 엄마로서 너희에게 말하는 것이고 너희를 사랑하고 있다는 것을 믿고, 엄마 딸이니까 무조건 잘해야 한다는 생각을 가지지 말고 나는 나 자체로 존재 가치가 있다는 것을 인식하는 것이 중요하다는 것을 다시 한 번 강조하였다. 학생은 알겠다고 노력해 보겠다고 말하면서 공부에 집중해야 하기 때문에 고등학교 시험이 끝날 때까지 만나지 못하겠다고 한다. 그래서 시험이 끝난 후에 만날 것을 약속하면서 행동 기록표를 기록하는 과제와 합리적 자기 진술문을 암송하는 과제는 꼭 할 것을 약속받고 상담을 끝냈다.

3. 상담 후기

내담자는 중학교 3학년 여학생으로서 성실하고 공부도 잘하는 학생이며 교우 관계가 그리 넓지 않고 조용하고 착하다는 학생들만 친하게 지내고 있다. 자신의 의견을 강력하게 말하지 못하고 조심스럽게 말을 하는 학생이다. 이 학생은 부모님이 모두 교사여서인지 부모님의 말은 잘 들어야 하고 어른은 공경해야 한다 등 도덕적이고 사회 모범적인 가르침을 받는 환경에서 자라났다. 특히 엄마에 대한 강한 애착을 가지고 "나는 착한 딸이기 때문에 엄마의 말을 반드시 잘 들어야 한다."라는 비합리적인 신념을 가지고 있었다. 엄마의 말을 잘 들어야 한다는 긴장감과 스트레스로 자신감이 없으며 자주 완벽을 기하고자 반복적으로 확인하는 행동(만지고 두드리고 켰다 껐다, 열고 닫았다)을 강박적으로 하는 모습을 보이고 있다. 선생님의 요청으로 상담을 하게 되었을 때도 본인은 이러한 행동에 대하여 조금은 이상하다고 생각하고 있었으나 그리 크게 변화하여야 한다는 생각은 갖지 않은 상태였다. 조심스럽게 이야기를 하면서도 자신의 이야기를 잘하는 학생이어서 상담에 많이 협조적이었다. 가족에 대한 이야기를 하면서 엄마에 대한 애착과 동생에 대한 경쟁의식을 보이고 있다. 이 학생의 자존감을 높이고 비합리적인 신념을 고치기 위하여 인지(사고), 감정, 행동의 관계에 대하여 설명을 해 주었고, 합리적 자기 진술문을 암송하도록 하였다. 자신이 반복적으로 하는 행동이 하루에 언제, 얼마나 하는지를 알기 위해 행동 기록표를 작성하는 과제를 내주기도 하였다. 과제는 성실하게 수행해 왔으며 조금씩 엄마에 대한 생각이 바뀌어가는 모습을 보여 주기도 하였지만 가끔은 엄마에 대한 서운한 감정과 속상함으로 인하여 강박행동이 증가되는 경우도 있었다고 한다. 고등학교 진학 문제 때문에 상담하는 문제에 집중하기가 어려웠지만 내담자가 조금은 변화되는 모습을 보이고 있어 꾸준히 만난다면 변화가 이루어질 것이라고 기대한다.

4. 사례의 해설

이 사례는 담임교사가 강박 증상을 지닌 학생을 교육대학원에서 상담심리를 전공하고 있는 교과담임교사에게 의뢰한 사례다. 상담자는 평소에 모범적이었던 학생이었기 때문에 다소 의외의 마음으로 내담자 문제를 살피게 되었다. 내담자의 부모는 부부 교사로 교사가 학생에게 하듯이 자신의 자녀에게도 모범적인 삶을 살기를 강요하였으며 이에 따라 내담자도 "어른이 시키는 일은 잘해야 하고 특히 엄마가 하는 일은 옳은 일이니 잘 따라서 해야만 한다." 그리고 "나는 착한 딸이기 때문에 엄마의 말씀을 잘 들어야 하고 반드시 잘해야만 한다."는 등의 비합리적인 신념을 내재화하게 되었다. 그러다 보니 엄마의 눈치를 많이 보게 되고 엄마가 잔소리가 심할 때면 반복적인 확인행동 예를 들면, 가방을 열 때도 열었다 닫았다를 반복하고 책을 덮을 때도 한 번 덮고 또 덮는 등의 행동을 하게 되었다. 이에 대해서 상담자는 REBT 상담을 실시하고 있는데, 내담자가 중학교 3학년이었기 때문에 진로문제와 겹쳐서 심리적 문제를 집중적으로 다루지 못한 점을 아쉬워하고 있다. 입시가 끝난 후에 다시 상담을 재개하여 내담자의 문제를 좀 더 확실하게 다루어주었으면 내담자에게 더욱 도움이 되었을 사례다.

1) 진행 과정의 좋은 점

상담자는 1회기에서 내담자에 대한 전반적인 탐색을 한 후에 내담자의 강박행동에 대해 언제 그런 행동을 하는지 생각해 오는 숙제를 내주고 2회기에서 바로 이 점에 대해서 질문을 한다. 이 질문을 통해 내담자는 엄마의 잔소리가 심할 때마다 스트레스를 받을 때마다 긴장하면 더 그러한 행동을 한다고 말할 때 바로 상담자가 또 다른 질문을 하여 "어른이 시키는 일은 반드시 잘해야만 하고, 특히 엄마가 시키는 일은 옳은 일이니 반드시 따라야만 한다고 생각합니다."라는 비합리적 생각을 찾아내었다. 이에 대해서 "엄마도 사람인데 어떻게 옳은 일만 이야기하는가?" "어떻게 항상 잘할 수 있는가?" 등의 일련의 질문을 통하여 내담자의 신념에 대한 논박을 수행하여 내담자가 자신의 비합리적 신념에 대해서 인정하게 한다. 그리고 나서 합리적 대안 신념, "나는 나 자신으로서 가치 있는 것이다. 엄마의 인정을 받으면 좋겠지만 엄마의 인정이 없어도 나는 가치있는 것이다. 나는 모든 일을 잘할 수 없다. 나에게 최선을 다해 할 뿐이다. 동생하고 비교하지 말자. 동생은 동생이고, 나는 나다." 등의 진술문을 낭송하게 한 것은 REBT식 개입을 제대로 한 것으로 보인다.

행동 기록표 등을 활용하여 내담자의 문제행동이 일어나는 상황과 횟수를 기록해 온 것은 적절한 숙제로 보인다. 문제 해결의 첫 단초는 자신의 문제를 객관적으로 파악하는 데서 나오기 때문이다. 상담 말미에서 내담자의 고등학교 진학 문제로 인하여 상담이 계속될 수 없는 동안에 수행할 과제를 내 주고 입시 후에 다시 만나기로 한 점은 내담자에게 자신의 어려움을 해결하기 위해 다시 돌아갈 공간이 있다는 안도감을 주었을 것으로 사료된다.

2) 진행 과정에서 보완해야 할 점

3회기에서 내담자는 합리적 대안 신념을 낭송하면서 기분이 좋아졌지만 왜 하는지에 대한 이유는 모른다고 하고 있다. 숙제를 내줄 때에 숙제하는 이유에 대해 명확한 설명이 수반되었을 때에 내담자는 숙제를 더 열심히 해 온다는 사실을 알아야 한다. 상담자는 이 회기에서 내담자가 스트레스를 받고 힘들어하는 것은 비합리적 신념에서 나온다고 말하지만 내담자가 이해를 잘 못하는 듯이 보여 변화가 쉽게 이루어지기 어려우리라는 생각이 들었다고 한다. 상담자는 이때에 좀더 인지 · 정서 · 행동 간의 관계에 대한 교육을 시도하여 내담자의 어려움은 자신이 무엇이든지 잘해야만 한다는 생각에서 기인한 것이라는 것을 여러 가지 예화 등을 활용하여 시도했어야 했다. 심리구조의 3요소 간의 관계를 잘 인지하지 못한 상태에서는 합리적 대안 신념을 낭송하는 것이 어떤 의미인지를 모르기 때문에 낭송의 효과가 많이 약화될 수 있다.

형들이 무서워 나갈 수가 없어요

| 묻지마 집단 폭행 사례 |

1. 내담자의 기본 자료

1) 내담자 인적 사항

- 이름: 이정우(가명)
- 학년: 고등학교 1학년
- 성별: 남

2) 가족 사항

- 아버지(48세): 고졸, 공무원 - 너무 바빠서 대화가 거의 없다. 엄하고 보수적으로 내담자의 학업적인 고민을 이해하지 못한다. 가족들이 모처럼 모이는 주말에는 반드시 성적과 학벌이 좋아야 취직을 하고 성공할 수 있다는 훈계를 자주 한다. 폭력 피해 사건 이후 내담자의 고통이나 치료의 필요성을 이해하지 못하는 편으로, 이번 상담도 1달 만이라는 조건으로 허락했다고 한다.

- 어머니(46세): 고졸, 주부 – 지나친 잔소리에 감정 기복이 심하며 자녀 양육에 자신감이 없지만 매사에 개입하려 한다. 자녀 훈육에 있어 타인의 조언에 매우 의존적이다. 전업주부이지만 내담자의 고등학교 입학 후 교육비를 벌 생각으로 파트타임으로 피자집에서 일하기 때문에 부모 상담은 전화 상담으로만 이루어졌다.
- 남동생(15세): 중 2 – 작은 키, 심한 곱슬머리로 인해 커 보이는 머리 등 외모에 대한 열등감과 소심함으로 대인 관계가 넓지 않다. 1년 전 중학교 1학년 때에는 같은 반 급우에게 폭행 피해를 입고 어머니와 함께 상담받은 경험을 가지고 있다.

3) 상담 경위

내방 5개월 전인 20××년 10월 중순의 어느 날 저녁 무렵, 내담자가 사는 집 근처 골목에서 고등학교 상급생으로 보이는 세 명의 학생들에게 아무런 이유 없는 '묻지 마' 집단 폭행을 당한 뒤, 또 같은 사건을 당할까 두려워 외부 활동을 못하고 밤에 잠을 이룰 수 없을 만큼 고통을 받다가 어머니의 권유로 Wee 센터에 내방하게 되었다. 학생이 내방하기 전, 어머니와의 통화를 통해 내담자에게 있었던 폭행 사건과 그 이후부터 현재까지 내담자의 생활에 대해 자세한 설명을 들었다.

4) 내담자의 인상 특성 및 행동 특성

- **인상 특성**: 정리되지 않은 길고 심한 곱슬머리 때문에 상대적으로 머리가 몸에 비해서 커 보임. 첫인상은 긴장된 자세에 매우 불안해 보임. 눈을 굴리면서 여기저기를 살핌. 안색이 어둡고 초조해 보임.
- **행동 특성**: 대화할 때 눈을 맞추지 못하고 고개를 숙이고 있음. 말은 잘

하는 편이나 소리가 작고 입속에서 웅얼거리듯이 하여 정확하게 들리지 않음.

5) 내담자의 강점과 약점

- **강점**: 변화 의지, 자발적인 노력
- **약점**: 인지적 융통성의 부족, 대인관계에서의 자신감 부족

6) 학부모와의 상담 내용

문제 파악을 위해 작년 사건 이전과 이후 내담자의 학교 및 가정생활 전반에 관해 들으면서 어머니로부터 일상생활에서 내담자가 보이는 부적응의 사례를 들었다. 평소 학업 성적이 낮고 친구 사귀기에 소극적인 면이 있어 친한 친구가 없긴 했지만 그래도 특별한 일 없이 중학교까지는 학교에 잘 다녔는데, 작년 10월 동네에서 모르는 형들에게 폭행을 당한 후 아이가 많이 변한 것 같다.

제일 크게 달라진 점은 밖에 나가려고 하지 않는다는 것이다. 아침마다 깨워 학교에 보내는 일이 가장 힘들다. 매일 달래기도 하고 윽박지르기도 하지만 아침마다 할 짓이 아니다. 혼자 가기 어려워해서 데려다 주기도 하고, 작년까지는 같은 학교에 다니는 동생하고 같이 가라고도 했지만, 지금은 하루하루가 전쟁이다. 학원도 모두 끊고 학교에서 돌아오면, 힘들다고 자버리고는 저녁에 일어나서는 밤새도록 자기 방에서 컴퓨터 게임만 한다. 고등학교에 가면 분위기도 바뀌니까 달라질 것이라 생각했는데, 변한 것은 하나도 없다. 인문계 고등학생인데도 공부나 학원에는 전혀 관심도 없고 이제는 오히려 학교가 멀어져서 등·하교가 더 어려우니 차라리 학교를 그만 두고 검정고시를 보겠다고 해서 가족들도 모두 걱정이다.

처음에는 우리도 아이가 받은 충격이 컸을 것이라고 생각해서 이해하고 아이의 마음을 맞춰 주려고 했지만 반년을 내내 저렇게 무기력하게 지내니, 아이와 엄마의 관계도, 그리고 아이와 아버지의 관계도 모두 엉망이 되어서 원수처럼 지내게 되었다. 이제는 서로 거들떠보지도 않고 뒤에서 서로 비난만 하는 관계가 되어 버렸다. 어떻게 해야 할지 알 수가 없다. 누군가 도와줄 사람이 필요해 고민 끝에 상담에 오게 되었다.

2. 상담 문제

1) 호소 문제

등 · 하교 시간이 무섭고 두려워서 학교를 자퇴하고 싶다.
교내에서 화장실과 특별 교실 등으로의 이동이 힘들다.
저녁 시간 이후 외출이 어렵다.
모든 것이 다 귀찮고 힘들며 사람 만나는 것이 싫다.

2) 호소 문제의 배경

내담자는 5개월 전 '묻지 마' 집단 폭행이라는 충격적인 사건을 당한 후, 외상 후 스트레스 장애(post traumatic stress disorder)로 보이는 증상과 고통을 호소하고 있다. 사건 후 5개월이 지난 현재까지도 그때의 고통스러운 기억이 떠오르고 꿈에도 자주 나타나 늦게까지 잠을 이룰 수 없다고 한다. 학교에 오가는 것은 물론 낮 시간에도 인적이 드문 골목길을 지나다니지 못하고 저녁 시간대의 외출도 하지 못한다고 한다. 교복을 입고 모여 있는 무리를 보면 숨이 막혀 피해 도망치게 되고, 학교 안에서는 선배들과 마주칠까 봐 특별 교실은 물론 화장실도 가지 못하는 증상을 보이는 등 사건과 관련된 자극이나 단서를 회피한다고 한다. 또한 내담자는 사건 이후 줄곧 예민한 각성 상태를 경험하고 있다. 평소에도 늘 긴장 상태로 쉽게 놀라거나 화를 내고 집중을 못하고 밤에 잠을 이루지 못한다. 짜증을 많이 내고 두통에 소화도 잘 되지 않으며, 늘 피곤하다고 생각한다. 스스로 그 사건의 피해 기억을 지우지 못해 계속 두려움에 떨고 있는 자신의 무력함에 대해 분노를 지니고 있지만 해결 방법을 알지 못하며 따라서 자존감도 매우 떨어져 있는 상태다. 현재 내담자는 일상생활에 심각한 불편을 겪고 있다.

3) 내담자 문제의 이해

(1) 개인 내적인 요인

내담자는 두 형제 중 장남으로 학업적인 성취를 강조하는 부모님의 많은 기대와 요구를 받으며 자랐다. 지시적인 아버지 밑에서 초등학교까지는 비교적 우수한 학업 성취를 보였으나, 중학교 입학 이후 학년이 올라갈수록 성적이 떨어지자 아버지와 내담자의 갈등이 시작되었고, 이를 모두 자신의 무능력으로 내부 귀인하는 모습을 보이고 있다. 부모가 원하는 이상적인 자신의 모습과 현실적인 자신의 모습의 큰 괴리에서 내담자는 부정적인 자아개념을 가지게 되었고 이런 모습은 수동적이며 회피적인 교우 관계에서 나타난다. 2살 아래의 동생도 비슷한 대인관계의 어려움으로 상담받은 적이 있는 것으로 보아, 가정 내의 소통양식이 우울한 정서와 무기력한 행동양식을 보이는 내담자의 일부 비합리적 사고 체계와 깊은 관계가 있는 것으로 보인다.

(2) 환경적 요인 1-가족 관계

내담자의 불안에 처음에는 가족들도 관심과 이해를 보였지만 시간이 흘러도 나아질 기미가 보이지 않자 내담자를 오히려 소심하고 약한 사람 취급하며 비난하게 되었다. 그럴수록 내담자는 가족과 친구를 멀리하면서 짜증을 많이 내게 되고, 우울한 감정 때문에 공부에 집중하기도 힘들게 되었다. 외부 활동에도 소극적이 되면서 집에서 TV나 컴퓨터 게임으로 스트레스를 해소하려 하고, 부모님과의 관계 역시 악화되고 있다. 부모님은 내담자에게 공부도 못하고 친구들도 사귀지 못한다고 계속 잔소리를 하면서 다른 친구들과 계속해서 비교를 하고, 그럴수록 가족과의 관계에서도 내담자는 위축되고 소외감을 느끼고 있다.

(3) 환경적 요인 2- 친구 관계

고등학교 1학년 남학생으로 키가 작고 얼굴이 크다는 외모적 콤플렉스를 가지고 있다. 외모에 대한 열등감과 낮은 성적에서 오는 학습적인 무력감으로 많이 위축되어 있다. 잘 나서지도 않고 자기주장도 하지 못하는 편이다. 친구들이 먼저 말을 걸어오길 바라면서도, 친구의 장난이나 농담에 쉽게 상처받고 괴로워하는 편이라서 친구 관계 정립이 어렵다. 특히, 사건 후 아이들이 자신을 이상하게 생각하는 것 같아 관계에서 소외감을 느끼게 되면서 친구들에게 접근하기조차 어려움을 느낀다.

4) 심리검사의 이해

<table>
<tr><td rowspan="2">SCT</td><td>• 대인관계 영역 - 내 생각에 참다운 친구는 없다. / 무슨 일을 해서라도 잊고 싶은 것은 그 일이다. / 다른 가정과 비교해서 우리 집안은 너무 답답하다. / 내가 없을 때 친구들은 잘 지낼 것이다.</td></tr>
<tr><td>• 자기개념 영역 - 나의 장래는 어둡다. / 내가 늘 원하기는 혼자 어디론가 가는 것이다. / 나는 참 답답한 놈이다. / 나의 가장 큰 결점은 무기력이다. / 내가 다시 젊어진다면 공부와 운동을 할 것이다.</td></tr>
</table>

<table>
<tr><td rowspan="2">MMPI</td><td>L</td><td>F</td><td>K</td><td>Hs</td><td>D</td><td>Hy</td><td>Pd</td><td>Mf</td><td>Pa</td><td>Pt</td><td>Sc</td><td>Ma</td><td>Si</td></tr>
<tr><td>50</td><td>49</td><td>52</td><td>38</td><td>55</td><td>50</td><td>59</td><td>59</td><td>49</td><td>53</td><td>47</td><td>42</td><td>44</td></tr>
<tr><td>BDI</td><td colspan="13">• 35/63(매우 심한 우울) - 나는 너무나 슬프고 불행해서 도저히 견딜 수 없다. / 나는 앞날에 대해 기대할 것이 아무 것도 없다고 느낀다. / 나는 인간으로서 완전한 실패자인 것 같다. / 나는 모든 것이 다 불만스럽고 싫증 난다. / 나는 나 자신에게 화가 난다. / 나는 더 이상 아무 결정도 내릴 수가 없다. / 나는 너무나 피곤해서 아무 일도 할 수 없다. / 나는 전혀 아무 일도 할 수 없다.</td></tr>
</table>

5) 상담 목표 및 상담 전략

(1) 상담 목표

- 학교 등하굣길과 학교 내 이동을 두려움 없이 정상적인 시간대에 할 수 있다.
- 선배들이 있을 것으로 예상되는 장소나 시간대에 외출할 수 있다.
- 합리적인 자기진술 및 자기언어의 훈련을 통해 불안하고 무기력한 행동을 유발하는 비합리적인 생각을 적절한 정서와 행동을 유도하는 합리적인 생각으로 바꾼다.

(2) 상담 전략

내담자가 외상적 사건에 대해서 어떤 의미를 부여하고 있는지에 초점을 맞추어 탐색하고 새로운 방식으로 의미를 재구성하여 같은 일이 반복될 현실적인 확률과 그에 대한 대처 방법을 인식시켜 외상적 경험과 일상적 경험을 분리시키는 동시에 현재 생활에 적절히 적응할 수 있게 한다.

- 불안 조절과 위기대처 훈련을 통해 스트레스와 불안에 대처하는 기술과 능력을 향상시킨다.

- 지연된 노출법을 사용하여 궁극적으로 외상적 사건을 큰 불안 없이 직면하도록 유도한다.
- 외상적 사건과 관련된 비합리적인 생각을 실용적이고 논리적이면서 현실적인 합리적인 생각으로 교정한다.
- 합리적인 자기진술과 자기언어의 반복 훈련을 통해 외상적 사건과 관련된 일부 왜곡된 사고 체계를 바꾸고 긍정적인 자아상을 구축하는 한편, 약속을 지켜가는 과정을 통해 자기효능감을 높여 대인관계도 자신감을 갖도록 한다.

3. 상담 과정

1회 상담

주 제	"학교에 갈 수가 없어요!"
내 용	심리적 문제의 탐색 및 상담 구조화(심리검사 실시)

상담의 방법과 절차, 특히 비밀 보장 및 횟수와 시간 등의 안내를 통해 상담을 기본적으로 구조화하고 첫 면접 상담을 실시했다. 인문계 고등학교 학생의 특성상 자율학습과 학원 때문에 상담을 중간고사를 치르기 전까지 총 6회에 걸쳐 진행하기로 했으며, 첫 회기 내방 때에 본 면접 후 심리검사를 추가로 한 후 돌아갔다.

주 호소 내용	
정서적 문제	불안하다. 우울하다. 고통스럽다.
행동적 문제	학교 등 · 하교를 정상적으로 할 수 없다.
	쉬는 시간에 학교 내에 있는 화장실이나 특별 교실에 갈 수 없다.
	저녁 시간 이후 바깥 활동을 할 수 없다.

상담자: 어째서 학교를 자퇴하려는지 말해 줄 수 있겠니?

내담자: 불안해서요. 학교에 갈 수가 없어요.

상담자: 무엇이 불안하다는 거니?

내담자: 학교에 갈 때와 올 때가요.

상담자: 학교에 갈 때와 올 때의 어떤 부분이?

내담자: 길에서 모르는 형들에게 맞을 것 같아서요. 학교에 가려면 계속 학생들도 선배들도 보잖아요. 그런데 그것이 견디기가 어려워서 학교에 갈 수가 없어요.

상담자: 그러니까 학교에는 잘 다니고 싶은데, 길에서 만나게 되는 학생들 때문에 학교 가기가 불안하다는 거니?

내담자: 네. 모든 학생들이 다 두려운 것은 아니고요…… 나이 들어 보이는 학생들 있잖아요. 특히 선배처럼 보이는 학생들이 한 명이 아니라 여러 명이 모여 있으면 불안해서 숨을 쉴 수가 없어요. 심장이 쿵쾅거리고 머리가 어지러워서 집으로 도망치고 싶어요.

상담자: 언제부터 그런 증상이 있었니?

내담자: 작년 가을 그 일이 있은 후부터요.

상담자: 그 일이 있기 전에는 그렇지 않았다는 말이지? 그렇다면 현재는 학교에는 어떻게 다니고 있니?

내담자: 학교는 7시 40분까지라서 원래는 집에서 7시에 나오면 되거든

요…….

상담자: 그런데?

내담자: 그런데 그때 나오면 버스 정류장에 고등학생들이 너무 많아서요. 불안해서 서 있을 수가 없어요. 학교에 안 가면 엄마가 죽겠다고 하시니 안 갈 수도 없고……. 그래서 할 수 없이 전 6시20분 전에 나와요. 그때 나오면 학생들이 거의 없거든요.

상담자: 그럼 학교에는 7시 전에 도착하겠구나!

내담자: 네, 그 시간대에는 하나도 막히지 않아서 빨리 가요. 교실까지 가도 7시가 안 될 때가 많아요. 하지만 그래서인지 학교에 가면 1교시부터 얼마나 졸리는지……. 오전 내내 잠만 자게 되요.

상담자: 일찍 일어나서 학교 가느라고 잠이 많이 부족하겠구나. 그렇게라도 학교에 가면 다른 어려움은 없니?

내담자: 학교에 가면 교실에서는 괜찮지만 교실 밖으로 나갈 수가 없어요. 복도에도 운동장에도 전부 형들뿐이잖아요. 화장실도 못가서 참았다가 집에 와서 해결해요. 너무 급할 때는 차라리 수업 중에 가요. 그래야 복도에 아무도 없으니까요. 너무 힘들어 미칠 것 같아요. 수업하러 특별 교실이나 운동장에 가는 것도 힘들어서 종이 치면 움직여요. 그러니까 수업 시간에 선생님께도 자주 혼나게 되고 애들도 절 이상하게 봐요. 자꾸 수업에 늦고, 또 수업 시간에 자꾸 화장실에 가곤 하니까요. 그렇다고 애들에게 사실대로 말할 수도 없어요. 그럼 애들이 분명히 절 바보로 볼 테니까요……. 점심시간에도 식당에 가서 밥도 제대로 못 먹어요. 저희 학교는 2, 3학년 형들부터 먼저 먹고 1학년은 나중에 먹는데, 그래도 늦게 와서 먹는 형들도 있고, 오다가다 보게 되는 형들도 있어서요……. 반에 있다가 배고프면 점심시간이 끝날 때쯤 뛰어가서 먹는 둥 마는 둥 급하게 겨우 먹고 와요. 굶을 때도 있고요…….

상담자: 교실 안에서는 어떠니?

내담자: 교실 안에서는 괜찮아요. 어차피 반 친구들밖에 없으니까요.

상담자: 학교 끝나고 집에 올 때는?

내담자: 집에 오는 길도 아침처럼 힘들어요. 학생들이 몰려 있으니까요. 버스 정류장에서 버스를 기다리는 것도 힘들고 버스를 타더라도 근처에 학생들이 두세 명 모여 떠들기라도 하면 …… 그쪽에 신경이 쓰이고 불안해져요. 버스를 아예 타지 못해 몇 대를 놓치거나 타더라도 무리지어 있는 형들이 신경 쓰여 중간에 내리기도 하고 그래요.

상담자: 형들로 보이는 학생들이 무리지어 있는 것을 보면 어떤 느낌이나 생각이 드니?

내담자: 가슴이 뛰고 숨 쉬기도 힘들고 긴장이 되요. 저를 때릴 것 같아서요.

상담자: 집 근처에서도 마찬가지니?

내담자: 집 앞에 골목이 있는데 그 길 지나가기도 너무 어려워요. 낮에는 그래도 괜찮은 편이에요. 어른들도 많이 다니니까요……. 그런데 저녁 시간이나 밤이 되면 아예 나갈 수가 없어요. 집에만 들어가면 괜찮은데 요즘은 그 일이 있었던 정문 쪽 길은 아예 다니지 않고 다른 길로 돌아서 아파트 후문으로 들어가요. 작년 그 일이 있고나서는 외출은 거의 안 해요. 특히 저녁 땐 아예 나갈 수가 없어요.

상담자: 그래도 지금까지 결석이나 조퇴 한 번 없이 성실하게 학교에 다녔구나. 집에만 들어가면 괜찮다고?

내담자: 네. 그러나 아침에 일찍 일어나서 하루 종일 긴장하고 있다가 집에 오면 긴장이 풀리니까 너무 힘들어요. 피곤해서 손 하나 움직이고 싶지 않아요. 학원에도 안 다니고 집에서는 그냥 숙제만 대충 하고 나머지 시간은 TV를 보면서 지내요. 엄마가 잔소리하시면 괜히 속상해서 눈물도 나고, 그러면 짜증이 나서 소리도 지르게 되고, 그

렇다고 얘기해 봤자 저만 바보 같고……. 그러다가 그냥 제 방에서 잘 때까지 컴퓨터 해요.

상담자: 잠은 잘 자고 있니?

내담자: 아니요, 꿈에서도 자꾸 그 일이 나타나서 잠을 계속 설쳐요. 사는 게 사는 것 같지 않아요. 부모님은 공부 안 한다고 계속 걱정만 하시면서 사내새끼가 겁만 많다고 핀잔주시고……. 아무도 절 이해해 주지 못해요. 학교에서도 선생님께 혼나고 친구들도 없고……. 최악이에요. 학교에 다니고 싶지 않아요. 자퇴하고 싶어요.

상담자: 그렇구나. 학교 잘 다니면서 공부 열심히 하는 멋진 아들로, 친구로 인정받고 싶은데, 그때 그 사건 이후로 불안해서 학교 다니기도 어렵고 외출도 못하니 정말 답답하고 힘들어서 학교를 그만 두겠다는 생각까지 했구나. 형들에게 맞을까 봐 무서워서 학교 못 간다는 얘기를 하기도 쉽지 않았을 테고……. 그래도 이렇게 상담에 와서 솔직히 네 맘을 털어놓는 이유는 무엇일까? 달라지고 싶은 희망이 있기 때문이지 않니? 정우야, 문제가 무엇인지를 알 수 있다면 그것에 대한 해결 방법도 있단다. 자, 오늘 많은 얘기를 한다고 힘들었지? 다음에 만날 때까지 집에 가서 오늘 한 얘기를 한 번 정리해 보면서 무엇이 문제인지를 정리해 보겠니? 숙제로 '공포 및 회피 목록'을 줄게. 읽어 보고 적어 오면 다음에 상담 목표를 세우는 데에 큰 도움이 될 거야. 그런데 당장 내일부터 또 학교에 가야할 텐데, 등하굣길은 어떻게 하면 조금이라도 편해질 수 있을까?

내담자: 전부터 친구와 같이 다녀볼 생각을 하긴 했는데…….

상담자: 그래? 좋은 생각을 했구나. 혼자 있을 때와 친구랑 같이 있을 때 밖에서 느끼는 불안의 정도가 같니?

내담자: 아니요, 아는 사람들과 같이 있으면 아무래도 덜 불안해요. 작년에 동생이랑 다닐 때는 그래도 다닐 만 했어요.

상담자: 그럼, 같이 학교까지 갈 친구는 있니?

내담자: 네, 중학교 때 친구가 한 명 있긴 있어요. 아침에 차 탈 때 가끔 만났어요.

상담자: 그렇다면 그 친구와 같이 가자고 말해 보는 것은 어떨까?

내담자: 한 번 해 볼게요.

• **숙제**

- 친구에게 같이 가자고 말해 보기
- '공포 및 회피 목록' 써오기

소감 첫 회기 상담이라서 내담자에게 상담 및 상담 과정과 과제 부여에 대해 안내하고 비밀 보장에 대해 설명하는 시간을 가졌다. 부모님과는 내담자와의 상담 전후로 전화로 상담을 했다. 먼저 내담자의 현재 스트레스가 과장됐다고 생각하는 부모님에게 내담자의 고통은 꾸며낸 것이 아니라는 것에 대한 이해를 구하고, 내담자가 이를 극복하기 위해서는 단순한 꾸지람이나 잔소리가 아닌 내담자를 이해하고 지지하는 부모님의 도움과 일정 기간의 상담이 필요함을 설명했다. 내담자의 정서적 고통감에 공감해 줄 것과 학교 등하교 시 친구와 같이 갈 수 있도록 하거나, 등교 시간을 조정하여 내담자가 원하면 버스를 탈 때까지 같이 가 주는 것도 필요하다고 설명하면서 전체 상담 과정을 설명하고 가족의 협조를 구했다.

2회 상담

주 제	"형들이 절 때릴 것 같아요."
내 용	상담 목표의 설정 및 반응유발사건의 탐색과 명료화

공포 및 회피 목록

상 황	불안 정도	회피 정도
가장 어려운 상황은 등하굣길입니다.	극심함	대개 회피
두 번째 어려운 상황은 버스에 형들이 많거나 어쩌다가 신체적 접촉이 있을 때입니다.	극심함	항상 회피
세 번째 어려운 상황은 교복 입은 1~2살 많은 형들이 모여 있는 것을 보는 것입니다.	극심함	항상 회피
네 번째 어려운 상황은 밤길, 골목길을 다니는 것입니다.	심함	항상 회피
다섯 번째 어려운 상황은 복도나 화장실, 운동장에서 형들이 다가오거나 뭔가 말을 걸려고 할 때입니다.	극심함	항상 회피

상담자: 공포 및 회피 목록을 보니까 네가 어떤 부분을 특히 힘들어하는지 구체적으로 정리가 되니?

내담자: 네, 학교 오가는 길과 밤에 다니는 것 그리고 역시 형들을 보는 것이네요.

상담자: 목록을 보니까 정우는 무엇을 상담 목표로 정해야겠다는 생각이 드니?

내담자: 많이 생각해 봤는데요, 우선, 등하굣길에 편안히 다니는 것, 그리고 저녁 이후의 밤길과 주변의 골목길을 편안히 다니는 것, 그리고 형들을 봐도 불안해하지 않고 편안히 대응하는 것이요.

상담자: 그래, 정리를 아주 잘하는구나. 행동적인 목표로 네가 말한 세 가지

를 목표로 삼는 것이 좋은 것 같구나. 먼저, 등하굣길과 교내의 다른 교실, 두 번째, 저녁 이후의 밤길과 골목길, 그리고 마지막으로 형들을 볼 때 피하지 않고 잘 다니기! 네 생각은 어떠니?

내담자: 네. 괜찮은 것 같아요.

상담 목표

(내담자와의 합의를 통해 얻은 목표)

결과적 목표	정서적 결과 목표	불안해하지 않고 자신감 갖기
	행동적 결과 목표	등하굣길, 화장실, 저녁 이후의 밤길과 골목길 잘 다니기, 형들을 볼 때 피하지 않기!
과정적 목표	합리적인 자기 진술 및 자기 언어의 훈련을 통해 사건을 과장해서 보거나 자기비하적인 비합리적인 생각 교정하기	

상담자: 먼저 첫 번째 목표인 등하굣길 문제를 극복하기 위해서 정우가 지금까지 했던 방법과 그 결과에 대해 얘기해 줄 수 있겠니?

내담자: 일찍 다니는 거요. 일찍 가니까 형들을 보는 기회는 적어 불안한 마음을 좀 줄일 수는 있었지만 너무 피곤해서 오전 수업 내내 졸게 돼요. 아침에 조금이라도 더 자면 좋겠어요.

상담자: 그래서 지난번에는 친구와 같이 가 보겠다고 했는데, 그것은 어떻게 진행되고 있는지 얘기해 줄래?

내담자: (침묵) 사실 그냥 저 혼자 갔어요. 아침에 버스 탈 때 가끔씩 만나는 중학교 때 친구라서 말하려고 했는데……. 결국은 말하지 못했어요.

상담자: 어째서?

내담자: 계속 혼자 다니다가 갑자기 걔한테 같이 가자고 말하려니 좀 어색했어요…….

상담자: 혹시 같이 가자고 말하면 걔가 어떻게 나올지 그 반응이 걱정됐니?

내담자: 네, 사실은 걔가 싫다고 할 것 같아서요. 평소 친하지도 않았는데 갑자기 같이 가자고 하면 싫어할 것 같아서요. 제 사정을 얘기하면, 속으로 분명히 절 깔보고 비웃을 것 같아서요.

상담자: 분명히 널 깔볼 거라고 걔가 얘기라도 했니?

내담자: 아니요.

상담자: 그런데 어떻게 걔가 널 깔볼 거라고 그렇게 자신하니?

내담자: 그거야…… 그냥, 그럴 것 같아서요.

상담자: 그렇게 어떤 확실한 근거도 없이 그냥 '그럴 것이다.'라고 미리 판단해 버리는 것은 '속단하기'라는 일종의 판단의 오류라는 것을 알고 있었니?

내담자: 오류라고요?

상담자: 그래. 그런 오류는 사람을 근거 없이 우울하고 불안하게 할 수 있는 왜곡된 사고방식이야.

내담자: 그럼, 그런 생각의 오류 때문에 제가 우울하고 불안하다는 건가요?

상담자: 그래. 확실한 근거도 이유도 없이 막연히 '그럴 것이다.'라는 생각이 생활에 지장을 준다면 그것은 합리적인 생각이라고 할 수 없다는 거지. 그래서 그 생각은 고쳐야 한다는 거야. 예를 들어서 네가 같이 가자고 친구에게 말하면, 걔가 '싫어할 거다.' 또는 '분명히 깔볼 것이다.'라는 것도 따지고 보면 친구에게 확인해 본 사실이 아니라 단순히 너의 추측이잖아.

내담자: 네……. 사실은 아니에요. 걔에게 확인한 것은 아니니까.

상담자: 그렇다면 너는 사실도 아닌 너 혼자서 한 추측 때문에 하고 싶은 말도 못하고 우울해지기를 바라니, 하고 싶은 말이나 행동이 있으면 시도해 보고 싶니?

내담자: 일단 시도해 보고 싶어요.

상담자: 정우라면 갑자기 중학교 때 친구가 학교 갈 때 같이 가자고 하면

어떨 것 같니?

내담자: 저야, 뭐……. 좀 황당하기도 하겠지만 그래도 좋을 것 같아요.

상담자: 그 친구도 그렇게 생각할 수 있어. 해 보기 전에는 아무도 알 수 없어. 어차피 미래에 대한 확률은?

내담자: 미래요? 반반인가요?

상담자: 그래! 맞아! 잘 아는구나! 그래서 그 친구가 "같이 가자."고 하면 어떨 것 같니?

내담자: 좋겠죠.

상담자: 그리고 같이 다니다 보면 전보다 더 친해질 수도 있겠지. 그런데 만약 "싫다."고 하면?

내담자: 정말 창피하겠죠. 다음에 그 친구를 볼 수 없을 것 같아요.

상담자: 한 번 거절당했다고 친구를 못 본다면, 친구를 사귀기 위해선 친구가 하자는 말에 절대 거절을 해서는 안 되겠구나. 친구가 놀자고 하면 무조건 놀아야 하고. 어디 가자고 하면 무조건 가야 하고. 정우는 이제껏 한 번도 거절해 본 적 없이 친구들이 하자는 대로 해 왔니?

내담자: 아니요, 대부분 하자는 대로 하는 편이었지만, 그래도 그럴 만한 이유가 있을 때는 거절하기도 했죠.

상담자: 거절했을 때, 친구가 죽고 싶다고 하거나 창피하니까 절교하자고 했었니?

내담자: 아니요……. 그렇지는 않았죠.

상담자: 그런데 넌 어째서 친구가 거절을 하면 친구를 볼 수 없을 만큼 창피하다는 거니?

내담자: …….

상담자: 그 친구가 네 제안을 거절한다면 다시는 보지 못할 것 같다는 건 도대체 어디에서 나온 생각이야?

내담자: 제가 너무 오버한 것일까요?

상담자: 그래, 일단은 해 보기 전에 미리 부정적인 결론을 내버리는구나. 현실적이지는 않아. 현실적이고 과장 없는 생각은 어떤 것인지 생각해 보겠니? 친구가 제안을 받아들이면 기분 좋은 일이지만, 만약 거절한다면?

내담자: 기분이 나쁘긴 하겠지만 그렇다고 친구를 못 볼 만큼 크게 실망할 일은 아니다?

상담자: 그래! 바로 그거야. 거절에 대한 불안이 있을 때, 지금 했던 생각을 반복해서 말해 보거나 생각하는 게 도움이 될 거야. 이제 친구에게 말해 볼 수 있겠니?

내담자: 네. 전화해서 내일부터 같이 가자고 한 번 해 볼게요.

합리적 자기진술 및 자기언어 연습 – 1

학교에 같이 가자고 하는 내 제안을 친구가 받아들이면 기분 좋은 일이다. 그러나 만약 거절한다면, 기분이 나쁘긴 하겠지만 그렇다고 해서 크게 실망하거나 좌절하여 그 친구를 다시 못 볼 만한 일은 아니다.

상담자: 등하굣길이 무서운 것은 무엇이 가장 큰 문제라고 했지?

내담자: 저보다 1~2살 많은 형들이 괜히 절 때릴 것 같아서요.

상담자: 그렇다면 그 생각도 사실인지 추측인지 얘기해 보자. 사실 올 3월 이후 네게 이유 없이 시비 건 형들이 있었니?

내담자: 아니요, 있지…… 않았어요. 한 번은 한 형이 저를 계속 노려보는 것 같아서 버스 안에서 숨이 막혀 죽을 것 같은 적은 있었지만…….

상담자: 그래서?

내담자: 아침이라 겨우 참고서 학교 앞에서 내리는데 그 형도 같이 내리잖아요.

상담자: 내려서 너를 때리려고 했니?

내담자: 그럴 것이라고 생각했는데 사실은 그냥 절 지나쳐서 학교에 들어가더라고요.

상담자: 그렇다면 그 형이 너와 같은 정류장에서 내린 것은 같은 학교였기 때문에?

내담자: 네……. 그랬던 것 같아요.

상담자: 놀랐겠구나. 그런데 놀란 것보다 중요한 것은 네 생각과는 다르게 그 형이 너를 때리지 않았다는 거야. 그러니까 미리 '그 형이 나를 때릴 것이다.'라고 생각하는 것도 일종의 '속단하기'라는 오류지. 그리고 속단도 부정적으로 한 것이니까 '재앙적인 사고'라고도 할 수 있단다. 그것이 바로 비합리적인 사고방식이야. 사실은 작년 이후 같은 일은 한 번도 없었지?

내담자: (작은 목소리로) 네. 한 번도 없었어요.

상담자: 그렇다면 네가 가지고 있던 생각을 바꿔야 하지 않겠니? 지난 5개월을 보더라도 '형들에게 맞을 것이다.'라는 생각이 현실적으로 맞은 적이 없었잖니? 네가 걱정하는 일이 현실적으로 불가능한 일은 아니지만, 그런 사건의 발생 확률은 네가 학교에 가지 못할 만큼 높지는 않아. 높았다면 먼저 모든 부모님이 자녀들을 학교에 보내지 않았을 거야. 선생님이 갖고 있는 2009년 대검찰청 자료에 의하면 아침 시간대에 일어날 범죄 확률은 5%대에 불과해. 그것도 모두를 대상으로 할 때라서, 네가 두려워하는 학생 간의 폭행사건은 그것보다 훨씬 아래일 거야.

내담자: 5퍼센트보다 아래라고요? 생각보다 낮네요.

상담자: 놀란 표정이구나. 생각보다 낮지? 그런데 넌 발생하지 않을 95퍼센

트의 확률보다 발생 확률 5퍼센트 이하에 더 집중했어. 어때? 그렇게 생각하니까 네 생활이 안정되고 만족스러웠니?

내담자: 아니, 전혀요.

상담자: 정우가 걱정하는 그런 일이 없을 거라고 단정지어 말할 수는 없지만, 그래도 너는 발생하지 않을 확률보다 발생할 확률만 신경을 쓴 것 같구나.

내담자: 네, 전 정말 부정적인 것 같아요.

상담자: 선생님은 무조건 네게 긍정적인 면만을 보라고 하고 싶지는 않아. 그러나 너처럼 부정적인 면만 보는 것은 사실을 있는 그대로 보는 것이 아닌 왜곡된 사고방식이라는 것을 알려 주고 싶어. 선생님은 상담을 통해 네가 사실을 있는 그대로 보기를 바라고, 현실적인 근거 하에 네 생활에 더 도움이 되는 판단을 하기 바란단다.

합리적 자기진술 및 자기언어 연습 – 2

> 사건의 의미를 축소하는 것도 확대하는 것도 옳지 않다. 마찬가지로 생각을 긍정적으로만, 또는 부정적으로만 하는 것도 옳지 않다. 다만 사실에 근거한 논리적이고 실용적이어서, 삶에 도움이 되는 사고양식을 가지는 것이 좋다.

• 숙제

- 일주일 간의 사고 관찰을 통해 두려운 생각이 들었던 날짜와 상황 그리고 그때 들었던 두려운 생각 기록해 오기.

소감 내담자의 부적응적인 반응을 유발하게 된 사건을 탐색하는 과정을 통해 비현실성, 비논리성에 기반을 둔 내담자의 사고 오류와 그로 인해 내담자가 갖고 있는 일부 생각의 비합리성을 지적했다. 그러한 생각이 속단이나 재앙화와 같은 인지적인 사고 오류에서 발생한 것임을 설명해 주었다. 이러한 내담자의 비합리적인 사고를 합리적인 사고로 바꾸기 위해 먼저 내담자가 가지고 있는 사고를 유연하고 합리적으로 진술하는 훈련을 실시했으며, 이러한 합리적인 사고를 계속 유지시키기 위해 평소 자기언어(self-talk)를 사용한 연습 방법을 알려주었다. 과제는 다음 회기까지 매일의 자신의 사고를 관찰하여 기록하는 것으로, 이는 내담자 스스로가 자신의 사고를 기록하며 구체화시키는 과정을 통해 자신의 사고가 비합리적이라는 것을 깨닫도록 유도하기 위해서였다.

3회 상담

주 제	"전 좀 부정적인 것 같아요."
내 용	사고관찰기록지를 통한 비합리적 사고의 확인 및 논박

상담자: 친구와 함께 학교에 가는 것은 어떻게 진행되고 있니?

내담자: 그날 말했더니 친구가 한 번에 OK했어요. 뜻밖이라 저도 놀랐어요. 그런데 다음 날 아침 7시에 만나기로 했는데 걔가 약속 시간보다 늦게 나와서 지각할 뻔 했어요. 좀 일찍 나올 수 없냐고 했더니 걔는 7시보다 더 일찍 나오기는 어렵다고 해서, 그래서 할 수 없이 집에 올 때만 같이 오기로 했어요. 걔네가 일찍 끝나기 때문에 끝나는 대로 우리 반에 오기로 해서 집에 올 때는 좀 괜찮아졌어요.

상담자: 오후에는 같이 오게 되었다고? 잘됐구나! 친구에게 제안해 본 결과는 어땠니?

내담자: 걔가 분명히 싫다고 할 거라고 생각했는데 단박에 좋다고 해서 저도 기분이 좋았어요. 아침에도 같이 오면 좋을 텐데. 하지만 아침에 걔를 기다리는 동안 주변에 학생들이 많아서 기분이 무척 안 좋

았어요. 불안해지고……. 형들이 자꾸 절 쳐다보는 것 같기도 하고, 지각할 것 같기도 하고. 그냥 저 혼자 가는 게 더 나을 것 같아요.

상담자: 그렇게 된 거였구나! 정우는 그 친구가 분명히 거절할 거라고 했는데, 단박에 좋다고 했다니 사실은 네 생각과 많이 달랐구나.

내담자: 네…… 뭐…… 좀…… 아무래도 전 좀 부정적인 것 같아요.

상담자: 그 친구를 기다리는 동안 주변에 학생들이 많았다고 했는데, 혹시 그때도 너를 때리려고 하는 형들이 있었니?

내담자: 없었어요. 아침이니까 다 학교 가느라고 정신없는 것 같았어요.

상담자: 그래? 지금 그 말도 네가 했던 말과는 차이가 많이 나네! 넌 형들이 모여 있으면 분명히 네게 시비를 걸며 때릴 것 같다고 했잖아. 그럼 그 생각도 역시 현실적으로는 가능성이 별로 없었다는 거니?

내담자: 네, 사실 그렇지 않다는 것을 저도 알긴 알아요. 그러나 형들이 모여서 어슬렁거리면서 주위를 살피는 모습을 보면, 누군가 때릴 대상을 찾고 있는 것 같다는 생각이 저도 모르게 들고 그 대상은 분명히 나일 거라는 생각이 들어요. 정말 저도 그 생각에서 벗어나고 싶지만 그게 잘 안 돼요.

상담자: 형들이 널 때릴 거라는 생각이 너도 모르게 저절로 든다는 거지? 그런 생각이 들기 시작한 것은 작년 사건과 관계가 있고?

내담자: 네, 분명히 그런 생각은 그 일 다음부터 생겼어요. 그 전에는 아무런 어려움 없이 잘 다녔거든요.

상담자: 그래, 원래는 형들을 무서워하지 않고 외출을 잘했는데, 그 일을 당한 후에 너도 모르게 형들을 피하고 두려워하게 된 거라는 거지? 그 얘기는 형들이 무조건 네게 시비를 걸고 널 때릴 거라는 생각은 단순히 그 일 때문에 생긴 생각이지, 다른 현실적 증거는 없다는 것으로 들리는구나.

내담자: 네. 그 일 이후로 자꾸 겁이 나서 그런 생각이 들었어요. 현실적인

증거는 없어요. 저도 그것을 알지만 그 생각을 떨쳐 버릴 수가 없어요. (한숨)

상담자: 정우야! 너 오른손잡이지?

내담자: 네?……. 네.

상담자: 오른손잡이지만, 왼손으로 젓가락질을 해 보거나 글씨를 써본 적은 있었니?

내담자: 네……. 사람들이 왼손도 쓰면 머리에 좋다고 해서 연습해 본 적이 있어요. 젓가락질은 꽤 해요. 글씨는 어렵지만요.

상담자: 연습해 본 적이 있구나! 어때? 연습하니까 왼손을 사용할 수 있게 되었다는 거니?

내담자: 네, 할 수 있었어요.

상담자: 그렇다면 네가 갖고 있는 일부 비합리적인 생각을 현실적이면서도 합리적인 생각으로 바꾸기 원한다면 무엇을 해야 할까?

내담자: 연…… 연습이요?

상담자: 그래. 작년 일 때문에 가지게 되었던 비합리적이고 근거 없는 생각도 연습을 통한다면 좀 더 적응적인 사고로 바뀔 수 있을 거야.

내담자: 더 적응적인 사고란 무슨 말이에요?

상담자: 그것은 현실적인 근거를 지니고 논리적이면서도 생활에 방해가 되지 않는 합리적인 사고를 의미하는 거야. 다시 한 번 물어보자. '형들이 모여 있는 것만 보면 분명히 맞을 것 같다.'라는 네 생각은 너의 생활에 도움이 되는 생각이니?

내담자: 아니요. 그렇지 않아요.

상담자: 살아가는 데 도움이 되는 생각을 갖기 위해 무조건 현실적인 가능성을 100% 무시하라는 것은 아니야. 네가 걱정하는 것처럼 형들에게 이유 없이 맞을 가능성이 아예 없지는 않아. 하지만 낮은 확률을 극대화시켜 무작정 걱정하는 것보다는 현실적인 발생 확률과

그에 대한 대처 방법을 알아놓는 게 더 현명하지 않을까?

내담자: 사건을 예방하거나 해결할 수 있는 방법 같은 거요?

상담자: 그래, 맞아 딱 그거야. 걱정하고 피하는 것보다 그게 더 합리적이지 않을까? 이제부터 정우가 해 온 숙제를 보면서, 네가 갖고 있는 비합리적인 사고가 무엇인지 알아내고, 만약을 대비한 대처 방법에 대해 미리 얘기해 보자.

• 숙제

- 사고관찰기록지의 새로운 생각 및 대처 방법을 자기언어로 매일 등 · 하교 직전 10번씩 반복해서 연습하기

소감 사고관찰지의 기록 내용을 보면서 내담자가 갖고 있는 비합리적인 사고를 확인하면서 그러한 생각이 사건을 계기로 내담자의 반복된 사고를 통해 내담자도 모르게 내담자의 사고에 각인된 것임을 알도록 유도하고자 했다. 또한 왜곡된 사고를 보다 더 현실적인 경험에 근거를 둔 합리적인 사고로 바꾸기 위해서는 연습이 필요하다는 것을 내담자에게 설명하고자 했다. 단순히 내담자가 두려워하는 사건의 발생 확률이 현실적으로 낮다는 것을 통해 내담자를 안심시키는 것 이외에, 만약의 상황에 대비할 수 있는 대처 방법을 알게 하여 그런 사건 발생에 대한 내담자의 근본적인 두려움을 낮추고자 했다. 기본적인 연습으로 내담자의 생활을 방해하고 내담자에게 부적절한 정서를 유도하는 재앙적인 생각이 떠오르면, 속으로 "STOP!"을 외치면서 곧 그 비합리적인 생각을 멈추고, 적절한 정서와 행동을 유도하는 합리적 사고로 대체하는 연습을 하였다.

사고관찰기록지(Thought-Tracking Form)

자신이 두려운 생각을 기록하고 해당하는 사고 오류에 √표시하시오. 그리고 0에서 100점 척도를 이용해 현실적 가능성을 평가하시오. 0점은 전혀 가능성이 없다. 100점은 반드시 발생한다는 의미입니다. 그런 다음 실제적인 증거에 근거한 새로운 생각과 대처 방법을 기록하시오.

	0	50	100	
	전혀	중간	반드시	

날짜/상황 (3/25 ~ 3/30)	두려운 생각	사고 오류		현실적 가능성	새로운 생각 및 대처 방법
		속단하기	재앙화 사고		
매일 / 교복 입은 학생들이 모여 있는 곳	이유 없이 그들에게 맞을 것이라는 생각	√	√	5%	그냥 어디 가거나 뭔가 하기 위해서 모여 있는 학생들이고 나와는 관계없는 학생들이다. 나는 내 일을 할 뿐이다.
매일 / 화장실에서 무리지어 담배 피는 형들을 볼 때	이유 없이 그들에게 맞을 것이라는 생각	√	√	10%	그냥 담배만 피고 갈 것이며 나도 내 볼일만 보고 다시 교실에 갈 것이다. 쉬는 시간의 화장실에는 같은 학년의 친구들도 많이 있다.
매일 / 지하철이나 버스 정류장에서 교복 입은 형들을 볼 때	형들이 나를 때릴 것이라는 생각	√	√	5%	그들이 나를 신경 쓸 이유는 없다. 각자의 일 때문에 차를 기다리고 있는 것이다. 지금은 낮이며 주변에는 학생들만이 아니라 어른들도 많이 있다. 무슨 일이 있을 경우에는 그들에게 도움을 요청하거나 전화로 경찰에 도움을 청할 수 있다.
매일 / 밤거리 (집 앞 골목)	밤에 다니다가는 깡패를 만나 큰일을 당할 수 있다.	√	√	5%	밤에 다닌다고 모두 깡패를 만나거나 큰일이 나는 것은 아니다. 늦은 시간이라도 외진 곳이 아닌, 사람들이 많은 길로 다니면 위험한 일이 일어날 확률은 현실적으로는 낮다.

4회 상담

주 제	"한 번 시도해 보았어요."
내 용	노출법, 합리적 자기진술 및 자기언어(self-talk) 훈련

상담자: 한 주 동안 어떻게 지냈니?

내담자: 학교 갈 때와 올 때마다 그리고 쉬는 시간마다 불안한 생각이 떠오르면 자기언어를 하려고 애썼어요. 계속 중얼거리고 심호흡하고 연습했어요. 자꾸 하다 보면 마음이 차분해지는 느낌이 들었어요. 그리고 한편으론 이렇게 살아서는 안 되겠다, 계속 이렇게 살 수는 없다는 생각을 했어요. 빨리 예전처럼 돌아가고 싶어요. 학교도 정상적으로 가고요.

상담자: 등하교는 어떻게 하고 있니?

내담자: 전보다는 좀 나아졌어요. 오후에는 친구랑 지름길로 다니는 것을 시도해 보고 있어요. 처음에는 골목이라서 못 가겠더라고요. 그런데 친구가 자꾸 그쪽으로 가자고 하니까 어쩔 수 없어 따라가기 시작했는데……, 둘이서 가니까 좀 괜찮았어요. 아침에 학교 갈 때는 학생이 별로 없어 다닐 만하지만, 그래도 버스에 저보다 나이가 들어 보이는 학생이 타면 조마조마해요. 다른 곳을 보고 있어도 자꾸 그쪽으로 신경이 쓰여요.

상담자: 그럴 때마다 어떤 생각을 하려고 하니?

내담자: 공격을 당할까봐 불안해지면 속으로 "STOP!" 하고 외치면서 침착해지려고 해요. '사실 그 사람은 나를 보는 게 아니다. 아무 근거 없이 내가 그렇게 생각할 뿐이다.'라고 속으로 중얼거려요. "그 사람 때문이 아니라 내가 하는 생각 때문에 더 불안해지는 것이다. 난 학교에 가는 것일 뿐이고 그도 역시 학교에 가는 것이다. 그 사람이 내게 시비 걸고 때릴 이유는 없다. 만약 그렇게 한다면 나는 거

기에 적절한 대응을 하면 된다."라고 중얼거려요.

합리적 자기진술 및 자기언어 연습 – 3

사실 그 사람은 나를 보는 게 아니다. 아무 근거 없이 내가 그렇게 생각할 뿐이다. 그 사람 때문이 아니라 내가 하는 생각 때문에 더 불안해지는 것이다. 난 학교에 가는 것일 뿐이고 그도 역시 학교에 가는 것이다. 그 사람이 내게 시비 걸고 때릴 이유는 없다. 만약 그렇게 한다면 나는 거기에 적절한 대응을 하면 된다.

상담자: 그래, 열심히 노력하고 있구나! 이제부터는 머릿속의 생각을 행동으로 옮겨보았으면 하는데……. 쉬는 시간에 화장실에 가는 것을 시도해 보겠니? 혼자 가기가 어려우면 다른 친구가 갈 때 같이 가는 것도 한 방법이 될 수 있는데…….

내담자: 저도 제가 너무 바보 같아서 안 그래도 어제 한 번 시도해 보았어요. 애들이 수업 시간에 왜 자꾸 화장실에 가냐고 그래서 저도 많이 창피했거든요. 그래서 오늘 상담 오기 전에 한 번 해 보려고 어제 혼자서 화장실에 갔어요. 그런데 들어갈 때는 미치겠더니……. 별일 없이 잘 나왔어요.

상담자: 시도해 보았구나. 어땠는지 자세히 말해 줄래?

내담자: 숨이 멎는 줄 알았어요. 들어갈 때까지 몇 번을 망설였는지 몰라요. 1교시부터 계속 이럴 수만은 없다고, 보기 전에는 미리 알 수 없다고 생각하면서, 3교시 끝나고 친구가 가는 것을 확인하고 슬쩍 저도 따라갔어요. 그런데 들어가니까 저희 층이라서 그런지 형들은 하나도 없었어요. 볼일 보고 나오니까 너무 좋더라고요. 그래서 내친 김에 종례 시간에 특별 교실 청소 담당을 뽑는데, 그냥 자원해

버렸어요.

상담자: 그래. 형들이 있는지 없는지 미리 알 수는 없다고 생각하면서 시도해 봤더니, 사실 형들도 없었고 화장실을 사용할 수 있어서 기분이 좋았다고? 정말 대단하다! 참 용기 있는 시도였어. 그런데 특별 교실이라니?

내담자: 네, 과학실 청소가 저희 반 담당인데 그게 후관 3학년 교실 1층에 있거든요. 그래서 용기를 내서 한다고 했어요. 저만 하는 게 아니라 점심 시간 네 명이 같이 하는 거라서 순간 괜찮을 거라는 생각도 들고, 청소 끝나면 애들이 운동장에서 같이 농구하자는 바람에 그냥 손을 들고 말았어요.

상담자: 와, 점점 용기를 많이 내고 있구나. 그럼 과학실 청소는 오늘부터 했니?

내담자: 네. 어제 집에 갈 때는 내가 왜 그랬나, 내가 미쳤나 보다 하고 후회하기도 했지만, 그래도 막상 오늘 애들이랑 같이 가니까 그럭저럭 할 만했어요.

상담자: 형들 눈치가 보이지 않았니?

내담자: 3학년 형들이 먼저 밥 먹으러 갈 동안 저희가 치우고 그러고 나서 저희가 밥 먹고 운동을 하거든요. 그래서 종 치자마자 청소하러 가면 아무도 없어요. 오늘 보니까 1~2명 교실에 남아 있긴 하지만…… 견딜 만했어요.

상담자: 밥 먹고 나서는 농구도 했니?

내담자: 네. 운동장에서요. 골대 네 개가 있는데 대부분 1학년이 해서요. 2~3학년들은 별로 없어요. 오랜만에 기분이 좋아졌어요. 사실 전 농구가 진짜 좋거든요……(웃음).

• 숙제

- 사고관찰기록지의 새로운 생각 및 대처 방법 자기언어로 매일 등 · 하교 직전 열 번씩 반복해서 연습하기
- '나의 약속' 표 체크해 오기

소감 — 내담자 스스로가 변화의 필요성을 깨닫고 자발적인 노력을 시도하기 시작했다. 자신의 생각이 현실적인 근거 없는 부정적인 생각에서 나온 것이라는 것이 내담자에게 변화의 필요성을 인식시켜 준 계기가 됐던 것 같았다. 내담자가 시도한 것과 병행하여 하교 후에도 가족과 함께 하는 산책을 제안하였다. 너무 급히 서두르는 것은 아닐까 하는 염려도 있었지만 우선 내담자 자신이 변화를 강력하게 희망하였고, 인문계 고등학교 학생이라 상담횟수를 단기에 끝내야만 한다는 부모님의 희망을 반영해야 했기 때문에 내담자의 변화를 위해 본격적인 노출을 유도했다. 매일 확인할 수 있는 표를 만들어서 체크하고 산책 후에 곧 부모님의 확인을 받기로 했다. 부모님의 확인을 요구한 것은 내담자의 변화 과정과 변화를 위한 노력을 부모님도 아셔야 할 거라고 생각했고, 부모님의 공감과 지지가 내담자에게 큰 힘이 될 것이라고 생각했기 때문이다. 등교 시간은 내담자가 적당하다고 한 6시 50분 출발을 목표로 일주일 간의 진행 과정을 살피면서 일주일마다 10분씩 늘리기로 했다. 그리고 저녁에 자유롭게 나갈 수 있는 것을 목표로, 우선은 가족과 함께 하는 저녁 산책을 계획했다. 사고가 있었던 아파트 정문 쪽 골목을 포함하여 집 주변을 자유롭게 산책하면서 생각처럼 동네에서의 사고 위험 가능성이 현실적으로 얼마나 높은가를 검증해 보기로 하였다. 한 주간의 노력을 살펴보고 예상대로 진행이 된다면, 저녁 시간대에 내담자가 원하는 학원에 등록하기로 하고 두 주 후에 상담을 종결하기로 합의했다.

5회 상담

주 제	"형들이 보이지 않았어요."
내 용	문제 해결을 위한 논박과 실천하기 및 상담 종결 예고

상담자: 오늘 아침은 평소보다 많이 늦게 나왔구나.

내담자: 네. 어제 밤에 너무 늦게 자는 바람에 오늘 늦잠을 잤어요. 아침도 안 먹었는데 많이 늦었어요.

나의 약속

구분	4/8 (화)	4/9 (수)	4/10 (목)	4/11 (금)	4/12 (토)	4/13 (일)	4/14 (월)
1. 등교 시간 (06:20 → 06:30)	×	×	○	○	○	-	○ (06:50)
2. 화장실	×	×	○	○	○	-	○
3. 점심 시간의 농구	○	×	×	○	-	-	-
4. 과학실 청소	○	○	○	○	-	-	○
5. 저녁 산책(정문 이용) (함께 한 사람: 아빠, 엄마, 동생)	○ (엄마)	○ (엄마)	○ (엄마, 동생)	○ (엄마, 동생)	○ (아빠)	○ (아빠, 엄마, 동생)	-
부모 확인	○	○	○	○	○	○	-

상담자: 길에는 평소보다 학생들이 많았겠네?

내담자: 네. 20분 차이인데도 학생들이 많이 있었어요.

상담자: 학생들이 많았다면 형들도 많았을 텐데 평소보다 힘들지 않았니?

내담자: 정신없이 나와서인지 형들이 보이지 않았어요. 급하게 버스에 타느라고 주변을 살펴볼 시간이 없었거든요.

상담자: 그 시간대라면 형들도 꽤 있었을 텐데……. 급하게 타느라고 형들이 안 보였다는 것은 무슨 말일까?

내담자: 지금 생각해 보니……. 평상시보다 제가 주변을 덜 의식한 것 같기도 해요. 아무래도 신경이 그쪽으로 좀…… 덜 갔던 것 같아요. 오늘은 정말 별생각 없이 학교에 빨리 가야겠다는 생각만 했거든요.

상담자: 학교에 빨리 가야겠다고 생각하고 급하게 서두르다보니 형들이 보이지 않았다는 말은 학교 가는 길에 형들이 없어져서가 아니라, 정우가 형들에 대한 생각을 하지 않아서 형들이 신경 쓰이지 않았다는 것이 아닐까?

내담자: 네…… 아무래도 신경을 좀 덜 쓰니까 그렇게 된 거 같아요.

상담자: 그렇게 신경을 덜 쓰니까 기분은 어땠니? 평소처럼 불안했니?

내담자: 아니요. 평소만큼은 불안하지 않았어요. 정신이 없어서 오히려 기분이 어땠는지 잘 모르겠어요.

상담자: 정우야. 네가 불안하지 않았던 것은 형들이 없어서가 아니라 평소 걱정하던 생각을 하지 않아서라는 거지? 그 말은 오늘 네가 불안하지 않았던 것은 상황이 바뀐 것 때문일까, 아니면 생각이 바뀐 것 때문일까?

내담자: 그러니까 생각이 바뀐 것 때문이네요.

상담자: 그래, 생각이 바뀌니까 기분도 어떻게 변했니?

내담자: 좀 편해진 것 같아요.

상담자: 불안한 기분이 바뀌었다고 얘기했는데, 내일부터 학교 가는 시간을 좀 더 늦출 수 있겠니?

내담자: 지금 같아서는 할 수 있을 것 같아요.

상담자: 지금의 생각과 행동을 유지하기 위해 어떤 노력을 해야 하겠니?

내담자: 합리적으로 생각하고 반복해서 연습하기요. 그리고 해 보기도 전에 부정적으로 속단하지 말고 일단 해 보기요.

• 숙제

- 사고관찰기록지의 새로운 생각 및 대처 방법을 자기언어로 매일 등 · 하교 직전 열 번씩 반복해서 연습하기
- '나의 약속' 표 체크해 오기

소감 생각이 정서나 행동에 많은 영향을 미친다는 것을 깨닫게 하고 이런 생각을 내담자가 반복 연습해서 이해하여 적절한 정서와 행동을 일으키는 합리적인 생각을 할 수 있도록 유도하는 것이 이 회기의 목표였다. 내담자가 한 주간 지키기로 한 약속은 생각보다 잘 진행되었다. 내담자가 아직 마음의 준비가 덜 된 상태에서는 혼자 행동하는 것보다 주변 사람들의 도움을 받도록 한 것이 큰 도움이 된 것 같았다. 특히 외상적 사건이 있었던 시간대나 장소 그리고 유사한 환경에 많이 노출된 경험이 내담자의 두려움을 많이 낮출 수 있는 계기가 된 것 같았다. 생각보다 많은 성취가 내담자에게 큰 자극과 희망을 준 것 같았다. 다음 회기까지 등교 시간은 10분을 더 늦춘 6시 40분으로 하기로 하고 저녁 산책도 가능하면 혼자 나가 보는 것을 시도해 보기로 했다. 한 주간의 진행 과정을 본 후 다음 회기에 종결하고 추수 상담 일정을 의논하기로 합의했다.

주 제	"이제 혼자 다닐 수 있을 것 같아요."
내 용	문제 해결 상태의 유지 및 종결에 따른 추수 상담 계획

상담자: 정우가 정한 약속을 거의 다 지켰구나!

내담자: 네. 제가 생각해도 정말 잘한 것 같아요.

상담자: 그래, 정말 약속을 잘 지켜냈어! 정말 잘했다는 칭찬을 해 주고 싶다!

내담자: 네……. 참! 농구를 한 번 못한 것은 그때 컨디션이 좋지 않아서이지, 무섭거나 겁이 나서는 아니었어요.(웃음)

상담자: 몸 상태가 좋지 않아서 하루 쉬었구나. 그렇다면 못할 수도 있지. 화장실 사용은 어땠니?

내담자: 문 열고 들어가기 전 먼저 주위를 살피는 건 아직 남아 있긴 하지만, 그래도 이제는 괜찮아요. 한 번 해 보니까 그다음은 처음같이 어렵지 않은 것 같아요.

상담자: 그래, 그래서 '시작이 반이다.'라는 말도 있잖아. 과학실 청소는?

나의 약속

구분	4/15 (화)	4/16 (수)	4/17 (목)	4/18 (금)	4/19 (토)	4/20 (일)	4/21 (월)
등교 시간 (06:30→06:40)	○	○	○	○	○	-	○ (06:50)
화장실	○	○	○	○	○	-	○
점심 시간의 농구	×	○	○	○	-	-	○
과학실 청소	○	○	○	○	-	-	○
저녁 산책(정문 이용) (함께한 사람: 아빠, 엄마, 동생)	○ (엄마)	○ (엄마)	○	○	○ (아빠)	○ (아빠, 엄마)	-
부모 확인	○	○	○	○	○	○	-

내담자: 애들이랑 하니까 괜찮아요. 잠깐 하는 거니까요. 그리고 안 하면 혼나니까 억지로라도 가게 돼요. 점심 시간에 휴지 줍고 줄만 맞춰 놓으면 되는 거라서 쉬워요. 화요일에 몸이 안 좋을 때는 저 혼자서 과학실 문을 잠그고 식당 갔다가 혼자서 교실에 돌아왔는데, 몸이 아파서인지 다른 것에 별로 신경이 쓰이지 않더라고요.

상담자: (웃음) 몸이 아파서 다른 것들이 보이지 않았다고?

내담자: 아니요.(웃음) 사실 자꾸 보니까 좀 괜찮아지는 것 같아요. 형들 중에 일진으로 유명한 형들이 있는데 그 형들이 있으면 많이 긴장되고요……. 나머지 형들은 그럭저럭 지나다닐 만해요.

상담자: 일진으로 유명한 형들을 보면 긴장되는 것은 너만 그렇다고 생각하니?

내담자: 사실 옆에 있는 애들도 빨리 가자고 찌르긴 해요.(웃음)

상담자: 학원 다닐 거라고 어머니가 전화하셨던데?

내담자: 네. 부모님도 자꾸 걱정하셔서요. 유명한 학원이라는데 저녁반이라서 그동안 못 다녔거든요. 이제 혼자 다닐 수 있을 것 같아요.

소감 상담 과정을 통해 내담자는 자신의 행동과 생각이 변화됨을 느낄 수 있었다고 한다. 특히 매일 자신의 행동을 체크하면서, 약속한 것이 이루어지는 성공 경험을 맛본 것이 내담자의 자기효능감을 높일 수 있는 좋은 계기가 된 것 같았다. 약 6개월 간의 소통 부재로 갈등만 키워 왔던 부모와의 관계도 매일 식사 후 8시의 저녁 산책을 통해 정기적인 대화를 가지면서 많은 변화를 가져왔다. 매일 밤 약속표를 체크해 주는 부모님과도 조금씩 대화를 나눌 수 있는 기회를 가지게 되었고, 아버지의 칭찬과 격려는 내담자의 자존감을 높여 주는 큰 효과를 가져왔다. 앞으로의 약속 이행을 재차 다짐하면서 6회기에 걸친 상담을 1차 종료하고, 내담자가 고등학교 1학년이고 그간 학습적인 부분에 공백이 많았기 때문에 학원을 위해 상담을 일시 중지하고 부모님과의 협의하에 여름방학에 추수 상담과 함께 이후 학습 및 대인관계 능력 향상에 대한 지속적인 개별 상담을 더해 나가기로 했다.

4. 상담 후기

내담자는 폭력의 피해를 입은 후 외상후 스트레스 장애가 의심되는 부적절한 행동과 정서를 보이는 학생이었다. 상담을 통해 학생에게 부적응적인 정서와 행동을 가져오게 하는 것은 사건 자체보다는 사건을 극단적으로 과장하여 바라보는 학생 자신의 사고방식이라는 점을 인식시키고자 했다. 이런 사고의 변화로 내담자가 적절한 행동과 정서를 경험하면서 현재 생활에 적응하는 것을 목표로 상담을 시작했다. 무엇보다 내담자 자신이 변화 의지를 가진 학생이어서 비교적 순조로운 진행을 보였지만, 학업이 우선시되는 고등학생이어서 단기에 상담을 종료해야 하는 한계를 가지고 시작되어 전체적인 과정이 급하게 진행된 점이 아쉽다. 추수 상담과 부정기적인 전화 상담을 통해 학생의 변화를 지켜보고 여름방학에는 불안보다는 학업 및 대인 관계 능력 향상을 목표로 상담을 재개할 예정이다.

5. 사례의 해설

이 사례는 고등학교 1학년 남학생이 5개월 전에 내담자의 집 근처에서 고등학교 상급생으로 보이는 남학생에게 이유 없이 이른바 '묻지 마 폭행'을 당한 후에 같은 사건을 당할까 봐 두려워서 외부 활동도 못하고 밤에 잠을 못 이룰 만큼 고통을 받다가 어머니의 권유로 Wee 센터의 상담자에 의해서 수행된 사례다. Wee 센터의 전문상담교사는 비교적 REBT 상담이론을 잘 이해하고 여기에 따라 문제를 이해하고 상담하는 절차를 잘 보여 주고 있다.

1) 진행 과정의 좋은 점

상담자는 내담자의 호소 문제를 1회기에서 REBT 방식에 따라 정서적 문제와 행동적 문제로 정리하여 제시하고 있다. 그리고 2회기에서 바로 상담의 목표를 설정하고 있는데, 이는 전체 상담의 진행 과정에 대한 이정표 역할을 하는 것으로 바람직하다. 그리고 목표를 도달해야 할 최종 목표와 그과정적 목표를 제시함으로써 최종 목표는 행동의 변화이고, 과정 목표는 그 행동을 유도하는 신념의 변화라는 점, 즉 REBT의 핵심 개념인 신념의 변화에 의한 행동의 변화라는 점을 잘 알고 있다.

회기 전반에서 상담자는 내담자가 이해하고 있는 수준의 여러 가지 비합리적 생각을 찾고 이에 대한 각각의 대안 신념을 제시하여 자기 언어를 암송하게 한 것, 비합리적 생각의 종류에 대해서 잘 가르쳐 준 점, 그리고 행동적인 방법으로 친구들에게 먼저 말을 거는 법 등을 연습해 오게 한 것은 기법을 효과적으로 활용하고 있는 증거로 보인다. 또한 내담자가 막연하게 또다시 폭행을 당할 것에 대한 공포가 심한 상태에서 대검찰청 자료, 즉 아침 시간대에 범죄가 일어날 확률을 제시하면서 내담자를 이해시킨 것은 좋은 방법이다.

3회기에서 내담자의 사고관찰기록지를 통해서 내담자의 추론적 수준의 비합리적인 생각인 '이유 없이 형들에게 맞을 거다.' '밤에 다니다가 깡패를 만나 큰일을 당할 수 있다.'는 생각을 언어를 통해 인지적으로 논박하는 대신에 친구와 같이 다니게 하면서 그러한 상황에 반복적으로 노출함으로써 공포를 줄인 이른바 행동적 논박의 활용이 적절하다고 판단된다.

2) 진행 과정에서 보완해야 할 점

상담자는 벡의 우울증 척도(Beck Depression Inventory: BDI), 문장완성검

사 그리고 MMPI를 실시하였다. 검사는 무엇보다도 내담자를 좀 더 객관적이고 심층적으로 단기간에 이해하기 위해서 실시할 수 있고 또 내담자에게 실시 결과를 잘 알려 주어야 한다. 그리고 이것을 상담 과정에 중에 활용해야 하는데 이러한 점이 잘 드러나지 않는 것이 아쉽다.

내담자가 호소하는 문제를 일으키는 구체적인 신념이 드러나 있지 않은 점이 유감이다. 내담자는 아마도 '한 번 폭행을 당했기 때문에 나는 또 이와 유사한 폭행을 당할 것이다'와 같은 생각, 즉 사실이 아닐 수도 있는 추론적 수준의 생각을 마치 사실인 것처럼 굳게 굳게 믿으면서 두려움에 떨고 있다는 사실은 내담자에게 분명히 인지시켰어야 한다. 그리고 이것을 변화시켜야 할 과정적 목표로 제시했으면 좋았겠다. 상담을 통해 변화된 신념의 변화 그리고 그 신념의 변화를 통해 폭행을 또다시 당할지도 모른다는 불안감에서 벗어난 것이 지속, 유지되는지에 대한 추수 상담의 결과가 제시되지 못한 점이 아쉽다.

인터넷만이 나의 세상

| 인터넷 중독 호소 사례 |

1. 내담자의 기본 자료

1) 내담자

- 이름: 금현우(가명)
- 학년: 고등학교 2학년
- 성별: 남

2) 상담 경위

고교 입학 당시 상위권에 속해 있던 내담자는 직장 관계로 어머니와 대면하는 시간이 거의 없어 집에 혼자 있는 시간이 많아 인터넷 게임에 빠져 있다. 누구의 간섭도 없이 자신이 지배할 수 있는 게임의 가상 세계에 빠져 들다 보니, 성적은 자꾸 떨어지고 수면 부족으로 인해 학교생활에서 무기력한 태도를 보이면서 대인 기피 현상이 나타나고 만족스럽지 못한 현실에 대해 도피하고 싶은 생각뿐이다. 활달하고 사교성 있던 성격도 충동적이고 반항적으로 변하여 자신의 생각과 다른 말과 행동이 거침없이 쏟아져 나온다. 특히 우연히 접하게 된 성인 영상물은 이제 거의 중독 상태로 주변의 여성들이 성적 대상으로만 느껴지고 자신의 성적 충동을 스스로 제어하지 못할 지경에 이르렀다. 학교에서 실시한 인터넷 중독 검사를 통해 심각성이 표출되어 담임선생님의 권유로 상담자를 찾게 되었다.

3) 내담자의 인상 및 행동 특성

170㎝ 정도의 다소 왜소한 체격에 대화 중에도 계속 손발을 떠는 행동을 반복한다. 잠이 부족한 듯 반쯤 잠긴 눈에 매사 귀찮다는 표정으로 대화에 관심이 없고 상담자와 눈을 마주치는 것을 어려워하며 상담 진행 도중 대화 중단 시 무의식 중에 알 수 없는 혼잣말을 중얼대곤 한다.

4) 호소 문제

등교 시간이 되면 갑자기 불안해지고 수업 중에 계속 인터넷 게임 화면이 떠올라 수업에 집중하기 어렵고 학습 의욕도 없다. 대학 진학은 하고 싶으나 성적이 자꾸 떨어져 대학 진학을 포기한 상태로 매사 자신감이 없고 미래에 대해 극히 비관적이다. 선생님을 비롯한 주변의 모든 사람들이 가식적이며 자신을 비웃고 있다는 생각이 들어 적대적 감정이 생기고, 많은 사람이 모인 곳이 답답하고 혼자 있는 것이 오히려 편안하다. 사소한 일에도 화가 치밀고 행동이 앞서 주변 사람들과의 다툼이 끊이지 않는다. 왜곡된 성적 환상과 집착 증세를 보이며 중학교 졸업 후 시작된 음주와 흡연 문제도 심각하다.

5) 상담 동기

중학교 시절 갑작스런 가정불화와 부모의 이혼 등으로 인해 어려워진 자신의 처지를 숨기고 심리적 갈등을 해소하는 수단으로, 철저히 관계를 단절하고 인터넷에만 몰두하다 보니 성적도 떨어지고 정상적인 학교생활이 힘들어졌다. 현실에 대한 원망과 반항적인 생각만 앞서 어머니와의 대화 단절은 물론 어렵게 마련된 어머니와의 대화도 대부분 다툼으로 끝나고 만다. 평소 무기력한 생활 태도에 반항적인 행동을 보이며 학습 의욕도 매우 저조하여 걱정하고 있던 담임교사가 최근 실시된 인터넷 중독 자가 점검에서 심각성이 드러나자 일대일 결연교사인 상담자에게 상담을 의뢰하였다.

6) 이전 상담 경험

전문적인 상담 경험은 없으며 담임교사와의 주기적인 학교생활과 학습 관련 상담이 이루어지고 있으며, 병원에서 위탁 운영하는 금연학교에 입소하여 금연교육 상담을 1회 받은 경험이 있다.

7) 가족 관계

외아들로 비교적 유복한 어린 시절을 보냈으나 중학교 2학년 때 아버지 사업 실패 후 부모님이 이혼하여 어머니와 함께 살고 있다.

2. 상담 과정

1) 치료적 관계의 구축

내담자는 상담자와의 첫 번째 만남 시작 후 얼마 동안 경계심을 보이며 질문에 거의 답변하지 않고 따분해 보이는 태도를 보였으나, 상담에 대한 내담자의 적극적 참여와 자기개방의 중요성을 강조하고, 내담자의 역할에 따른 문제 해결 결과의 차이를 설명해 주고, 진행될 상담 과정에 대한 충분한 설명과 함께 내담자의 협조를 당부하자 조금씩 공감하는 태도를 보였다. 상담자가 제시한 검사지에는 관심을 보이며 의외로 신중한 답변을 작성해 주었고, 상담자의 수용적 태도에 호응하는 듯 면접 종료 무렵 시선을 마주치며 웃음을 보이기도 하였고, 상담이 끝나자 다음 상담 시간에 뵙겠다는 인사말까지 남기며 돌아갔다.

2) 상담의 진행 과정

(1) 초기 상담 과정: 내담자의 호소 문제에 대한 개념화와 상담의 목표 설정

 **접수 면접, 1회 상담(9월 19일)**

내담자의 주요 호소 문제, 이에 대한 개인사적 배경, 내담자의 가정환경, 내담자의 행동 변화에 대한 동기 등이 주로 탐색되었다.

내담자는 서울에서 태어나 비교적 경제적 여유가 있는 집안의 외아들로 자랐다. 공부도 잘하고 호감가는 외모에 사교성도 좋아 친구 관계도 좋았다. 그러나 중학교 2학년 때 아버지의 사업 실패 이후 부모님은 이혼을 하고 어머니에게 맡겨진 내담자는 쫓기듯이 ○○○시로 이사를 오게 되었다. 경제를 책임져야 했던 어머니는 유흥업소 주방일을 직업으로 갖게 되면서 귀가 시간이 늦어져 내담자가 하교 후 혼자 집에 있는 시간이 많아졌다. 전학 온 직후라 친구도 없었던 내담자는 자연스럽게 집에 혼자 틀어박혀 인터넷에 빠져들게 된 것이다.

아침 등교 때에도 늦게 귀가하신 어머니는 피곤에 지쳐 잠이 들어 있어 식사도 거르고 등교하는 일이 다반사였으며, 어머니와 모처럼 마주 하는 시간이 있어도 대화다운 대화가 이루어지지 않았다. 그때마다 어머니는 술을 마시거나 슬피 울곤 하셨다고 한다. 밤새워 인터넷을 하는 날이 많아지니 수업 시간에는 조는 경우가 대부분이고, 그런 행동을 지적받는 횟수가 많아지면서 학습 의욕도 떨어지고 학교생활에 흥미를 잃어갔다. 인터넷 검색 도중 우연히 성인 동영상을 접한 후 밤을 새우는 날이 더욱 많아졌다. 이런 불규칙한 생활로 인해 중학교 3학년 이후 더 이상 키가 성장하지 않고 있다고 하며, 세탁이나 목욕이 제대로 이루어지지 못하여 행색이 점점 초라해졌다고 한다.

중학교 3학년 어느날. 그날도 지각을 하여 학생지도 선생님에게 지도를 받던 중 "야, 너 나한테 너무 다가오지 마라. 까마귀가 형님하겠다. 공부를 못하면 외모라도 잘나야지. 네 모습을 보니 너희 집안 내력을 알겠다. 어휴, 한심한……." 이라는 이야기를 듣고 깊은 마음의 상처를 받았다고 한다.

그 이후 모처럼 어머니와의 대화는 내담자의 일방적인 불평과 욕설로 끝이 났고, 자신을 보는 친구들의 시선이 의식되기라도 하면 먼저 싸움을 걸어 문제를 일으켜 친구들의 기피 대상이 되었다. 어려운 집안 상황일수록 더 의연하고 남보다 잘해야 한다는 생각과는 달리 행동은 더욱 모나고 거칠어져 문제학생으로 낙인이 찍혔고, 이제는 생각에서조차 자신이 있는 곳에는 언제나 나쁜 일만 생기며 자신을 낙인찍는 세상이 지옥과 같아 빨리 이 세계를 떠나 구속받지 않는 곳에서 살고 싶다고 했다.

상담자는 문장완성검사와 함께 다음 상담 때까지 가장 힘들었던 상황과 그때 느끼는 생각을 정리해 올 것을 제시하였고, 자신이 가지고 있는 장점도 정리해 올 것을 약속하였다.

상담자는 내담자의 주요 호소 문제의 원인이 내담자가 세상을 보는 시각에서 기인함을 분명히 하였다. 그리고 상담에 대한 잘못된 인식을 바로 잡고 앞으로의 상담에 대한 구조화를 실시하였으며, 매회기마다 숙제가 제공되고 이에 대한 내담자의 적극적인 실천 의지가 행동과 인식의 변화를 앞당기는 요소임을 강조하였다.

2회 상담

내담자가 시간을 정확히 맞추어 상담자를 찾았기에 칭찬해 주었다.

내담자는 첫 상담에서 부모님 이혼 후 그렇게 많은 이야기를 한 것이 처음이며 그 이야기를 끝까지 들어준 상담자가 매우 고마웠다고 하며, 그날 이상하게 오랜 체증이 사라진 듯 마음이 편안해졌다고 한다.

상담자도 먼저 이야기를 꺼내는 내담자의 태도 변화를 격려해 준 후 제시했던 숙제를 먼저 점검하여 정리해 주었다.

상황	생각
어머니가 술을 먹고 들어오시면 울곤 하신다.	나 때문에 이런 불행이 생겼고 나는 어머니의 짐이 될 뿐이다.
밤 늦게 컴퓨터 게임을 한다.	현실은 온통 나를 구속하고 있는 것뿐이며, 가장 자유롭고 공평한 곳은 인터넷 세상뿐이다.
지각하여 선생님께 야단을 맞고 벌을 선다.	내 사정을 이해해 주지 않는 선생님들은 모두 위선자이고, 야단맞는 것이 너무 억울하다.
술, 담배를 하고 돈을 충당하기 위해 어머니 지갑에 손을 댄다.	나는 최악의 상황에서 결코 벗어날 수 없으며, 쓸모없는 인간이므로 빨리 이 세상에서 사라지는 것이 낫다.

내담자가 해 온 숙제를 보고 인간의 심리구조인 '사고' '정서' '행동'의 관계를 설명해 준 후, 각 상황에 대해 내담자가 가지고 있는 추론적 수준의 비합리적인 생각을 지적하고 이 생각들을 어떻게 바꾸면 좋겠는가를 제시했다. 그 바뀐 생각에 대한 현재의 내담자의 느낌을 물어 보았다.

내담자는 약간 멋쩍은 표정을 짓기는 하였으나, 생각 바꾸기에 대한 긍정적인 느낌을 표현했다. 이에 상담자는 내담자와 합의하에 앞으로 진행될 상담의 목표를 다음과 같이 설정하였다.

- **상담의 결과적 목표**
  - 정서적 결과 목표
    내담자의 마음속에 상존하는 죄책감, 주변 사람들에 대한 불신과 무기력감에서 벗어난다.
  - 행동적 결과 목표
    컴퓨터 게임 중독에서 벗어난다.
    담배와 술을 끊는다.
- **상담의 과정적 목표**: 신념의 변화

위 결과적 목표를 달성하기 위해 선행되어야 할 과정적 목표, 즉 변화되어야 할 비합리적 신념과 그에 대한 합리적 신념을 정리해 주었다.

비합리적 신념	합리적 신념
나 때문에 이런 불행이 생겼고, 나는 어머니의 짐이 될 뿐이다.	어머니께서 나를 위해 희생하시는 것에 보답하기 위해 더 열심히 살아야 한다.
현실은 온통 나를 구속하고 있는 것뿐이며, 가장 자유롭고 공평한 곳은 인터넷 세상뿐이다.	나의 진정한 행복을 찾기 위해서는 현실에서 나의 꿈을 실현할 수 있도록 노력해야 한다.

내 사정을 이해해 주지 않는 선생님들은 모두 위선자이고, 야단맞는 것이 너무 억울하다.	내가 성실하게 생활하고 믿음을 줄 수 있는 행동을 한다면 주변 사람들도 나를 인정해 줄 것이다.
나는 최악의 상황에서 결코 벗어날 수 없으며, 쓸모없는 인간이므로 빨리 이 세상에서 사라지는 것이 낫다.	나보다 더 불행한 사람들도 많이 있으며, 존재하는 것만으로도 나는 가치 있고 소중한 존재다.

• 숙제

- 합리적인 신념을 매일 등교하기 전과 잠들기 전에 낭송하고 마음속에 새기기
- 매일 어머니와 10분씩 대화하기

(2) 중기 상담 과정: 상황에 대한 객관적 지각과 삶의 의미 재조명

3회 상담

개천절이 있어 한 주를 쉬고 3회기 상담을 하게 되었다. 내담자는 상담 시간을 많이 기다린 듯 상담 장소에 먼저 와서 기다리고 있었으며, 몰라보게 말쑥하고 단정한 차림이 되어 있었다. 상담자를 매우 반갑게 맞으며 인사를 하는데 목소리도 매우 생기에 찬 느낌이 들어 그 변화의 이유부터 물어 보았다.

지난 회기 상담 이후 집에 있던 컴퓨터를 없애 버리고 운동(아침 시간: 조깅, 주말: 수영)을 시작했고 일기를 쓰기 시작했다고 한다. 상담자가 제시한 숙제를 하면서 이번 기회가 나를 발전적으로 변화시킬 수 있는 마지막 기회라고 생각하고 주어진 모든 상황을 회피하지 말고 긍정적이고 적극적으로 대해 보기로 결심했다고 한다. 특히 합리적인 신념에 대해 암송하면 이상하게 기분이 좋아지고 앞으로는 잘될 것이라는 느낌과 희망이 생겼다고 한다.

상담자가 아버지처럼 느껴지면서 아버지에 대한 나쁜 감정도 사라지고, 이혼 전에 자신을 아껴 주셨던 좋은 기억이 떠올라 아버지와도 모처럼 통화를 했다고 한다.

어머니를 대신해 자신의 빨래를 하기로 하였고, 늦게 귀가하시는 어머니를 기다렸다가 그날 생활에 대해 짧은 시간이지만 대화 나누기를 시도하였고 더 이상 술을 마시거나 우시지 말 것을 약속했으며, 모처럼 주말에는 외식까지 하며 즐거운 시간을 보냈다고 한다. 어머니도 피곤하여 쉬고 싶은 생각뿐이었으나 오히려 내담자와 좋은 시간을 갖고 나니 피곤함도 덜하고 내담자의 변한 모습에 힘이 난다고 고마워했다고 한다.

규칙적인 생활이 되면서 등교 시간도 빨라지고 수업에도 집중할 수 있어 공부에도 자신감이 생겼고, 인사를 먼저 했더니 선생님과 친구들이 처음에는 의아한 시선을 보냈으나, 이제는 몇 마디 말도 건네고 점심도 함께 어울려 먹는 친구도 생겼다고 한다. 담임선생님도 내담자를 불러 좋은 변화를 격려해 주시고 공부에 필요한 참고서적도 주시며 어려운 점이 있으면 언제라도 찾아와서 함께 풀어가자고 격려해 주셨다고 한다.

어제는 세수를 하고 거울을 보았더니 자신도 낯선 모습이 밝게 웃고 있어 기분이 너무 좋았다고 한다. 나부터 자신을 아끼고 사랑해야겠다는 결심을 했다고 한다.

다음 주는 중간고사 기간이어서 또 한 주를 쉬기로 하고 최선을 다해 좋은 성적을 거두고 다음 상담에서 기쁜 마음으로 만나기로 하였다.

- 숙제
  - 시험 공부 전에도 합리적 신념 암송하기
  - 하루 일과에 대한 활동 기록표 작성해 오기

4회 상담

상담 시간에 늦게 들어온 내담자의 표정이 어둡고 어깨가 처져 있고 활동 기록표 숙제도 가지고 오지 않았다. 중간고사 결과가 좋지 않았음을 직감할 수 있었다. 그동안의 생활에 대해 물어보았으나 내담자는 시선을 외면하고 답변을 회피한 채 급한 일이 생겼으니 상담을 빨리 끝냈으면 좋겠다고 하였다.

숙제를 해 오지 않은 이유를 묻자 그것이 자신이 시험 결과에 전혀 좋은 영향을 미치지 못했고, 노력만큼 시험 결과가 나오지 않은 것은 자신의 능력의 한계를 확인한 계기였으며 더 이상 노력해도 발전이 없을 것이라는 깊은 좌절감까지 맛보았다고 말했다. 자신의 변화를 기뻐하고 좋은 결과를 기대했던 어머니에게도 죄송스럽다고 하며 눈물을 글썽였다. 시험이 끝난 후 다시 모든 것이 싫어졌고, PC방에 가서 아무 생각 없이 밤새워 컴퓨터 게임을 하기도 했고 이제 더 이상 도전해 볼 용기도 나지 않는다고 했다.

상담자는 다시 시작된 내담자의 우울과 좌절의 원인이 내담자의 비합리적인 생각에 기인하고 있음을 강조하고, 단기간에 좋은 성과가 있기를 바랐던 내담자의 조바심과 욕심에 대해 경계할 것을 당부했다. 또 자신을 사랑해야겠다던 지난 회기의 결심을 상기시키고, 더 많은 기회가 내담자에게 주어질 수 있음을 확인시켜 주었다.

내담자의 저항 출현에 대해 수용적인 태도와 논박을 병행하면서 내담자의 변화에 대한 적극적인 의지와 노력, 숙제의 중요성을 다시 한 번 강조하고 다시 찾아온 비합리적인 생각의 변화와 새로운 시도를 해 보았던 시험 기간 동안의 좋은 느낌에 대해 정리를 해 올 것을 제시하였다.

- 논박하기
  - 시험 준비에 정말 최선을 다했다고 생각하는가? 그런 생각의 근거는 무엇인가?

- 이번 시험의 결과가 정말 자신의 한계를 드러낸 것인가?
- 시험 결과 때문에 어머니가 실망했을 것이라는 근거는 무엇인가?

• 숙제
  - 이완 훈련과 심상법을 통한 비합리적인 생각의 전환 연습하기
  - 수치심 공격하기를 통한 긍정적 자아상 발견하기
  - 선생님과 친구들로부터 공부하는 방법에 대해 대화하기

5회 상담

내담자가 몹시 흥분된 모습으로 찾아왔다. 머리도 이발을 하였고 깨끗하게 세탁된 교복을 입고 있어 어느 때보다 단정하고 정리된 느낌을 주었다. 상담자가 묻지도 않았는데 지난 일주일 동안의 사건을 아주 들뜬 목소리로 말하기 시작했다.

지난 주말 의기소침한 채 집에 있는데, 저녁 무렵 어머니에게 외식을 하려고 하니 밖으로 나오라는 전화가 와서 나가보니 그 자리에 아버지께서 나와 계셨다. 식사가 어느 정도 진행된 후 아버지께서 내담자의 손을 잡으시더니 그동안 못난 부모를 만나 고생이 많아 너무 미안했다며, 이제라도 다시 함께 살고 싶다고 말씀하셨다고 한다. 어머니가 고생하시는 모습도 안쓰러웠거니와 특히 최근 내담자의 변화된 모습과 시험 후 많이 실망하며 다시 옛 모습으로 되돌아가려는 흔들리는 모습을 어머니로부터 전해 듣고, 많은 대화 끝에 내린 결심이라며, 내담자도 받아 줄 것을 부탁했다고 한다.

부모의 이혼 이후 힘들고 어려웠던 상황만을 탓하며 자신을 쓸모없는 인간이라 단정하고 아무 희망 없이 지냈던 시간이 그림처럼 스쳐갔고, 상담 이후 짧은 기간이었지만 자신의 비합리적인 생각을 바꾸고 변화하고자 노력했던 모습으로 인해 부모의 재결합이라는 상황 변화를 가져올 수 있게 되었다는 사실에 너무 놀라고 가슴이 벅차올랐다고 한다.

그날 이후 흐트러졌던 마음을 다시 추스르고 다시 공부를 시작했다며, 더 이상 일을 나가시지 않게 된 어머니의 보살핌으로 모든 것이 무지갯빛으로 빛나 보인다고 하였다. 얼마 후 아버지가 사시는 서울로 다시 이사를 가서 함께 살게 될 거라는 말도 하며 매우 기뻐하였다.

상담자도 내담자를 진심으로 축하해 주며, 이런 상황의 변화에는 내담자의 결심과 노력이 한몫을 차지했음을 격려하고, 앞으로도 어려운 상황에 좌절하지 말고 오히려 어려운 상황을 새로운 발전의 기회로 삼을 수 있는 용기와 희망을 갖도록 노력할 것을 권유하였다.

얼마 되지 않은 상담 기간 동안 갖게 된 내담자의 경험을 바탕으로 AB-CDE 분석지를 작성하는 방법을 알려 주고, 이를 계속해서 실천에 옮기고 기록할 것을 당부하고, 내담자의 상황 변화와 문제 해소로 갑작스럽기는 하지만 다음 회기에 상담을 종결할 것을 내담자에게 제시하였다.

내담자도 그동안 상담자와의 상담에서 얻게 된 것들에 대해 상담자에게 깊이 감사하며 이제는 상담에서 배운대로 자신의 문제를 해결할 수 있는 자신감을 갖게 되었다는 것과 감사하며 사는 것에 대해 깊이 생각해 보겠다는 약속도 하였다.

(3) 말기 상담 과정: 문제의 해결과 자기 조력 능력의 배양

6회 상담

한결 안정되고 자신감 있는 모습으로 내담자가 상담자를 찾았다. 다음 주에 전학을 가게 되었다면서 상담자에게 선물 하나를 주며 밖에 어머니께서 와 계시는데 인사를 드리고 싶다는 말씀을 전하였다. 잠시 어머니를 만나 호전된 상황과 변화된 내담자의 모습에 대한 격려의 말씀을 드리고, 부모의 재결합이 결정적인 역할을 하였음을 감사드렸다. 내담자를 다시 들어오라고 한 후 어머니와 함께 상담을 진행해도 좋은가에 대한 의견을 묻고 내담자의 동의를 받아 계속 상담을 진행하였다.

먼저 내담자 스스로 앞으로 경험하게 될 다양한 상황에 대한 ABC 를 잘 관리할 수 있을 것인지를 물었다. 그동안 내담자에게 활용했던 방법을 제시하면서 사용 방법과 효과에 대해 구체적으로 교육하였다.

내담자는 이제 자신의 생각을 합리적으로 전환할 수 있는 능력이 생겼다고 말하면서, 상황 자체가 아닌 그 상황을 대하는 자신의 생각을 합리적으로 변화시키는 훈련을 계속할 것을 약속하였다. 그리고 자신의 경험을 주위에 있는 다른 친구들에게도 전파하여 많은 사람들이 슬기롭게 어려운 상황을 극복하고 자신을 더욱 사랑할 수 있는 마음을 가질 수 있도록 도와줄 것을 다짐하였다.

상담자는 REBT 원리와 기법을 학습할 수 있는 관련 서적을 소개하고 전학 이후 생활이 안정되면 연락을 줄 것과 고양 회기를 갖게 되기를 바라면서 상담을 종결하였다.

3. 사례의 해설

고등학교 2학년인 내담자는 부모의 불화와 이혼으로 중학교 2학년 때부터 어머니와 단둘이 지내게 되었다. 생업에 바쁜 어머니는 늘 집에 안 계시기 때문에 여느 인터넷 중독자와 같이 내담자도 집에 오면 집안의 썰렁함의 무게를 감당하지 못하고 인터넷 중독에 함몰되고 만다. 학교에서 인터넷 화면이 오버랩 되면서 수업에 집중하기 어렵고 학습 의욕도 없어진 상태다. 사소한 일에도 화가 치밀어 올라 주변인들과 다툼이 끊이질 않고 왜곡된 성적 환상은 물론 음주와 흡연 문제도 심각하다. 이러한 내담자를 담임이 발견하고 본 학교 내의 일대일 결연교사인 상담자에 의해 6회기 동안의 상담으로 일반적 수준의 증상은 해소된 듯이 보인다. 그러나 좀 더 내담자의 비합리적 생각을 정교하게 파고들고 이에 대한 다양한 전략을 활용하여 논박이 진행되지 못한 점이 못내 아쉬운 사례다.

1) 진행 과정의 좋은 점

상담 경험이 전혀 없는 내담자가 자신의 어둡고 부끄러운 이야기를 지금까지 한 번도 누군가에게 해 본 적이 없었음에도 불구하고 상담자에게 털어놓은 것은 내담자가 그만큼 자신의 이야기를 들어줄 사람을 목마르게 찾고 있었다는 증거도 되지만 상담자가 수용적 태도를 가지고 내담자를 지지하지 않았다면 불가능한 것이다. 처음부터 상담자가 전문가적 태도를 견지하면서 내담자가 상담 시간에 몰입할 수 있도록 만든 것은 이 상담자의 강점이라고 볼 수 있다.

2) 진행 과정에서 보완해야 할 점

(1) 초기 상담 과정

접수 면접을 하고 난 후 2회기의 상담에서 내담자가 호소하는 문제, 즉 죄책감, 불신감, 인터넷 중독, 술 및 담배의 문제를 정서적 · 행동적 문제로 분류하고, 이에 대한 각각의 비합리적인 생각을 찾아 상담의 과정적인 목표를 제시한 점은 좋았지만 아쉬운 점이 있다. 과정적인 목표, 즉 비합리적 신념과 이에 대한 적절한 합리적 대안 신념을 제시한 것은 좋았으나 호소 문제와 연결시켜서 보지 못한 점은 앞으로 보완해야 한다. 예를 들면 내담자의 정서적 문제인 마음속에 상존하는 죄책감을 벗어나는 목표를 설정했다면 이 죄책감이 어떠한 비합리적인 신념에서 기인하는 것인지 내담자로 하여금 알게 해야 한다. 아마도 상담자가 제시하고 있는 네 가지의 비합리적 신념 중에서 '나 때문에 이런 불행이 생겼고 나는 어머니의 짐이 될 뿐이다.'라는 것이 있는데 이 신념 때문에 내담자는 어머니에 대한 죄책감을 느끼고 있을 가능성이 크다. 이것을 정서와 사고를 교육하는 과정을 통해 내담자에게 깨닫게 하였다면 더 확실하게 문제 해결이 되었을 것이다. 상담자는 2회기 상담의 말미에 내담자에게 비합리적 신념에 대한 대안 신념을 등교하기 전과 잠들기 전에 낭송하고 마음에 새길 것을 숙제로 내주고 있다. 내담자가 이것을 낭송하는 이유를 잘 알았다면 더 열심히 숙제에 몰입할 수 있었을 것이라고 가정해 볼 수 있다. 3회기 상담에서 내담자는 합리적인 신념을 낭송하면 이상하게 기분이 좋아지고 앞으로는 좋아질 것이라는 느낌과 희망이 생겼음을 보고하고 있다. 이것은 다소 위험한 것이다. 단순히 기분이 좋아진다는 것은 생각이 변화되었기 때문이라고 보기 어렵기 때문이다. 단순히 기분이 좋아진다(feel better)는 그동안 주변에 자신의 마음을 알아주는 이가 단 한 명도 없다가 자신의 어려움을 뺏속 깊이 이해해 주는 성인 친구의 역할을 해 주는 상담자의 존재만으로 기분이 좋아질 수 있기 때문이다. REBT 상담에서는 이렇게 기분이 좋아지는 것보다는 생각의 확실한 변화에 의해 더 나아지는 것(get better)을 추구한다는 점을 유념해야 한다.

(2) 중기 상담 과정

4회 상담에서 내담자는 숙제를 해 오지 않았고 상담자가 그에 대한 이유를 묻자 "자신이 시험에서 노력한 만큼 성적이 나오지 않았고, 이것은 자신의 능력이 부족하기 때문이며 더 이상 노력해도 발전하지 않을 것이라는 깊은 좌절감까지 맛보았다."고 하는 모습을 보이는 것과 연계해서 생각할 수 있다. 그러면서 계속해서 "시험이 끝나고 다시 모든 것이 싫어졌고, PC방에 가서 아무 생각 없이 밤새워 컴퓨터 게임을 하기도 했고 이제 더 이상 도전해 볼 용기도 나지 않는다."고 덧붙이고 있다. 이런 현상을 상담자는 내담자의 저항이 출현했다고 평가하고 있고, 이에 대해 상담자는 수용적인 태도로 논박을 하였다고 기술하고 있다. REBT 상담에서 저항은 내담자가 지닌 문제의 핵심인 비합리적인 생각을 정확하게 지적하고 조준하지 못했을 때에 나타난다고 한다. 이런 맥락에서 상담자는 내담자의 부적절한 정서나 행동에 대해서 이것을 초래하는 비합리적 신념을 구체적으로 찾아내어 지적하지 못하고 있다. 상담자는 내담자에게 이런 좌절과 우울이 비합리적 생각에 기인한다고 말은 했지만 이것을 내담자가 수용하기 어려웠을 것으로 보인다. 상담자는 '시험 준비에 정말 최선을 다했다고 생각하는가? 그런 생각의 근거는 무엇인가? 이번 시험의 결과가 정말 자신의 한계를 드러낸 것인가? 시험 결과 때문에 어머니가 실망했을 것이라는 근거는 무엇인가?'라는 생각을 논박했다고 하는데, 내담자가 이에 대한 반응을 어떻게 보였는지 궁금하다.

내담자의 저항을 줄이고 상담에 몰입하게 하기 위해서는 상담자는 무엇보다도 내담자를 우울과 좌절로 몰고가는 데 결정적 기여를 한 비합리적 생각을 잘 찾아내야 한다. 4회 상담에서 과제로 이완 훈련과 심상법을 통한 비합리적인 생각의 전환을 연습하는 것을 내주었다. 이완 훈련을 할 만큼 내담자가 평소에 신체적 긴장이 심했는지 의문이 들고 심상법은 어떤 이유로 내주었는지에 대한 충분한 근거가 나와 있지 못한 점이 아쉽다. 상담자가 내담자에게 숙제를 내주는 과정을 상담자가 제시한 자료에서 찾을 수 없기 때문에 상담자가 내담자에게 했을 말을 상상해 본다. 하지만 수치심 공격하기 연습을 통해 긍정적 자아상 발견하기 과제는 수치심 공격하기 연습이 어떻게 긍정적 자아상의 발견과 관계가 있는지에 대한 의문이 든다.

5회기 상담에서는 바로 4회기 상담에서 과제로 내주었던 숙제의 이행 정도에 대해서 점검을 했어야 하나 그 내용이 전혀 보이지 않는다. 이 회기에서 내담자는 벅찬 모습으로 상담실에 와서 아버지가 어머니와 내담자를 찾아와 내담자의 손을 잡으며 그동안 못난 부모를 만나 고생이 많았고, 너무 많이 미안했다며 이제라도 다시 함께 살고 싶다는 말씀을 하셨다는 것이다. 내담자는 이렇게 아버지의 태도가 바뀐 것이 마치 자신이 비합리적 생각을 바꾸고 변화하고자 노력했던 모습 부모의 재결합이라는 결과를 이끌었다고 믿는 듯이 보인다. 내담자가 그렇게 생각하는 근거가 있는 것인지 아니면 내담자의 추론 수준의 생각을 마치 사실인 것처럼 믿고 있는지에 대해서 상담자가 확실히 파악하고 넘어갔어야 할 부분이다. 5회 상담 말미에서 상담자가 지적하고 있듯이 내담자의 신념의 변화에 의해 문제가 해결되었다기보다 내담자가 처한 환경, 즉 부모의 재결합으로 인해 내담자는 자신의 문제가 해결되었다고 착각하고 있다. 이 점을 상담자가 충분히 다루어주지 못한 점이 아쉽다. 대신에 상담자는 바로 내담자에게 다음 회기에서 상담의 종결을 제시하고 있다.

(3) 종결기 상담 과정

6회기 상담이 마지막 회기의 상담이다. 상담자는 지난 5회기 상담에서 내담자의 문제가 해결되었다고 하자마자 바로 축하를 건내며 다음 회기에 종결하자고 제안하고 있다. 내담자가 호소하고 있는 문제의 원인인 역기능적인 생각이 확실히 바뀌지도 않았을 뿐더러 확실히 바뀌었다고 하더라도 종결은 이런 식으로 하는 것이 아니다. 내담자와 충분히 합의하여 내담자가 상담자와의 이별을 충분히 감당할 심리적 힘을 얻을 때까지 그 준비의 시간을 가져야 한다는 뜻이다. 이 사례를 내담자의 환경 변화로 인해 마치 내담자의 생각이 다 바뀐 것처럼 지각하는 것은 상담자의 경솔한 판단이다. 물론 상담자는 내담자에게 REBT 원리와 기법을 학습시켰고, 내담자는 자신의 생각을 합리적으로 전환할 수 있는 능력이 있다고 말하면서 상황 자체가 아닌 상황을 대하는 자신의 생각을 합리적으로 변화시킬 수 있는 훈련을 하겠다고 약속하였지만, 성급한 종결이었다는 판단이 든다.

저자 소개

박경애

학력

미국 트루먼주립대학교(Truman State University) 영문학 학사
미국 미주리대학교(University of Missouri-Columbia) 교육 및 상담심리학 석사·박사

경력

광운대학교 교육대학원 원장(2011. 2.~현재)
상담심리/심리치료교육 주임교수
광운대학교 학생상담실장
한국청소년상담원 설립 멤버 및 상담교수
미주리 주정부 심리학자
미주리 밸리 칼리지 강사

상훈

국무총리상 수상(2010. 5.)
세종나눔봉사대상 UN 봉사대상 수상(2012. 11.)

학회 및 연구회

한국상담학회 법인이사(2013. 1.~)
한국학교상담학회장(2010. 9.~2013. 2.)
한국 REBT 연구회장
한국상담심리학회 산하 행동요법연구회장

자격증

한국심리학회 상담심리사 1급
한국심리학회 부부/가족상담전문가

한국상담학회 슈퍼바이저급 상담전문가
미국 미주리 주정부 학교심리학자 자격증
미국 Albert Ellis Institite of Rational Emotive Behavior Therapy
전문가 및 전문가 지도감독 자격증(Supervisory Certificate)

저서

상담심리학(공동체, 2011)
좋은 부모 밑에서 좋은 자녀가 자란다(작은씨앗, 2009)
그래도 자식은 희망입니다(시그마프레스, 2006)
지혜로운 부모가 행복한 아이를 만든다(오늘의책, 2001)

역서

결혼의 신화(시그마북스, 2012)
사랑의 비즈니스, 결혼(시그마프레스, 2011)
화로 키운 아이 화가 될 수 있다(즐거운텍스트, 2006)
우울증 스스로 극복하기(사람과사람, 2004)
왜 남과 자신을 비교하는가(사람과사람, 2003)

REBT 관련 저서

아동 및 청소년을 위한 인지행동치료(학지사, 2013)
아동 및 청소년을 위한 인지행동치료 상담사례(학지사, 2013)
인지정서행동치료의 기독교적 적용(공저, 학지사, 2012)
인지행동치료의 실제(학지사, 1999)
인지 · 정서 · 행동치료(학지사, 1997)

REBT 관련 역서

인지치료기법(공역, 시그마프레스, 2010)
우울과 불안장애의 치료계획과 개입방법(공역, 시그마프레스, 2008)
생각하기, 느끼기, 행동하기: 초등학생을 위한 사고 및 정서교육과정(공역, 시그마프레스, 2005)
생각하기, 느끼기, 행동하기: 중 · 고등학생을 위한 사고 및 정서교육과정(공역, 시그마프레스, 2005)

한국 REBT 인지행동치료연구소(회)(cafe.naver.com/krebt/)

아동 및 청소년을 위한
인지행동치료 상담사례

2013년 3월 10일 1판 1쇄 발행
2026년 2월 25일 1판 6쇄 발행

지은이 • 박 경 애
펴낸이 • 김 진 환
펴낸곳 • (주) 학지사
04031 서울특별시 마포구 양화로 15길 20 마인드월드빌딩 5층
대표전화 • 02) 330-5114 팩스 • 02) 324-2345
등록번호 • 제313-2006-000265호
홈페이지 • http://www.hakjisa.co.kr
인스타그램 • https://www.instagram.com/hakjisabook

ISBN 978-89-997-0103-0 93180

정가 **17,000원**

저자와의 협약으로 인지는 생략합니다.
파본은 구입처에서 교환하여 드립니다.

이 저작물은 저작권법의 보호를 받습니다. 출판사 및 저작권자의 사전 허락 없이 무단 복제(스캔 등), 배포, 전송, 판매 및 인공지능(AI) 기술 또는 시스템 개발 및 학습을 목적으로 저작물의 내용 일부 혹은 전부를 수집·추출·가공·저장하는 일체 행위를 엄격히 금지합니다. 이를 위반할 경우 관련 법령에 따라 민·형사상 법적 책임을 질 수 있습니다.

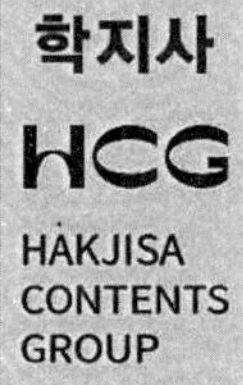

학술전문출판 **학지사** www.hakjisa.co.kr
간호보건의학출판 **학지사메디컬** www.hakjisamd.co.kr
심리검사연구소 **인싸이트** www.inpsyt.co.kr
학술논문서비스 **뉴논문** www.newnonmun.com
원격교육연수원 **에듀카운피아** www.counpia.com
대학교재 전자책 플랫폼 **캠퍼스북** www.campusbook.co.kr